Psicologia da Saúde
UM NOVO SIGNIFICADO PARA A PRÁTICA CLÍNICA

Dados Internacionais de Catalogação na Publicação (CIP)
(Câmara Brasileira do Livro, SP, Brasil)

Psicologia da saúde : um novo significado para a
  prática clínica / Valdemar Augusto Angerami,
  organizador — 2. ed. rev. e ampl. —
São Paulo: Cengage Learning, 2022.

4. reimpr. da 2. ed. rev. e ampl. de 2011.
Vários autores.
Bibliografia.
ISBN 978-85-221-1094-0

1. Doenças — Aspectos psicológicos
2. Manifestações psicológicas de doenças 3. Medicina
psicossomática 4. Psicologia clínica da saúde
I. Angerami, Valdemar Augusto.

CDD-6516.08
NLM-VM 460

10-11032

Índice para catálogo sistemático:

1. Doenças : Manifestações psicossomáticas :
   Medicina psicossomática
   616.08

Psicologia da Saúde
UM NOVO SIGNIFICADO PARA A PRÁTICA CLÍNICA

2ª edição revista e ampliada

Valdemar Augusto Angerami
Organizador

Esdras Guerreiro Vasconcellos
Heloisa Benevides de Carvalho Chiattone
José Carlos Riechelmann
Karla Cristina Gaspar
Ricardo Werner Sebastiani

CENGAGE

Austrália • Brasil • México • Cingapura • Reino Unido • Estados Unidos

CENGAGE

Psicologia da Saúde
Um Novo Significado para a Prática Clínica
2ª edição revista e ampliada

Gerente Editorial: Patricia La Rosa

Editor de Desenvolvimento: Fábio Gonçalves

Supervisora de Produção Editorial:
Fabiana Alencar Albuquerque

Copidesque: Maria Dolores D. Sierra Mata
(Capítulos 2, 3 e 8 desta edição)

Revisão: Cristiane Mayumi Morinaga

Pesquisa Iconográfica: Graciela Naliati

Diagramação: Laura Gillon

Capa: Manu Santos Design

© 2011 Cengage Learning Edições Ltda.

Todos os direitos reservados. Nenhuma parte deste livro poderá ser reproduzida, sejam quais forem os meios empregados, sem a permissão, por escrito, da Editora. Aos infratores aplicam-se as sanções previstas nos artigos 102, 104, 106 e 107 da Lei nº 9.610, de 19 de fevereiro de 1998.

Esta editora empenhou-se em contatar os responsáveis pelos direitos autorais de todas as imagens e de outros materiais utilizados neste livro. Se porventura for constatada a omissão involuntária na identificação de algum deles, dispomo-nos a efetuar, futuramente, os possíveis acertos.

A editora não se responsabiliza pelo funcionamento dos links contidos neste livro que possam estar suspensos.

Para informações sobre nossos produtos,
entre em contato pelo telefone
0800 11 19 39
Para permissão de uso de material
desta obra, envie seu pedido para
direitosautorais@cengage.com

© 2011 de Cengage Learning.
Todos os direitos reservados.
ISBN 13: 978-85-221-1094-0
ISBN 10: 85-221-1094-8

Cengage Learning
Condomínio E-Business Park
Rua Werner Siemens, 111 – Prédio 11
Torre A – Conjunto 12 – Lapa de Baixo
CEP 05069-900 – São Paulo – SP
Tel.: (11) 3665-9900 – FAX: (11) 3665-9901
SAC: 0800 11 19 39

Para suas soluções de curso e
aprendizado, visite **www.cengage.com.br**

Impresso no Brasil
Printed in Brazil
4. reimpr. – 2022

MATILDE NEDER,
não há como se evocar
a praia sem o mar...
o Sol e o luar...
assim também é a Psicologia da Saúde:
um binômio indivisível com o teu ser...

Sumário

Os autores, xi
Apresentação, xiii
Valdemar Augusto Angerami

Capítulo 1 - O ressignificado da prática clínica e suas implicações na realidade da saúde, 1
Valdemar Augusto Angerami

   1.1 Reflexões iniciais, 1
   1.2 Em busca de conceitos, 3
   1.3 Delineando os caminhos da prática clínica em psicologia da saúde, 8
   1.4 Considerações complementares, 12
Referências bibliográficas, 15

Capítulo 2 – A compreensão da saúde a partir da utilização de filmes, 17
Valdemar Augusto Angerami

   2.1 Introdução, 17
   2.2 Em busca de conceitos, 19
   2.3 Alguns filmes escolhidos para análise, 25
   2.4 Considerações complementares, 71
   2.5 Outros filmes recomendados para análise em saúde, 72
Referências bibliográficas, 74

Uma doce *gavotte* para uma pequena gaivota, 75

Capítulo 3 – Psicologia hospitalar e a oncologia, 79
Karla Cristina Gaspar

   3.1 Introdução, 79
   3.2 Câncer, oncologia e pesquisa, 81
   3.3 Implantação do Núcleo de Psicologia na Unidade Produtiva Oncologia Clínica, 86
   3.4 Parâmetros para nossa atuação..., 88

3.5 Assistência, 89
3.6 Instrumentos utilizados, 99
3.7 Apresentação de nossa rotina, 99
3.8 Ensino, 101
3.9 Pesquisa, 103
3.10 Aspectos emocionais em câncer, 104
3.11 Depressão, ansiedade e comportamento suicida em pacientes oncológicos, 107
3.12 Depressão, 107
3.13 Ansiedade, 110
3.14 Cuidados paliativos, 112
3.15 Considerações finais, 119
Referências bibliográficas, 120
Anexos, 122

Capítulo 4 – Psiconeuroimunologia: Uma história para o futuro, 125
Esdras Guerreiro Vasconcellos

4.1 Mudanças inevitáveis, 125
4.2 De terno e de tênis, 130
4.3 Passos para o futuro, 133
4.2 Estresse e imunologia, 137
Referências bibliográficas, 142

Capítulo 5 – A significação da psicologia no contexto hospitalar, 143
Heloisa Benevides de Carvalho Chiattone

5.1 Apresentação, 143
5.2 O campo epistêmico da psicologia e seus impasses, 148
5.3 O impasse e a construção de caminhos autônomos, 160
5.4 A significação da psicologia no contexto hospitalar – A identidade diante da diversidade, 207
Referências bibliográficas, 229

Kashmir, 239

Capítulo 6 – Medicina psicossomática e psicologia da saúde: Veredas interdisciplinares em busca do "elo perdido", 243
José Carlos Riechelmann

6.1 Introdução, 243
6.2 Escavar é preciso, 244
6.3 Aprofundando a escavação, 246
6.4 O que é psicossomática, 255
6.5 Psicossomática e o contexto social, 256
6.6 Psicossomática e referenciais teóricos, 256
6.7 Postura psicossomática do profissional da saúde, 257
6.8 Raciocínio clínico em psicossomática: Um caso ilustrativo, 258
6.9 Psicossomática e onipotência profissional, 264
6.10 Psicossomática e as diversas profissões da saúde, 265
6.11 Psicossomática e o mercado de trabalho na saúde, 266
6.12 A Associação Brasileira de Medicina Psicossomática, 269
Referências bibliográficas, 270

Capítulo 7 – Histórico e evolução da psicologia da saúde numa perspectiva latino-americana, 271
Ricardo Werner Sebastiani

Inverno: Tempo da florada do ipê-roxo, 293

Capítulo 8 – A vida como farsa, 297
Valdemar Augusto Angerami

Os Autores

Esdras Guerreiro Vasconcellos
Psicólogo; professor de pós-graduação em Psicologia Social e do Trabalho do Instituto de Psicologia da USP; professor de pós-graduação em Psicologia Clínica e Psicossomática da PUC-SP; pesquisador-assistente do Instituto para o Avanço da Ciência – Max Planck; vice-presidente da Associação Brasileira de Psicologia da Saúde e Hospitalar; professor de pós-graduação em Psicologia Hospitalar na Faculdade Católica de Recife e na Universidade de Brasília; diretor científico do Centro de Estudos e Pesquisa em Psicologia Hospitalar; diretor científico do Instituto Paulista de Stress, Psicossomática e Psiconeuroimunologia – IPSPP.

Heloisa Benevides de Carvalho Chiattone
Responsável pelo Serviço de Psicologia Hospitalar do Hospital Brigadeiro do Inamps-SP; professora e coordenadora do Centro de Estudos e Desenvolvimento Científico em Psicologia Hospitalar do Hospital Brigadeiro. Professora da disciplina de Psicologia Hospitalar da Universidade Paulista – UNIP.

José Carlos Riechelmann
Médico ginecologista-obstetra e sexologista; terapeuta sexual de casais; ex-membro das Comissões Nacionais de Sexologia e de Psicossomática da Febrasgo – Federação Brasileira das Sociedades de Ginecologia e Obstetrícia; fundador e atual presidente do Departamento de Sexualidade Humana da Associação Paulista de Medicina; fundador e atual diretor do Comitê Multidisciplinar de Medicina Psicossomática da Associação Paulista de Medicina; fundador, coordenador e supervisor clínico de Grupos Balint do curso oficial de psicossomática da Associação Brasileira de Medicina Psicossomática (regional São Paulo); criador e webmaster de psicossomática no Brasil (www.psicossomatica.com), primeiro endereço de psicossomática brasileira na Internet; vice-presidente nacional da Associação Brasileira de Medicina Psicossomática – ABMP.

Karla Cristina Gaspar
Psicóloga pela Pontifícia Universidade Católica de Campinas. Especialização em Psiquiatria e Psicologia Clínica do Adolescente pela Faculdade de Ciências Médicas – Unicamp. Especialização em Psicologia da Saúde: Psicologia Hospitalar pela Pontifícia Universidade Católica de São Paulo. Mestrando em Ciências Médicas pela Faculdade de Ciências Médicas – Unicamp. Responsável pela implantação e atendimentos psicológicos da Unidade Produtiva Oncologia Clínica do Hospital de Clínicas – Unicamp. Supervisora titular do Programa de Aprimoramento Profissional (PAP) em "Psicologia & Oncologia" pela Faculdade de Ciências Médicas-Unicamp.

Ricardo Werner Sebastiani
Psicólogo; professor universitário da PUC-Cogeae/SP, IEP/Goiânia; coordenador científico do Nêmeton – Centro de Estudos e Pesquisas em Psicologia e Saúde; coordenador da Seccional-Brasil da Asociación Latinoamericana de Psicología de la Salud; coordenador para as Américas do "Task Force on Health Psychology" da Interamerican Society of Psychology.

Valdemar Augusto Angerami
Psicoterapeuta; professor do curso "Psicologia da Saúde" na PUC-SP; professor do curso de "Psicologia Hospitalar" na PUC-MG; professor de pós-graduação em Psicologia da Saúde na UFRN; coordenador científico do Centro de Psicoterapia Existencial.

Apresentação

Valdemar Augusto Angerami

Estou na Praia de Ponta Negra, em Natal, com a suave tarefa de escrever a apresentação de um novo livro. E um fato que ocorre em meu campo perceptivo é que as apresentações dos nossos últimos livros foram escritas fora de São Paulo. É como se eu esticasse ao máximo o prazo de entrega dos trabalhos para a Editora para que, no limite escrevesse a apresentação no local onde estivesse dando aulas, seminários, palestras, enfim qualquer atividade que, de alguma forma, tivesse a ver com o livro que irá ser lançado e, por assim dizer, apresentado. E Natal, especialmente, é um lugar muito querido de pessoas muito amadas. É um reduto onde imagino que sempre posso vir e estar quando preciso me energizar para continuar nos percursos da vida. Um lugar feito de encanto e magia e que certamente sempre me acolheu com tanto carinho que a emoção de escrever a apresentação de um livro nesses cantos é maior que a capacidade das palavras em transmiti-la.

Esse livro representa um novo paradigma em nossos avanços e conquistas teóricas. Representa o enfeixamento entre vários níveis do conhecimento, de modo a se tentar sistematizar uma nova forma de compreensão da prática clínica na área da saúde. É uma tentativa de criação de um esboço que possa criar configuração teórica na maneira de se abordar a compreensão da doença e do doente nas exigências impostas pela realidade contemporânea. É a nossa mais nova ousadia, que se torna ainda maior quando percebemos que estamos criando novos modelos de atuação teórico-prática no campo da saúde. E que mesmo a despeito das possíveis críticas, fazemos um contraponto do quanto estamos alterando a realidade da prática dos profissionais da saúde em nossa realidade simplesmente publicando os nossos sonhos, ideais, reflexões e conquistas acadêmicas e teóricas.

Estão presentes nesse livro alguns dos trabalhos mais representativos dentro do quadro da psicologia da saúde. Se existem ausências, muitas certamente se devem à dificuldade de alguns colegas de publicarem suas reflexões, como também do medo de outros de se exporem a possíveis avaliações críticas. Já foi colocado por diversos autores que quando escrevemos estamos exercendo o lado mais narcísico de nossas tendências exibicionistas. Talvez sejam verdadeiras tais colocações, pois escrever sempre é uma forma de exibir nossos conhecimentos e mesmo nossa capacidade de reproduzi-los num texto que será submetido à apreciação de um sem-número de leitores. E certamente em nosso nível mais profundo de subjetividade, sempre esperamos que esse texto seja admirado, que receba todos os elogios possíveis e que nos faça igualmente admirados e respeitos pela demonstração do nosso saber. No entanto, por mais esmerado que ele possa ser e mesmo que tenha a melhor fundamentação teórica e seja escrito dentro do maior rigor imposto pelo cientificismo, ainda assim ele será passível de críticas e discordâncias tanto com relação ao seu conteúdo como, até mesmo, quanto à pertinência de sua publicação. Talvez nesse aspecto resida a nossa ousadia e obstinação: publicar os resultados das nossas reflexões e práticas profissionais, como uma forma de mostrar em diversos níveis que é possível a criação de uma prática profissional dentro da nossa realidade.

É noite em Natal. Uma chuva tênue toca levemente os vidros da porta do terraço onde me encontro hospedado. Ouço as ondas do mar entoando uma doce melodia ao repousarem na areia e me energizo com essa magia. E isso tudo me faz crer que esse livro certamente será muito especial e rico de encantamento e magia, pois teve sua apresentação escrita num momento de muito fascínio. Suas teorizações, por certo, darão o retoque final e necessário para que se torne algo imprescindível a todos aqueles que queiram se debruçar sobre ele na tentativa de compreensão dos emaranhados da psicologia da saúde.

Natal, numa noite de primavera...

Capítulo 1

O Ressignificado da Prática Clínica e suas Implicações na Realidade da Saúde

Valdemar Augusto Angerami

1.1 Reflexões iniciais

Falar em psicologia da saúde parece, em princípio, um neologismo, pois é praticamente indissolúvel a associação que se faz da psicologia com a saúde. Por outro lado, quando se considera que a psicologia faz parte do rol das disciplinas consideradas inerentes à formação do profissional da saúde, essa ideia de neologismo fica ainda mais forte. Segundo Stratton e Hayes (1984), ela tem sido definida de várias maneiras, dependendo das tendências dos pesquisadores no momento em que a definição foi formulada. Definem-na como o estudo da mente, do comportamento, da experiência humana e da vida mental. É difícil dar-lhe uma definição que satisfaça a todos, embora possamos afirmar que ela compreenda o estudo do comportamento e das experiências humana e animal,[1] examinada sob diferentes ângulos e variedade de técnicas, muitas das quais enfatizam a importância da evidência empírica como suporte da explicação teórica. O campo da psicologia é dividido, em geral um tanto arbitrariamente, em diferentes áreas, cada qual com seu estilo próprio. Alguns adjetivos do termo, como desenvolvimental, social e comparativa, referem-se a tipos específicos de objetos de estudo, com áreas mais novas sendo adicionadas à medida que o campo se expande, como a psicologia ambiental.

Outros títulos, como clínica, educacional, ocupacional, referem-se a profissões psicológicas, enquanto o termo psicologia aplicada refere-se à orientação geral, ao campo todo. E na medida em que surgem novos campos e perspectivas de atuação do psicólogo, surge também uma necessidade premente de ampliação e busca de um termo que abarque a atuação do psicólogo em áreas que, embora tangenciando outros campos da psicologia, apresentem especificidades próprias e

---

[1] Desde os mais remotos tempos da minha formação em psicologia, sempre engrossei o rol de descontentes com a junção da psicologia com o estudo do comportamento animal. Sempre considerei absurda a ideia de realizarem experimentos com ratos, pombos, macacos etc. e, a partir disso, inferirem conclusões sobre o comportamento humano. E apesar de evocar aspectos científicos quando se argumenta em prol dos experimentos com animais, ainda assim, nunca é demais ressaltar que a conduta humana é peculiar, inerente à condição humana e, portanto, só pode ser compreendida a partir do próprio homem.

inerentes à sua configuração. A definição da psicologia ambiental – abrangendo o estudo de fatores, como territorialidade e espaço pessoal e o modo como o meio ambiente influencia e dirige o comportamento individual – dá indícios da necessidade de ampliação dos conceitos existentes.

No Capítulo 7, à p. 275, Sebastiani mostra a articulação de várias entidades e associações no sentido de agrupar profissionais da área da psicologia que, embora com práticas semelhantes, não apresentavam uma troca profissional e científica mais intensa. É necessária, assim, uma reflexão pormenorizada do que estamos definindo como sendo psicologia da saúde. Vários autores (Chiattone e Sebastiani, 1991; Spink, 1992; Angerami et al., 1984) há muito vêm estudando a necessidade de uma ampliação do conceito da prática clínica em psicologia. E se, por um lado, recorremos a Stratton e Hayes para defini-la, por outro, buscamos a Organização Mundial de Saúde, onde a saúde é definida como o bem-estar físico, mental e social e não apenas como ausência de doenças.

Então, podemos afirmar, num enfeixamento desses dois conceitos, que a psicologia da saúde seria a prática de levar o indivíduo/paciente à busca do bem-estar físico, mental e social, englobando, assim, a *performance* de uma abordagem que teria de incluir a participação de outros profissionais da área. Para a sua definição, há de se considerar a pessoa inserta no contexto social, o que vai ao encontro de diversas vozes dentro da psicologia que clamem por se criar teorias que considerem o homem como um ser histórico, temporal e que traz em seu corpo sinais de seu tempo e de sua sociedade. Mostra a importância de uma abordagem totalizante, onde tudo aquilo que possa fazer parte da vida de uma determinada pessoa seja considerado de maneira plena e absoluta. Os limites de atuação da psicologia da saúde são amplos, envolvendo todas as fases do atendimento ao paciente – primário, secundário e terciário. E indo muito além do próprio enquadramento com as práticas clínica e médica, sua ampliação estende-se também para uma atuação de intervenção no campo social do paciente. A própria psicologia hospitalar, que no início era praticada tão-somente nos limites hospitalares, hoje tem sua atuação expandida também para o domicílio do paciente, trazendo, pois, um apêndice de atendimento domiciliar. Essa prática vai de encontro a uma tendência mundial de descapitalização do paciente, sendo que a prática do psicólogo nesse contexto – se definida como sendo psicologia hospitalar – seguramente estará incorrendo em erro etimológico. Em seguida, refletiremos alguns conceitos que englobam a prática da psicologia da saúde.

1.2 Em busca de conceitos

A psicologia, há muito tempo, vem procurando expandir seus limites de atuação. A antiga categorização da psicologia em clínica, educacional e organizacional adquire novos contornos e especificidades. E ainda que muitas das práticas da psicologia ainda estejam imbricadas como esse eixo básico, a cada dia surgem novos dimensionamentos da atuação do psicólogo. A própria estruturação curricular dos cursos de psicologia já mostra em diversas faculdades os indícios da necessidade dessas mudanças. Assim, é comum hoje a presença de cursos de psicologia comunitária, institucional, hospitalar, esportiva, forense etc. Essas novas modalidades de prática subsidiam um modo peculiar da própria psicologia em se reestruturar para atender aos anseios sociais de sua abrangência. É importante salientar que, ainda que a psicologia apresente fortes sinais de autografia, a maneira como ela caminha de encontro aos anseios de uma atuação mais ampla e abrangente é bastante promissora. A verdade é que, ao caminhar em direção a outras formas de atendimento, muitos conceitos teóricos tiveram de ser revistos, ampliados e até modificados para atender a essas novas exigências. A necessidade de uma compreensão do homem que levasse em conta sua historicidade, sem sombra de dúvida, é um dos pontos que mais aparece nessa junção de novas alternativas de atendimento. Afinal, um indivíduo doente no nordeste do país sem dúvida terá necessidades emocionais e sociais bastante diferentes daquelas de um paciente situado no sul do país. A própria peculiaridade de uma dada população com suas características socioeconômicas é considerada condição imprescindível para uma abordagem que vise atingir a saúde desse paciente. Essa questão de historicidade deveria estar presente em todas as tentativas de compreensão do ser humano, pois não há como teorizar, de forma genérica, a condição humana, como ocorre com a maioria das teorias em psicologia, sem incorrer-se em erro. Essa conquista deveria ser algo que fizesse parte das buscas teóricas e até mesmo filosóficas. De fato, é muito difícil assumir posturas teórico-práticas que destoem dos grandes autores internacionais, seja pela referência acadêmica que representam, seja ainda pelo nosso medo de assumir um trabalho próprio, fato que naturalmente nos remete à proteção dos grandes arcabouços teóricos.

Talvez por isso mesmo o resultado desses trabalhos que levem em conta a inserção histórico-social do paciente seja considerado tão promissor, pois mais do que expandir seu conceito de atuação está, muitas vezes, colidindo com teorias consagradas mundialmente. E isso implica não apenas na necessidade de um revisionismo teórico como, e principalmente, na coragem de ousar tentar fórmulas diferentes daquelas que nos são apresentadas academicamente. Eu mesmo, embora seja considerado precursor de publicações sobre atuações diferentes daquelas preconizadas academicamente, sou obrigado a confessar que, apesar da ousadia da minha prática profissional, não possuía a mesma ousadia para publicar o resultado dessa prática. Foi preciso escutar grandes teóricos consagrados mundialmente para que pudesse, então, me encorajar e publicar as nossas experiências profissionais.[2]

A ousadia é necessária para que possamos embasar uma prática profissional que se mostre soberana na abrangência de nossa realidade, que deve ser o rumo de nossas investigações e desenvolvimento profissional. Uma prática que ouse ser diferente, e que considere que a realidade a ser desnudada é a concretude que estará a exigir do profissional da saúde a ampliação não apenas de seus conceitos teóricos, como também na crença em sua capacidade de intervenção, na realidade que se lhe apresenta de maneira única e repleta de especificidades próprias.

Uma primeira indagação se fez presente. Por que a prática da psicologia hospitalar é definida como psicologia da saúde e a psicologia não o é? E por que a psicoterapia não é incluída no rol das práticas englobadas pela psicologia da saúde se ela, em última instância, atua com a saúde mental do paciente?! E igualmente tantas outras indagações se fariam pertinentes, pois envolveriam questões semelhantes. Nesse grupo, poderíamos incluir a prática educacional,

---

[2] Cito duas passagens que poderão ilustrar tais afirmações. No final da década de 1970, fazia o Curso de Especialização em Aconselhamento Psicológico na USP sob orientação geral da saudosa dra. Raquel L. Rosemberg. Nessa ocasião, através da querida mestra, tive oportunidade de conhecer pessoalmente o dr. Carl Rogers, além de poder mostrar a ele alguns dos trabalhos que desenvolvíamos em nossa realidade de Brasil, que trazia em seu bojo as marcas e o jeito da nossa gente. O dr. Carl Rogers, com uma humildade ímpar, tudo conheceu, ora perguntando sobre as formas de abordagens teórico-práticas, ora simplesmente questionando detalhes daquilo que ele mesmo considerava de muita riqueza vivencial. Na ocasião, coordenava o atendimento junto às vítimas de tentativa de suicídio no Pronto-Socorro do Hospital das Clínicas da FMUSP. E tenho como inesquecível o olhar do dr. Rogers diante de como realizávamos nosso atendimento junto ao leito no próprio corredor hospitalar e do número absurdamente infinito de casos que davam entrada a cada instante naquele pronto-socorro. Tudo observava mostrando um ar de incredulidade diante de tudo o que era vivido. Em nosso último encontro, numa reunião promovida pela dra. Raquel, depois de agradecer a acolhida que havia recebido e o empenho que tivemos em levá-lo para conhecer o trabalho que realizávamos, ele simplesmente nos pediu para que não tentássemos aplicar suas teorias em nossa realidade! E, diante de nossa incredulidade, afirmou que suas teorias eram feitas para outras realidades socioculturais e que as pessoas que conheceu, ao presenciar nossos trabalhos, faziam parte de uma realidade completamente diferente da sua, precisando, portanto, de uma outra forma de compreensão. Aquelas palavras foram muito importantes para me fazer crer que poderíamos publicar nossos trabalhos, pois ainda que tivessem características bastante diferentes daquilo que preconizavam os grandes teóricos, essas publicações teriam as marcas da nossa gente, da nossa realidade, da nossa historicidade, das nossas lutas, conquistas e anseios libertários. Por certo, a fala do dr. Carl Rogers me fez acreditar que se pudéssemos igualmente consultar o dr. Piaget e mesmo o dr. Freud, ambos falariam algo semelhante, pois constatariam que suas teorias foram escritas para pessoas e realidades bastante diferentes das nossas. Seria algo indescritível, por exemplo, levar o dr. Piaget para conhecer a realidade das escolas da periferia das grandes cidades e onde se aplicam suas teorias. É muito provável que a sua fala fosse semelhante à do dr. Rogers diante da especificidade da nossa população.

além de outras modalidades, e até mesmo a prática da psicologia organizacional, pois também teríamos de aceitar que esta prática está atuando para trazer saúde mental no ambiente das organizações.

Entretanto, ainda que não exista uma delimitação formal, podemos enquadrar como sendo psicologia da saúde aquelas práticas que atuem em uma integração da saúde mental com a saúde física e social do paciente. Uma psicologia que considere a compreensão orgânica da psicossomática, da psico-oncologia, os avanços da psiconeuroimunologia, as especificidades da psicologia hospitalar nos detalhamentos de sua intervenção nas diferentes doenças apresentadas pelo paciente e, acima de tudo, uma psicologia que leve em conta a historicidade do paciente. É aquela psicologia cuja prática se insere na realidade institucional de forma a modificar até mesmo os níveis de estruturação institucional, se assim se fizer necessário. É aquela psicologia que considera que a doença é, antes de tudo, uma anomalia de desequilíbrio entre o físico e o emocional e suas intercorrências com a realidade social do paciente. É uma psicologia que acredita na multidisciplinaridade profissional, de modo que o concurso de diversos profissionais da saúde passe a ser algo não apenas almejado teoricamente, mas também buscado na idealização da implantação de serviços de atendimentos. É ainda aquela psicologia que considera a dor do paciente como única e que se debruça sobre ela para tentar compreender sua real dimensão e o modo pelo qual repercute na vida dele. É aquela psicologia que mais do que tentar explicar o sofrimento do paciente, tenta, principalmente, compreender este sofrimento articulando-o com a sua realidade existencial. Uma psicologia que não precisa do enquadre limitador de um consultório e que, ao contrário, tem como campo de atuação a própria realidade de sua inserção. Uma psicologia ao mesmo tempo clínica, social, hospitalar e institucional e que, por isso, tem uma visão mais ampla dos conceitos de saúde. Uma psicologia que possa entender o homem contemporâneo sem descaracterizar-lhe em digressões teóricas desprovidas de contexto ou mesmo de compreensão própria e única. E talvez o próprio fato de caracterizar-se uma psicologia com um aspecto tão grande de abrangência seja o ponto de convergência para que sua inserção na realidade contemporânea da saúde seja premência inadiável.

Porém, é bastante alentador que essa psicologia consiga ainda assim trazer em seu bojo a própria peculiaridade necessária, que implica no revisionismo, o qual, ao mesmo tempo que reflete e indaga sobre o enfeixamento dos postulados teóricos que se apresentam nas lides acadêmicas, apresenta como contraponto alternativas de expansão dessas teorias e sinaliza a possibilidade de novas *performances* na psicologia. Assim, uma psicologia que decididamente resgata o ser humano em sua condição humana em tudo aquilo que lhe é inerente. A psicologia da saúde talvez seja a própria consequência lógica das transformações pelas quais passa a sociedade, desembocando em sua área de abrangência os anseios de todos aqueles que clamam pela construção de um modelo teórico de atuação inerente à realidade do paciente. Um modelo ampliado pelas diversas áreas do conhecimento, que se solidificam e se harmonizam na tentativa de compreensão dos diferentes desequilíbrios emocionais, físicos e sociais, e que de maneira soberana possa se colocar junto com outras áreas da saúde para contribuir com o balizamento preciso da compreensão do sofrimento vivido pelo paciente.

Ao levantarmos tais premissas como substanciais para a implantação de um novo modelo de atendimento clínico, estamos também buscando parâmetros para ressignificar os modelos vigentes desse atendimento. É fundamental que o profissional da saúde adote como primordial a necessidade de que sua atuação prescinda de outros profissionais para uma abordagem totalizante do paciente. Uma proposta que considere a realidade do paciente como algo mutante e que não pode ficar reduzida diante de análises estanques e que não considerem essa dinâmica. Uma nova psicologia direcionada para um novo tempo, onde, além dos aspectos curativos que envolvem uma determinada patologia, os moldes de um trabalho preventivo sejam valorizados e ressignificados no âmago das discussões teóricas e filosóficas. De há muito a psicologia tartamudeia pela necessidade de um trabalho profilático no tocante aos distúrbios emocionais vividos pelo homem contemporâneo. Essa profilaxia certamente passa pela necessidade da somatória de esforço, para que as diversas abordagens dentro do campo da saúde possam se harmonizar no sentido de promoverem uma compreensão que não deixe de fora nenhum dos aspectos desse processo. E quando dizemos de necessidade de uma visão multidisciplinar para compreensão dos fenômenos da saúde, mesmo que estejamos diante de uma colocação em princípio óbvia, o que se assiste, porém, é a total fragmentação dos diversos profissionais da saúde sem a menor intercessão entre os diferentes ângulos de análise. Mais do que a necessidade da multidisciplinaridade, é fundamental a interdisciplinaridade, ou seja, a interação entre os diferentes níveis do saber profissional, não apenas articulados entre si, mas também harmonizados diante de uma proposta mais ampla de compreensão do doente e da doença.

Gimenes (1994), por outro lado, ensina que a Associação Americana de Psicologia criou, em 1978, a Divisão de Psicologia da Saúde e quatro anos depois o jornal *Psicologia da Saúde*, periódico oficial da divisão. Matarazzo (1980), enquanto seu primeiro presidente, procurou estabelecer uma distinção entre medicina comportamental e psicologia da saúde, destacando que a primeira de fato se enfatiza e se ocupa de aspectos relacionados com o tratamento, ao passo que a segunda enfatiza particularmente a prevenção. E na sequência, para melhor enfatizar seus ensinamentos, Gimenes coloca uma definição de Matarazzo para a área:

> A Psicologia da Saúde agrega o conhecimento educacional, científico e profissional da disciplina Psicologia para utilizá-lo na promoção e na manutenção da saúde, na prevenção e no tratamento da doença, na identificação da etiologia e no diagnóstico relacionados à saúde, à doença e às disfunções, bem como no aperfeiçoamento do sistema de política da saúde.

Ao nos debruçarmos sobre as diversas especificidades que envolvem a psicologia da saúde, deparamos com a necessidade da criação de novas metodologias de pesquisas e estratégias de intervenção que possam ir ao encontro, de modo mais amplo, dessa nova modalidade de atuação.

A partir dos conceitos mais amplos que podem abranger a totalidade do atendimento clínico, o fato é que a psicologia da saúde está abraçando a necessidade de construção de novos parâmetros para a realidade contemporânea. O fato de diversas áreas serem acopladas nessa denominação de psicologia da saúde mostra o tanto que se necessita caminhar na construção desse novo espaço.

A necessidade de estabelecimento de novos modelos de investigação e mesmo de uma nova compreensão epistemológica mostra, por outro lado, que essa nova psicologia, denominada psicologia da saúde, envolve todos os profissionais da saúde como artífices de sua construção. Embora a sua prática seja uma atividade inerente aos psicólogos, ainda assim, a construção teórica de seus limites e abrangência não poderá prescindir dos recursos dos demais profissionais da saúde. Uma área do conhecimento é, ao mesmo tempo, o conjunto da totalidade que envolve a necessidade de compreensão da condição humana.

Assim, uma verdade psicológica tem de ser ao mesmo tempo uma verdade social, econômica, familiar e quantas outras conceituações puder abarcar. A historicidade das condições e variáveis que envolvem a vida de uma determinada pessoa não podem ficar ausentes de qualquer análise psicológica. Muito mais que um paciente acometido por uma determinada patologia, ele será um agente de suas condições vitais, alguém que estará trabalhando pela reconstrução de sua saúde e pela sua realidade social, familiar e até mesmo econômica. Uma psicologia que envereda pelos mais diferentes caminhos para procurar um novo delineamento na abordagem e sistematização dos conhecimentos.

É fato que muitos autores definem os mais diferentes trabalhos como sendo psicologia da saúde, sem uma preocupação com os parâmetros que se delimitam para tal conceituação. Muito mais que divergir desses autores, esta criação é mera constatação de que o crescimento da psicologia da saúde transcende todo e qualquer confinamento teórico e epistemológico. Mesmo que tais trabalhos possam apresentar propostas diferentes e distantes dessas reflexões que ora fazemos, ainda assim, o que resplandece aos olhos diante de uma mera observação é a possibilidade de desdobramento apresentado ao longo dos caminhos da psicologia da saúde.

A psicologia da saúde é o que se apresenta como mais promissor nos caminhos rumo à perspectiva de uma nova dinâmica na prática clínica e, por assim dizer, nos próprios sustentáculos onde se constrói a psicologia contemporânea.

1.3 Delineando os caminhos da prática clínica em psicologia da saúde

Em seguida, descreveremos alguns trabalhos significativos dentro da prática clínica que podem servir de ilustração ao que foi dito anteriormente.

- *Psicologia Hospitalar.* É a prática do psicólogo dentro do contexto hospitalar. Além do Capítulo 5, de Chiattone, à p. 145, os interessados poderão recorrer ao trabalho *Psicologia Hospitalar. Pioneirismo e as Pioneiras,* de Angerami, V. A. (1992), que mostra o surgimento da prática do psicólogo dentro do contexto hospitalar, além de mostrar os principais avanços na área, bem como publicações e os nomes dos principais expoentes da área.
- *Psiconeuroimunologia.* É outra área, onde igualmente, no Capítulo 4, à p. 127, poderão ser encontradas definições precisas tanto de seu surgimento quanto de sua evolução no campo do conhecimento.
- *Psicossomática.* Algumas pontuações sobre psicossomática são também aqui encontradas, no Capítulo 6, à p. 247. Os interessados em conhecer mais detalhadamente sobre a psicossomática têm ao seu dispor uma vasta bibliografia sobre a temática, além da existência de inúmeras sociedades que congregam os interessados no estudo e na divulgação de seus princípios.
- *Atendimento Domiciliar.* O atendimento domiciliar é uma prática que deriva do atendimento hospitalar e surge também no momento em que ocorre um grande movimento pela desospitalização do paciente. Dessa forma, o

atendimento psicológico em domicílio soma-se a outros que serão efetivados ao paciente, contribuindo, assim, para uma prática interdisciplinar que visa o próprio resgate da dignidade do atendimento de saúde. Ainda é muito tênue a linha que separa o atendimento domiciliar da prática do psicólogo no hospital, existindo variações muito mais determinadas pelas patologias assistidas do que por divergências teóricas ou de atendimento.

- *Atendimento de Drogadicção.* O atendimento ao drogadito é uma das áreas em que o psicólogo mais tem se tornado presente; é uma área na qual a atuação dos diversos profissionais da saúde mais tem valorizado a presença do profissional de psicologia na medida em que este pode fazer o enfeixamento dos efeitos da droga com as razões que levam uma determinada pessoa a buscar esse caminho. O atendimento ao drogadito pode ser realizado tanto em níveis de consultório como ambulatoriais, derivando, dessa maneira, as congruências dessa prática. Em nível ambulatorial, um dos principais pontos de atuação do psicólogo junto ao drogadito são as Unidades de Saúde vinculadas às Secretarias de Saúde estaduais ou municipais. Essa área ainda se delineia de forma mais precisa, uma vez que o psicólogo ainda busca como se instrumentalizar de forma mais adequada para o atendimento nessa área. Todavia, é importante frisar que são cada vez mais animadores os resultados dessa prática, fato este que pode ser observado tanto no número cada vez maior de publicações, como também na repercussão desses trabalhos nos eventos científicos, onde eles se fazem presentes.

- *Psicologia Institucional.* Neste item incluiremos aquelas práticas ocorridas no interior de realidades institucionais. Embora tenhamos feito um destaque para a psicologia hospitalar, que envolve a prática do psicólogo na instituição hospitalar, um novo item denominado institucional se faz necessário, devido ao grande número de instituições que abarcam a atividade do psicólogo. E se, de outra parte, estamos configurando aquelas práticas onde há uma inserção da psicologia com aspectos do equilíbrio orgânico de uma determinada pessoa, certamente algumas instituições, como entidades que cuidam de problemas específicos – crianças defeituosas, mal de Parkinson, velhice desamparada, deficiência física etc. –, devem ser enquadradas nesse rol. As instituições que tratam de problemas específicos, como alguns dos acima arrolados, têm características peculiares que distam daquilo que se preconiza na prática hospitalar, ainda que apresentem também configurações bastante similares. Contudo, é conveniente algum tipo de apuramento para enquadrar a psicologia institucional dentro desse rol de agrupamento da psicologia da saúde, pois igualmente dentro desse item encontra-se concentrada a atividade do psicólogo em diversas instituições que, na realidade, apresentam características bastante específicas – instituições carcerárias, judiciárias, menor abandonado etc. –, existindo, então, bastante discernimento quanto à sua configuração. É desnecessário dizer que teremos de nos curvar diante dos argumentos dos psicólogos que trabalham nesse tipo de instituição, de que suas práticas também envolvem a busca do reequilíbrio emocional desse paciente institucionalizado e de que sua saúde mental o conduzirá a um bem-estar físico. Portanto, todo e qualquer enquadramento necessitará de um cuidado bastante pormenorizado para que não se incorra em erros conceituais indevidos.

- *Psicologia Ambiental.* É nesse campo, talvez, onde reside grande parte da preocupação dos estudiosos da saúde em geral, no sentido de se buscar um melhor redimensionamento das condições de vida de uma pessoa, visando-se alcançar o chamado bem-estar físico e social. Para Stratton e Hayes (1994), a psicologia ambiental é o estudo do modo como o meio ambiente influencia e dirige o comportamento individual. A psicologia ambiental inclui o estudo de fatores como: territorialidade e espaço pessoal, projeto ergonômico e os atributos físicos dos ambientes arredores. É, por assim dizer, um novo atalho buscado pela psicologia no sentido de dimensionar as diversas variáveis necessárias na busca de melhores condições de saúde. E aqui talvez se encontre um dos pontos que certamente servirá de parâmetro para a prática da psicologia da saúde, na medida em que esta tem um grande compromisso com a historicidade do homem, e portanto incluem-se aí as condições de sua realidade ambiental. Talvez seja o momento não apenas de considerar a historicidade do homem, mas também de refletir as consequências da construção de seu habitat, incluindo-se aí a destruição do ecossistema, fator este que, sem dúvidas, é responsável por um sem-número de mazelas e sofrimentos provocados pelas enchentes e outras catástrofes climáticas que nada mais são do que consequência da irresponsabilidade do homem em sua fúria de desmatamento incontrolável. O crescimento desordenado das grandes cidades, onde o desmatamento dos morros e encostas de montanhas deu lugar a inúmeras casas e barracos que seguramente deslizam diante de grandes chuvas provocadas pelas alterações do ecossistema – pois é a vegetação que impede o deslizamento dos morros – e sua ocupação sem critérios são fontes de sofrimento para infinitas pessoas. Nesse sentido – tomando-se apenas o exemplo acima citado –, o estudo das condições ambientais será ponto de referência no arrolamento das condições necessárias para que o homem tenha saúde nos moldes referidos pela Organização Mundial de Saúde.

- De fato, a questão ambiental é uma das mais importantes reflexões contemporâneas, no sentido de promover o resgate da saúde na vida atual. A urbanização desordenada dos grandes centros urbanos distanciou as pessoas, de forma drástica, da relação com a natureza, que hoje só percebemos nos momentos de grandes acidentes, como as enchentes, que longe de ser uma problemática natural é uma questão muito mais social. A erosão generalizada no alto dos morros, nas margens dos rios, nas áreas urbanas e o próprio modo como o rio foi estrangulado em suas margens onde ocorria o desaguamento em casos de cheias provocadas pelas chuvas dão-nos um dimensionamento de que as catástrofes climáticas que provocam tanto sofrimento ao homem contemporâneo nada mais são do que consequência de sua própria ação predatória. E embora esse posicionamento de se atrelar a psicologia da saúde à psicologia ambiental não seja consenso entre os diversos autores que refletem sobre a temática, parece que cada vez mais torna-se imprescindível uma ampla revisão das questões ambientais para se obter o bem-estar físico e mental do homem contemporâneo. Um outro exemplo disso ocorre quando se refletem questões sobre a violência urbana e o grande número de mortes, brigas e chacinas ocorridas na atualidade.

- Os estudiosos da temática da violência preconizam a necessidade de criação da área de lazer nas periferias dos grandes centros urbanos visando, dessa forma, a diminuição dos altos índices de destrutividade entre as pessoas. É consenso cada vez maior que a criação de centros de lazer proporciona tal bem-estar físico e mental para as pessoas de seu entorno que a própria violência e destrutividade, se não forem de todo arrancadas de seu seio, ao menos serão cerceadas de maneira significativa. É, por assim dizer, a necessidade de se enfeixarem princípios ambientais aos princípios da psicologia da saúde para ir ao encontro da historicidade que tanto se alardeia como necessária para uma compreensão mais abrangente do homem contemporâneo.

- E é ainda na compreensão de sua inserção na natureza, ou até mesmo de que é parte dela mesma, que o homem evidentemente atingirá patamares mais promissores rumo a uma vida mais digna, plena e com o bem-estar físico e mental assegurado harmoniosamente. Também é na compreensão da necessidade da construção de condições favoráveis de ambientalização e de vida que ela própria ganha novo significado e sentido.
- *Psicologia da Comunidade.* É igualmente outro tópico que tem merecido grande atenção dos psicólogos que buscam uma integração totalizante nas condições de saúde do homem contemporâneo. Sua área de atuação é bastante abrangente na medida em que seu raio de ação envolve todos os aspectos da vida comunitária. Stratton e Hayes (1994) definem psicologia da comunidade como a complicação da psicologia para melhorar a vida dos membros da comunidade. O centro de interesse dos psicólogos de comunidade encontra-se, em especial, nas pessoas com algum tipo de capacidade reduzida, como aquelas que viveram muito tempo em instituições. O termo é empregado especificamente para o estabelecimento de condições ambientais, como abrigos, o que tornará possível, pelo menos parcialmente, para tais pessoas viverem em comunidade. E talvez pela própria amplitude do termo comunidade, fica implícito que a abrangência da psicologia da comunidade será igualmente muito ampla. E se é fato que a nossa vida sempre se efetiva em níveis comunitários, igualmente é verdadeiro que entender detalhamentos da psicologia da comunidade é entender vertentes de nossas condições de vida.

1.4 Considerações complementares

Neste trabalho não houve a pretensão de esgotamento da temática, tampouco o cuidado de não ferir conceituações ao discordarmos de seus postulados. Evidentemente que nossas discordâncias de alguns dos principais autores da psicologia da saúde enriquecerão a discussão acadêmica sobre a temática. A divergência é, antes de tudo, algo bastante salutar e que nos obriga a rever nossos posicionamentos. Se houver divergência diante daquilo que é preconizado por grandes autores internacionais, isso por certo se dá diante do fato de que escrevemos refletindo sobre a nossa realidade. Na medida em que estamos preconizando a necessidade de se compreender o homem a partir de sua historicidade, então, o dimensionamento de teorizações divergentes é regulamentado da nossa própria historicidade.

E isso é algo a ser considerado diante de qualquer posicionamento e de possíveis divergências. E se é fato, como somos referidos academicamente, que construímos a realidade psicológica no Brasil a partir da publicação de nossos inúmeros trabalhos e reflexões teóricas, também é verdadeiro que isso só foi possível porque ousamos divergir de outros tantos teóricos que escreveram sobre outras realidades que não a nossa.

E a psicologia da saúde, de outra parte, não pode ficar restrita a conceituações específicas, pois é algo que destoa, inclusive de seus princípios básicos. O que se busca através da construção da psicologia da saúde é a articulação de diversos níveis do saber que possam levar a um novo tipo de conhecimento que possa, dessa maneira, articular as melhores condições de análise junto ao homem contemporâneo. E isso implica, indiscutivelmente, na própria ampliação das conceituações da psicologia da saúde.

A construção de um novo saber que possa igualmente determinar um novo esboço de investigação e até mesmo de intervenção clínica é o desafio que estamos direcionando através desses novos campos de atuação. Mais do que nunca, é preciso que reunamos todos os esforços necessários para que esse ideal não se perca em mera e vã digressão filosófica. Estamos construindo os novos alicerces dessa psicologia. Uma psicologia que além de abarcar os avanços e conquistas até então efetivados, será também referência para saúde. Uma psicologia que possa se harmonizar na busca. E assim é: um novo tempo e uma nova psicologia. O redescobrir da vida no redescobrimento de novas teorizações e de novas formas de compreensão da própria realidade contemporânea. Nunca é demais relembrar que todas as grandes realizações iniciam-se como simples sonhos, que nada mais são do que um modo de se idealizar a realidade a ser construída.

A psicologia da saúde é uma tentativa de se fazer uma nova dimensão de interdisciplinaridade. É uma forma de se investir com bastante veemência na humanização dos atendimentos realizados na área da saúde. E se igualmente é fato que sempre preconizamos a humanização dos atendimentos realizados na área da saúde, é através do enfeixamento de ação proposta pela psicologia da saúde que poderemos atingir esse intento.

Por outro lado, se considerarmos que somos constantemente chamados de sonhadores diante de nossas propostas de humanização da psicologia, então lhe faremos jus, pois ela é o maior sonho de todos aqueles que acreditavam que ainda a veriam comprometida com o homem enquanto ser humano, e não a mero reducionismo teórico e científico. Temos de transformar a ciência em instrumental que sirva aos ideais de evolução da condição humana, e não em algo que sirva a si mesmo e que utiliza o homem para satisfazer os seus ideais. Tememos, em nossos sonhos e divagações, que uma psicologia mais humana sucumba e que a ciência em breve transforme o homem em mera cobaia experimental na busca de sua excelência científica. Já é vergonhosamente sabido o tanto que as ciências da saúde abusam da população sem recursos socioeconômicos para avaliar e testar novos recursos tecnocientíficos. Assim, por exemplo, os chamados hospitais-escolas atendem a população carente de recursos econômicos testando experimentalmente tanto o efeito de novas drogas medicamentosas como novas abordagens terapêuticas. E o que é ainda mais agravante: quando esses experimentos apresentam resultados positivos, a população beneficiada será aquela privilegiada em termos socioeconômicos e que pode pagar tanto pelo atendimento particular em luxuosos consultórios como pelo tratamento em hospitais particulares. O mesmo também ocorre nas clínicas-escolas de psicologia, onde temos ainda a agravante de que os atendimentos, muitas vezes, sequer consideram as necessidades das comunidades atendidas e efetivamente apenas satisfazem a necessidade teórica de sua grade curricular. Dessa forma, vamos encontrar clínicas-escolas de psicologia que possuem atendimento de abordagens corporais, por exemplo, sem considerar a realidade da comunidade, muitas vezes envolvida com casos extremados de violência, alcoolismo etc.

A humanização dos atendimentos na área da saúde passa obrigatoriamente pela própria humanização do profissional da saúde, o qual está precisando se humanizar na medida em que distorce até mesmo alguns princípios teóricos que justamente preconizam a humanização dos atendimentos. Talvez isso tudo seja um sintoma amargo da nossa realidade contemporânea, onde possuímos telefones celulares, caixa postal eletrônica e um sem-número de parafernálias eletrônicas de comunicação, ao mesmo tempo que estamos cada vez mais empobrecidos no relacionamento interpessoal. As pessoas cada vez mais realizam consultas e contatos via Internet ao mesmo tempo que não suportam o olhar de alguém que solicita afeto e afago emocional. Alguém verdadeiramente humano com quem se possa estabelecer uma relação sem a intermediação do computador ou de qualquer outra parafernália eletrônica. Somos seres humanos e, como tal, devemos nos relacionar. Os recursos eletrônicos poderiam ser ainda mais maravilhosos se servissem para elevar o ser humano em sua condição humana, e não o contrário, como assistimos na atualidade, com a nossa total desumanização diante dos novos modelos de informatização e globalização.

A psicologia da saúde talvez seja mais uma tentativa de resistência das nossas crenças de humanização das áreas da saúde diante da avalanche de experimentos científicos que diariamente nos são lançados, principalmente das universidades estadunidenses, onde quase todas as manifestações orgânicas e emocionais são pesquisadas experimentalmente e onde cada vez mais se perdem os parâmetros da nossa própria condição humana. Talvez fosse mesmo o caso de perguntar para tais eméritos pesquisadores o que eles fazem com o resultado de tais pesquisas se o que se assiste cotidianamente é a perda cada vez mais desenfreada de aspectos como dignidade, cidadania e outros quesitos indispensáveis para o resgate da condição humana.

Inúmeras são as nossas crenças: ilusões, ideais – inclui-se nesse tópico tanto ideologia como idealismo –, e a perseverança cada vez mais jovem e lúcida de que não podemos esmorecer se quisermos um dia ver a dignificação do homem através da psicologia...

Referências bibliográficas

ANGERAMI, V. A. et al. *Psicologia hospitalar. A atuação do psicólogo no contexto hospitalar.* São Paulo: Traço Editora, 1984.

_____. *A psicologia no hospital.* São Paulo: Traço Editora, 1988.

_____. *O doente, a psicologia e o hospital.* São Paulo: Pioneira, 1992.

_____. *Psicologia hospitalar.* Teoria e prática. São Paulo: Pioneira, 1994.

_____. *A ética na saúde.* São Paulo: Pioneira, 1997.

_____. *Urgências psicológicas no hospital.* São Paulo: Pioneira, 1998.

_____. *A psicoterapia diante da drogadicção.* São Paulo: Cengage Learning, 2005.

CHIATTONE, H. B. C.; SEBASTIANI, R. W. *Curso introdutório em psicologia hospitalar.* São Paulo: Bibliografia Nêmeton – Centro de Estudos e Pesquisas em Psicologia e Saúde, 1991.

GIMENES, M. G. G. Definição, foco de estudos e intervenção. In: CARVALHO, M. M. M. J. (Org.) *Introdução à psico-oncologia.* Campinas: Editorial, 1994.

SPINK, N. J. Psicologia da saúde: a estruturação de um novo campo de saber. In: CAMPOS, F. C. B. (Org.) *Psicologia e saúde.* Repensado práticas. São Paulo: Hucitec, 1992.

STRATTON, P.; HAYES, N. *Dicionário de Psicologia.* São Paulo: Pioneira, 1994.

Capítulo 2

A Compreensão da Saúde a Partir da Utilização de Filmes

Valdemar Augusto Angerami

> Uma pena solta no ar...
> Uma inquietação filosófica...
> E os filmes a embalar os sonhos...
> Kac, esse trabalho é teu.

2.1. Introdução

> Que a tua vida tenha as cores e a paixão de Almodóvar...
> A profundidade de alma retratada por Bergman...
> Que seja uma paisagem em plano aberto como os registros de Kurosawa... que você continue com teu pensamento ágil e a destreza da vida assim como a câmera de Glauber Rocha...
> e com a leveza de imagens de Zelito Viana.
> (Angerami, 2010)

De um tempo para cá temos utilizado em nossos livros (Angerami, 2003, 2005 e 2008) citações de diferentes filmes para compreensão e elucidação de nossos enunciados teóricos.

De início um pouco titubeante e depois com mais ardor fomos constatando que a ilustração de compreensão trazida pela exibição de filmes é única, pois além de ser um grande catalisador de emoções, um filme traz em si a marca de contemporaneidade sendo até mesmo considerado como a mais contemporânea de todas as artes.

Um filme é um lampejo que nos toca a alma fazendo vicejar as nossas emoções mais profundas. E as questões projetivas que se enunciam a partir de então são suficientemente fortes para a criação de novos paradigmas de compreensão da saúde. Pretendemos mostrar, também, o filme além do enredo, pois, da mesma maneira, o temos feito em inúmeros textos e congressos que um filme em sua exuberância é algo muito maior do que apenas um componente de enredo. Para isso, contribuem a direção de fotografia, música, designer, roteiro, figurinos etc. E, na maioria das vezes, o que se vê quando se evoca a discussão de determinado filme é apenas e tão somente o enfoque sobre o enredo.

O filme também é enredo, isso é indiscutível, mas reduzir sua grandiosidade apenas e tão somente a esse aspecto é não só empobrecer sua eloquência como também, e principalmente, desprezar os inúmeros recursos utilizados na elaboração e criação de um filme.

Ao abordarmos um filme e utilizá-lo como instrumento para compreensão de detalhamentos da saúde estamos não apenas indo ao encontro de um dos mais importantes recursos disponíveis em nosso acervo cultural como também abrindo o leque de possibilidades a tantos que se interessam por nossos escritos e estudos para um melhor ponteamento dessa compreensão.

Os filmes arrolados neste trabalho foram escolhidos com base em critérios que se enquadrassem em determinadas patologias e a maneira como poderíamos nos debruçar sobre eles para uma melhor elucidação dessas patologias. É fundamental a possibilidade de mergulhar nessa questão para conseguir alcançar a profundidade de uma obra cinematográfica sem perder os aspectos de sua grandeza e beleza estética.

E até mesmo as ideias preconceituosas que envolvem a exibição de filmes precisam ser rechaçadas. Não é de hoje que a exibição de um filme é algo que vai além do simples ato de assistir com um saquinho de pipoca nas mãos e do qual se sai imune. Ao contrário, é preciso ir além desses rótulos para que seja possível alcançar um filme naquilo que possui de mais grandioso, que é justamente fazer da alma humana um espectro de emoção que dificilmente pode ser atingido com tanta intensidade por outras manifestações.

E se considerarmos que um filme traz em seu bojo o enfeixamento de grandes obras musicais e também de grandes recursos de fotografia, temos então a confluência de diferentes manifestações artísticas que desembocam na concepção final de uma obra cinematográfica.

Até mesmo a ideia igualmente preconceituosa contra as produções hollywoodianas, sempre acusadas de banalizarem a elaboração de um filme visando apenas e tão somente seus aspectos comerciais, igualmente precisa ser justaposta de maneira adequada.

Caso seja verdadeiro o fato de que nos últimos tempos a indústria hollywoodiana banalizou a elaboração de filmes, inclusive reproduzindo grandes filmes dando-lhes constitutivos comerciais,[1] é igualmente verdadeiro que algumas de suas produções são verdadeiros marcos na mudança da história do cinema. Nesse rol encontramos *Tempos modernos* de Charles Chaplin, *Taxi driver* e *Touro indomável* de Martin Scorsese, *Laranja mecânica* de Stanley Kubrick, *Rastros de ódio* de John Wayne, entre outros.

Traçaremos nossos conceitos e análises com base nesse universo, envolvendo e levando, aos que se debrucem sobre nossos escritos, um pouco da magia que transborda da leveza presente em uma obra cinematográfica.

E isso em que pese à densidade do enredo, certamente os diferentes detalhamentos que se confluem irão determinar muitos arroubos para que possamos fazer dos filmes um grande instrumental para compreensão de nossos conceitos de saúde.

Selecionamos para essa empreitada alguns filmes de nosso acervo particular constituído de mais de mil títulos e que servem, também, de esteio a tantos que são apaixonados pela nossa condição cinéfila e por nossos modelos de confecção e direção de filmes.

Ao colocarmos a magia do cinema como elemento catalisador de discussões na área da saúde estamos também oferecendo um recurso daquilo que pode ser considerado uma das maiores realizações humanas no quesito de retratação da alma humana. O choro e a alegria presentes nos enredos que nos tocam a alma são manifestações da latência de emoção existente em nossos corações, e o que o filme faz é apenas despertar tais sentimentos dando-lhes uma aura de humanidade e esplendor.

2.2. Em busca de conceitos

> Que os teus dias tenham a beleza e o encanto das imagens de Bertolucci...
> Que a monotonia dos teus dias seja quebrada como a fragmentação e a incerteza de Godard... E que as tuas decisões de vida tenham o lampejo e a dimensão de abertura e fechamento da câmera de Fassbinder...
> (Angerami, 2010)

Angerami (2005) coloca que o cinema, enquanto manifestação artística, já foi definido como a arte de harmonizar luz e sombra; cor, música e variações sobre a emoção descrita e mostrada em suas diferentes cenas. A luz, como definição de

---

[1] Como exemplo dessas citações indicamos o filme *Asas do desejo* do grande diretor alemão Wim Wenders, seguramente um dos filmes mais estupendos de toda a história e que mostra dois anjos cuidando das pessoas envoltas em suicídio em Berlim, que teve uma versão pasteurizada por Hollywood e que mostrava apenas o envolvimento de um anjo com uma mulher. Essa versão hollywoodiana, que sequer pode ser comparada com a obra de Wim Wenders, recebeu o nome de *Cidade dos anjos*. *Asas do desejo* é um dos filmes analisados em nosso trabalho.

uma redescoberta de ação a distância, e não mais reduzida à ação de contato. E assim é, então, concebida como manifestação de diferentes formas de enquadramento e mesmo de compreensão.

A visão retoma seu intrínseco poder de se manifestar e, inclusive, de se mostrar como até mesmo um além da própria imagem de luz e sombra. A visão de uma tempestade, por exemplo, é colocada por um diretor cinematográfico a partir de um raio cortando o céu dentro do contexto de chuva, a complementaridade do estrondo de trovão e das consequências imprevisíveis de um temporal é atinada pelo imaginário do espectador.

Charney (2002) coloca que a ênfase na sensação momentânea foi plenamente desenvolvida por Walter Benjamin e Martin Heidegger, que associaram o momentâneo à experiência da visão. No instante da visão não pode ocorrer, escreveu Martin Heidegger (1997) em *Ser e tempo*, ressaltando a impossibilidade de viver, de estar "em" um instante de visão. Nada pode ocorrer no instante da visão porque ele sempre nos escapa, ainda segundo Heidegger, antes que possamos recolhê-lo. É dizer que podemos reconhecer a ocorrência do instante somente depois do instante e a sua sensação nunca pode habitar o mesmo instante. O esvaziamento do presente no momento da projeção de um filme tem como consequência a contemporização do tempo para a modernidade.

O presente se dilui diante de um filme que retrata outras épocas e períodos históricos. E até mesmo situações completamente inusitadas para a realidade contemporânea, como alguém ficar atônito diante da falta de um telefone público em um filme de 1920, quando a própria realidade do espectador é completamente distante desses fatos. Mas no momento da exibição ele não se encontra na atualidade e sim em 1920. O seu corpo deixa de estar em sua cadeira na plateia para se projetar sobre o enredo vivido e a emoção que lateja na exibição.

Não somos nossa própria realidade e sim a realidade projetada. Somos o teor do que é exibido na tela; somos a música que fragmenta a emoção e nos lança em um universo de arrebatamento que pode, inclusive, ser desconhecido em nossa própria percepção.

Merleau-Ponty (1999) ensina que a percepção que tenho dos fatos é divergente daquela dos diferentes momentos em que se apresenta à minha própria consciência pela própria concepção de minha historicidade e do diferencial de sua ocorrência nesses diferentes momentos de minha vida. É dizer que um filme ou livro que tenha me fascinado aos 20 anos hoje pode parecer insosso e completamente distante da minha própria compreensão de como foi possível apreciar essa obra. Angerami (2004) coloca que a própria construção da subjetividade é algo que se forja na concepção das nossas realizações existenciais, incluindo-se principalmente as realizações artísticas.

Vivi em minha infância a peculiaridade da espera do domingo quando então se ia à matinê do cinema para apreciarmos os filmes que povoaram aquele período. E como era de se esperar, a programação continha muito títulos de westerns, filmes de capa e espada e outros tantos dos mais diferentes tipos de herói.

A meninada vibrava com as cenas, gritava e aplaudia diante das conquistas desses heróis. Assistir aos mesmos filmes atualmente apresenta um resquício de reminiscência afetiva e de memória de um momento mágico de vida, mas com certeza, com as exceções de praxe, não podem ser avaliados com a criticidade com que analisamos os nossos recentes filmes.

São filmes que ao serem apreciados na atualidade apenas trazem de volta o momento mágico em que me foram exibidos e até mesmo a lembrança das situações dessas exibições.

Citamos dois desses filmes, no entanto, e como mero exemplo, que ainda podem ser considerados grandes realizações de toda a história do cinema. *As aventuras de Robin Hood* de Michel Curtiz[2] e *As marcas do Zorro* de Rouben Mamoulian figuram no rol das grandes produções que tiveram influência decisiva no uso que se faz até hoje nos planos de câmeras abertas e fechados.[3]

As aventuras de Robin Hood, com a maravilhosa música de Eric Wolfgang Korngold, torna-se também referência no efeito da música sobre as cenas do enredo. As várias sequências de um torneio de tiro ao alvo exibido em sua projeção e outros momentos de emoção apresentam uma modulação melódica e temática que iria influenciar muitas outras gerações de cineastas.

Esse filme traz ainda uma luta entre dois protagonistas em que a câmera em plano aberto registra o embate focalizando apenas a sombra dos combatentes em

---

[2] Michael Curtz posteriormente seria diretor de um dos maiores filmes de todos os tempos, o maravilhoso *Casablanca*.

[3] Câmera em plano aberto é a descrição do momento em que a câmera foca aspectos amplos de uma paisagem ou cenário, e plano fechado é quando se enquadra em detalhes pequenos como um olhar, um beijo, mãos etc. Os grandes diretores fazem dois ou três planos de câmeras em situações diferentes e no momento da edição alternam as imagens captadas fazendo dessa exibição de planos um espetáculo à parte. Martin Scorsese em *Touro indomável*, quando das lutas de boxe de seu protagonista, faz uma alternância desses planos de câmera, inclusive colocando *slow motion* quando um golpe desferido provoca sangramento, que faz com que esse autor seja colocado ao lado dos grandes diretores mundiais nesse quesito.

uma das colunas do castelo em que a cena ocorre. Seguramente essa cena figura entre as maiores realizações do universo do cinema.

E a alternância em *As marcas do Zorro* onde a câmera transita de um registro de plano aberto para um plano fechado e nos leva à exaltação da emoção vivida pelo casal de apaixonados da cena é simplesmente algo marcante em toda a cinematografia mundial.

As marcas do Zorro traz também a direção musical de Alfred Newman, e o esmero da fotografia de Arthur Miller mais o seu requinte musical faz desse filme referência obrigatória na história do cinema. Até mesmo números de dança flamenca são exibidos e, em outros momentos, o encantamento da música mexicana com seus conjuntos e músicas típicas, tornando-o referência obrigatória quando se elencam os principais filmes de todos os tempos.

Ambos são filmes que podem ser exibidos como filmes infantojuvenis, mas na verdade nos remetem aos sonhos e à magia das matinês de nossa infância.

Outro aspecto bastante relevante nessa questão é o fato de sempre associarmos saúde e sofrimento, e na medida em que o cinema também é fonte inexaurível de prazer, esse paradigma precisa ser quebrado. Falar em saúde é abordar questões de tratamento, patologias, diferentes tipos de enfermidades ou até mesmo a questão da prevenção envolvendo tais questões.

Não se trata simplesmente da busca de uma espécie de prazer mórbido ao abordarmos determinados filmes que enfocam o sofrimento humano de forma ímpar. Existe arte na dor e no sofrimento!

Desde grandes pintores de outros séculos, passando por compositores musicais, a dor e o desespero humano sempre foram contemplados com criações artísticas das mais esplendorosas. Desnecessário descrever os quadros que se tornaram referências e que apresentam diferentes manifestações de sofrimento e de morte.

O cinema também precisa ser visto e analisado nesse enquadre como sendo não apenas um item de entretenimento de nossas vidas, mas principalmente como uma manifestação artística em que diferentes artesões trabalham na elaboração e reprodução de quadros marcantes da condição humana. Não podemos assim, como mero exemplo de citação, colocar um filme de Bergman[4] no mesmo rol das

---

[4] Ingmar Bergman, falecido em meados de 2007 aos 96 anos, é considerado por muitos como um dos maiores diretores cinematográficos de todos os tempos pela maneira como mergulhou e analisou a profundeza da alma humana. Neste capítulo serão analisados os estupendos *Gritos e sussurros*, que aborda a agonia de uma paciente vitimada pelo câncer, e *O sétimo selo*, que aborda a questão da morte.

produções hollywoodianas que visam apenas o lucro através do entretenimento da indústria cinematográfica.[5]

Ao se ver um filme como obra de arte é necessário distanciá-lo da banalização hollywoodiana, embora nunca seja demais citar, temos igualmente grandes diretores nessa lide. Podemos afirmar que, se em outros momentos da história uma composição musical ou mesmo um quadro de pintura atingiam patamares de relevância definindo inclusive o marco de período, hoje temos a realização cinematográfica como sendo determinante de pontuações bastante precisas sobre a própria conjuntura social.

Costa-Gravas[6] afirmou em entrevista recente[7] que não existe qualquer produção sem conotação ideológica. E que seria um erro grave atribuir apenas aos seus filmes ou de seus congêneres essa característica, pois até mesmo aquelas produções que pecam pela banalização de suas temáticas estão trabalhando no sentido de alienar e até mesmo idiotizar o espectador para que este se distancie dos fatos que verdadeiramente interessam no desenvolvimento social.

E também quando abordamos filmes envolvendo a questão da saúde, não podemos igualmente deixar de fazer referências a filmes que, embora estejam travestidos da aura emblemática da saúde, nada mais são do que simples zombarias de entretenimento que inclusive ridicularizam muitas das posturas caras aos profissionais da saúde.

Nesse rol podemos citar *Patch Adams*, que partindo de uma biografia verdadeira simplesmente ridiculariza questões emergenciais da realidade hospitalar. E o que é pior, trata-se de filme usado como referência em discussões envolvendo a prática de profissionais da saúde.

O próprio Patch Adams, instado a comentar o resultado da versão de sua história para o cinema, simplesmente disse que não se achava representado naquilo e que tudo que assistira era um profundo desrespeito aos profissionais da saúde.[8] Enfim,

---

[5] Não podemos esquecer que a indústria de entretenimento americana é uma das fontes mais rentáveis de sua economia. Os números que ilustram o faturamento desses negócios – filmes, músicas, shows, musicais etc. – são inacreditáveis e mostram que sua pujança dita inclusive nova formas de estética ao próprio entretenimento das pessoas em geral.

[6] Costa-Gravas é consagrado diretor grego conhecido pela caracterização política de seus filmes. Entre suas principais produções iremos encontrar *Z*, que aborda um país em regime de ditadura militar e que é projetado igualmente para qualquer país nessa condição, e *Estado de sítio*, que trata da ditadura militar específica do Uruguai. Inclusive para a realização desse filme Gravas se aproximou dos Tupamaros – grupo de guerrilha armada e que enfrentava a fúria dos militares uruguaios –, para melhor efetivar o enredo de sua obra.

[7] Entrevista ao jornal *Folha de S.Paulo*, em 26 de setembro de 2008.

[8] Essa entrevista pode ser vista em sua totalidade acessando-se www.tvcultura.com.br.

trata-se de um triste exemplo de como a indústria de entretenimento hollywoodiana destrói valores de modo tão simplista quando o que está em jogo é apenas e tão somente a questão do lucro envolvendo seus princípios.

Infelizmente esse exemplo não é único e seríamos cansativos se fôssemos arrolar os inúmeros filmes listados como sendo guias de discussão em saúde e que na realidade apenas distorcem e deformam princípios que nos são caros.

Ao citarmos a utilização de filmes como recursos para a compreensão da saúde em seus filigranas e desdobramentos, temos que ter claro e presente que ao nos debruçarmos diante de um filme para analisarmos seus conteúdos estamos igualmente deparando com o olhar do diretor em seus constitutivos de valores sociais e humanos.

Não podemos igualmente perder a referência de que o sentido envolvendo tanto o enredo como a plasticidade, música, fotografia e outros tantos elementos estão enfeixados visando à completude desse conjunto e que, de maneira alguma, estará distante dos valores ideológicos de seus responsáveis.

Com certeza, a saúde no Brasil traz em seu bojo todas as contradições socioeconômicas presentes no seio de nosso tecido social.

As injustiças decorrentes da má distribuição de renda, em que toda a sorte de privilégios é direcionada aos mais ricos, se fazem presentes também na busca por condições dignas de saúde. Sendo assim, falar em saúde em todas as suas filigranas é respeitar tais discrepâncias, e mais, considerá-las como imprescindíveis para uma análise abrangente e verdadeira. Um filme mostra tais contradições e também pode estar no rol das discrepâncias sociais em que nos encontramos inseridos.[9]

É sabido que a área da saúde há algum tempo dispõe dos mais variados recursos na tentativa de ser sustentáculo de tantos que procuram por suas searas em busca de atendimento e acolhimento.

Trazer a possibilidade de análises temáticas a partir da discussão promovida pela exibição de filmes temáticos é igualmente necessário na busca de novos rumos aos horizontes que se descortinam e que buscamos para ter uma compreensão da saúde humana; trazemos a vida através de um filme com suas dores, alegrias,

---

[9] Triste exemplo dessas citações é o filme *Lula, um filho do Brasil*, que teve um dos orçamentos mais caros do cinema nacional e que foi devidamente impulsionado por verbas estatais e governamentais. E, a despeito de toda a publicidade que envolveu tanto sua elaboração quanto seu lançamento, mostrou-se um fracasso retumbante sob qualquer ângulo de análise. E contrário a outras obras em que os diretores se superam tanto na busca de verbas orçamentárias como na própria distribuição de lançamento, esse filme que tinha como intenção implícita fazer propaganda política em período eleitoral teve todas as regalias possíveis e imagináveis. Seu custo pode ser comparado com as grandes produções hollywoodianas, embora seu raio de ação seja tão somente o Brasil.

angústias, depressões, suicídios e tudo que puder ser compilado na complexidade da condição humana.

Merleau-Ponty (2002) assevera que a ação se torna tão perfeitamente o seu acontecimento que a própria alternância de sua ocorrência, muitas vezes, não se justapõe aos próprios fatos. E também não podemos perder de vista que há em toda a expressão que não se submete às regras, nem mesmo àquelas que gostaria de estabelecerem-se como parâmetros de crivos pessoais de análise.

As palavras, imagens e enredos transportam aquele que os produz e aquele que recebe tais estímulos para um universo comum, conduzindo-os a uma nova significação, mediante novas designações que excedem até mesmo as definições previamente estabelecidas para a mediação desse relacionamento.

O filme como mero artifício de entretenimento e o filme elaborado em conteúdos mais profundos e dilacerantes sobre a alma humana, por mais que se distanciem na forma e até mesmo no conteúdo, ainda assim se encontram em uma mesma homonímia por se tratarem pertencentes à mesma formatação de artes. Ambos pertencem, embora de maneiras díspares, ao universo do cinema.

Um filme tem a condição ímpar de nos afetar de modo inigualável, pois a imagem, juntamente com os recursos de música, fotografia etc., sempre nos toca sem defesa racional, pois a questão da racionalidade se perde ao sermos tomados pela emoção presente em uma obra cinematográfica.

A discussão filosófica de um filme transcende os próprios parâmetros da filosofia, pois traz em si uma afetação que somente um filme é capaz de efetivar. Apenas um filme nos lança em dimensões aquém e além de nossa própria existência. É como se fôssemos transportados para diferentes condições emocionais e até mesmo temporais e espaciais ao sermos envolvidos pela magia de sua vivência.

2.3. Alguns filmes escolhidos para análise

> Que você continue essa criatura tão doce e delicada como um filme de Tornatore... Com a imprevisibilidade de Kubrick... com a magia e o deslumbramento criativo de Fellini... que os teus atos e realizações tenham sempre um quê de mistério e sedução de Buñuel... a magia flamenca com as bailadoras ciganas sapateando e girando na obra de Saura... E que tua vida seja uma obra de arte tendo como trilha sonora a música de Ennio Morricone e a de John Williams...
> (Angerami, 2010)

Nessa parte de nosso trabalho vamos fazer uma divisão por temas contundentes e inerentes à área da saúde. E vamos ilustrar sua discussão apresentando alguns filmes que podem ser sugestivos para uma reflexão pormenorizada dos fatos. Evidentemente que os filmes escolhidos não esgotam a gama de obras presentes no universo cinematográfico nem tampouco representam a exclusão de outras obras que igualmente abordam as temáticas propostas para reflexão.

Solidão. Vazio existencial e falta de perspectiva de vida

Filme: *A lenda do pianista do mar*
Título original: *La legenda del pianista sull'oceano*
Direção: Giuseppe Tornatore
Música: Ennio Morricone
Diretor de Fotografia: Lajos Koltai
Distribuição: Medula Film Production
Ano de lançamento: 1999

Trata-se de um filme que traz o que existe de mais esplendoroso em termos de direção e música. Giuseppe Tornatore e Ennio Morricone[10] fazem a mais perfeita harmonização direção/música em atividade, e seguramente uma das maiores em toda a história do cinema.

A grandiosidade da direção de Tornatore com os mais diferentes planos de câmeras se alternando em sincronia perfeita com a direção de fotografia e tendo como moldura a música maravilhosa de Ennio Morricone fazem desse filme uma das maiores realizações de toda a filmografia mundial. Os filmes de Tornatore se tornaram referências de direção cinematográfica pelo esmero nos detalhes de fotografia, música, figurinos, designer etc.

Nessa obra vamos encontrar a história de uma criança que é deixada a bordo de um navio durante um cruzeiro de réveillon na passagem do século XIX para o

---

[10] Além de Ennio Morricone temos também John Willians como outro grande compositor para cinema na contemporaneidade. John Willians também é um mágico da composição para cinema e muitos do filmes que encantaram toda uma geração – *E.T.*; *A lista de Schindler* entre outros – foram ilustrados pela magia de suas composições. Trata-se de uma difícil escolha de qual é o mais influente e possui as lindas composições para cinema. A música dos dois ao ser executada nos traz as imagens dos filmes a que pertencem e a própria emoção das cenas em que se fizeram presentes. Mas me foi dito recentemente – e essa definição pertence à Karla Cristina Gaspar –, sobre a música de Ennio Morricone, que "ela nos invade a alma e nos inunda de uma emoção incontrolável, assim como alguém que sai sob a chuva e vai necessariamente molhar-se". Uma música que nos domina a alma sem que tenhamos qualquer condição de imunidade ao encanto de seus acordes. A de John Willians pode apresentar requintes de composição, regências indiscutíveis, mas a emoção das músicas de Morricone é a própria emoção do cinema, pois sua produção abarca desde westerns, grandes produções hollywoodianas, francesas, italianas e até mesmo russas.

século XX. Essa criança é criada no navio por sua tripulação e passa a ser chamada de 1900 pela referência ao ano em que nasceu.

A voz em *off* que narra detalhes do filme diz que para o mundo ele não existia. Não possuía documentos de identificação, não possuía qualquer vínculo com a mãe e o pai biológicos, e inclusive não possuía qualquer vínculo com outras crianças, uma vez que a sua realidade era única e tão somente o navio.

E pelo fato de o enredo ser descrito a partir da narrativa de um dos músicos que compunha a pequena orquestra que animava os cruzeiros daquele navio, e da qual 1900 também fazia parte, a história ganha tons muito fortes de emoção e arrebatamento.

Entretanto, 1900 jamais conseguiu sair do navio e quando esboçou qualquer tentativa nesse sentido se via impedido por razões que sequer lhe eram claras. Várias cenas são apresentadas em que ele simplesmente é visto apoiado ao convés observando os companheiros que aproveitam a parada do navio para desembarcar em busca de entretenimento. Mas, 1900 não saía do navio para nada.

Um detalhe que o fazia muito especial era o fato de ser exímio pianista desde a mais tenra idade. Tornara-se um show à parte na orquestra do navio, inclusive com situações em que pianistas famosos iam até o navio para simplesmente conhecê-lo e ouvi-lo. Esse filme simplesmente se torna um grande fenômeno musical, pois temos Morricone[11] sendo responsável por um filme com grandes características de um musical, o que decididamente o torna ainda mais marcante e emocionante.

Ele mostra toda a dificuldade presente em muitas pessoas diante da mudança de horizontes na vida, e do enfrentamento de situações em que o desconforto diante do desconhecido, além da angústia descrita pelos existencialistas, traz também a necessidade de novos projetos e rumos de vida.

A narrativa se dá em uma loja de música com aquele instrumentista que pertencia à orquestra do navio em detalhes para o dono dessa loja. E o que assistimos é um corolário de muita emoção sendo descrito em nuances simplesmente tingidas de muita sensibilidade poética. Ele vive e morre no mar sem jamais conhecer outra realidade que não a vida no navio.

---

[11] Recentemente Ennio Morricone gravou juntamente com Yo-Yo Ma (um dos mais importantes violoncelistas da atualidade) um disco registrando algumas de suas principais obras. Existe uma música que foi intitulada de "Giuseppe Tornatore" e que contém os temas de sua produção para os filmes desse diretor. Existe também uma gravação especial com o tema de *A lenda do pianista do mar*, o que por si já faz desse disco algo simplesmente maravilhoso.

E os detalhes dessa vivência, em que suas alternâncias e significantes certamente exigem grande desempenho de reflexão para que não se percam aspectos importantes de seu conteúdo, nem tampouco de toda a grandiosidade artística presente nessa obra.

Sugestões temáticas de discussão e reflexão

Os temas sugeridos não esgotam as possibilidades que podem surgir diante da exibição desse filme e, com certeza, o que fazemos é apenas e tão somente estabelecer um pequeno direcionamento temático. Eis os temas sugeridos:

Dificuldades de enfrentamento de novas situações

Esse aspecto é o primeiro que salta aos nossos olhos quando deparamos com esse filme, onde 1900 não consegue sair do navio; sua vida se passa totalmente no mar, e inclusive a opção que faz para permanecer no navio até mesmo quando toma conhecimento de que o mesmo será explodido, mais do que uma mera opção de suicídio, mostra ainda a própria determinação de não enfrentar a vida fora do navio. E até mesmo sua condição de exímio pianista, fato que leva muitas pessoas ao seu encontro, é também determinante de razões para que essas raízes se tornem cada vez mais fortes e decididamente estruturais nesse sentido.

Decididamente esse aspecto é muito comum na grande maioria das pessoas, ou seja, a dificuldade de enfrentamento de novas situações, sejam essas oriundas de uma separação conjugal, mudanças de emprego, escola, bairro etc.

É muito comum encontrarmos em nossas realidades de saúde inúmeras pessoas que amargam os mais diferentes tipos de sofrimento e que na verdade serão determinados a partir do medo de enfrentamento de situações desconhecidas.

É incontável o número de casamentos, apenas para citar um exemplo ilustrativo, que se mantêm a despeito do total esgarçamento do afeto presente na vida conjugal. Parece que qualquer sofrimento se torna suportável diante da perspectiva do desconhecido que representa a ruptura do vínculo amoroso. É dizer que a maioria das pessoas prefere lidar com inúmeras somatizações a simplesmente enfrentar a realidade de uma nova vida.

Angerami (2000), discorrendo sobre angústia, mostra que na verdade o que mais comprova a angústia na vida contemporânea é justamente a nossa condição de liberdade que nos obriga a decidir ao mesmo tempo o que nos faz responsáveis por nossas escolhas. Ou seja, ao decidir por manter algo por medo do desconhecido, estou simplesmente em conivência com aspectos que, embora sejam destrutivos, me dão um sentido de conforto por serem situações com as quais estamos habituados a lidar.

Os detalhes de cada pessoa diante de situações adversas são decididamente muito amplos para serem compreendidos de outra forma que não se considerando cada pessoa como única. Assim como 1900 mostra em sua dificuldade toda a complexidade envolta no ser humano diante da superação de obstáculos e adversidades. Assiste à vida do navio de modo contemplativo, como a admirar a entrada e saída dos passageiros, bem como de seus amigos da tripulação que igualmente desciam à terra quando o navio atracava em algum porto.

A riqueza temática dessa situação certamente poderá propiciar níveis privilegiados de reflexão, pois a maneira como o protagonista lida com sua realidade é bastante semelhante ao que assistimos em nossa atividade de profissionais da saúde. Ou seja, cada vez mais assistimos um elevado número de doenças dos mais diferentes matizes e que em última instância derivam da dificuldade encontrada pela grande maioria das pessoas do enfrentamento das vicissitudes que a vida lhes apresenta. Esse filme nos afeta diretamente na medida em que nos projeta questões pessoais e até mesmo dificuldades que nos são inerentes em nossa cotidianidade. É dizer que a nossa vida, ao ser colocada em tais paradigmas, é apresentada de maneira reluzente a nos direcionar para os aspectos mais profundos de nossas almas.

A emoção pungente nessa reflexão certamente é direcionamento para aspectos muitas vezes obscuros de nossa percepção e que são lançados de maneira totalizante diante dessas condições projetivas. O filme de Tornatore é um lampejo a nos lancetar a alma naquilo que ela mais exibe em termos de emoção e reflexão das dificuldades inerentes ao enfrentamento das vicissitudes que a vida se nos apresenta.

Solidão. Suicídio

Filme: ***Sylvia***
Título original: *Sylvia*
Direção: Christine Jeffs
Música: Gabriel Yared
Diretor de Fotografia: John Toon
Distribuição: Imagem Filmes
Ano de lançamento: 2003

A diretora Jeffs era praticamente desconhecida fora de seu país até o lançamento desse filme. Ela se projeta com tal intensidade a partir do lançamento dessa obra que seu trabalho passa a ser conhecido, admirado e seguido por inúmeros admiradores cinéfilos. Tendo ao fundo a música de Yared[12] temos um conjunto fantástico de arte unindo fotografia, música e enredo.

O filme aborda a vida de Sylvia Plath, a grande poetisa norte-americana que consagra sua vida com arte poética e culmina com um ato desesperado de suicídio diante de seus filhos ainda em tenra idade.

É um filme muito utilizado em nossas aulas quando citamos obras cinematográficas que precisam ser compreendidas além do enredo, pois seu jogo de luz e sombra é algo fantástico. Nos momentos mais angustiantes do filme Jeefs simplesmente faz um jogo de sombra e luz em que a angústia, desespero e dor são transmitidos sem o auxílio das palavras. As sombras entrelaçadas com a música em tom menor com temas melódicos muito envolventes fazem dessa obra algo único em termos de compreensão do desespero humano nos seus aspectos mais tocantes e marcantes.

São mostrados aspectos da vida de Sylvia desde quando conhece o poeta Ted Hughes, com quem viria a se casar, até os momentos de desespero que culminam com a separação conjugal, incluindo fatos marcantes de sua bem-sucedida trajetória profissional. Tudo sempre permeado por um estupendo jogo de luzes, sombras, música e fotografia. Um enredo a nos envolver a emoção em tons sombrios de dor e desespero da própria condição humana.

A dor de Sylvia e seu desespero são tão fortemente alinhavados com os aspectos de sua obra que praticamente somos envolvidos em algo que vai além dos nossos sentimentos de compreensão da condição humana.

Um filme único a nos dimensionar os detalhes do tanto que o suicídio nos envolve e nos faz atônitos diante dessa faceta tão humana e ao mesmo tempo tão assustadora.

Por ocasião do lançamento desse filme a filha de Sylvia e Ted, Frieda Rebecca Hughes, escreveu uma poesia que dá tons ainda mais sombrios ao próprio filme. Vamos ouvi-la:

---

[12] Gabriel Yared é outro dos grandes compositores de música para cinema. Seu nome está associado a grandes produções, tornando-se sinônimo de qualidade musical. Seu trabalho sempre assegura a qualidade musical dos filmes que assina.

Mãe
Minha mãe enterrada
é exumada para reprises

Agora querem fazer um filme
Para os incapazes
De imaginar o corpo
Com a cabeça no forno.
Os comedores de amendoim, divertidos
Com a morte de minha mãe, irão para casa...
Talvez comprem o vídeo.
Só precisarão pressionar "pause"
Se quiserem colocar a chaleira no fogo
Enquanto minha mãe segura sua respiração na tela
Para terminar de morrer depois do chá.

Eles pensam que eu deveria adorar...
Eles pensam
Que eu deveria lhes dar as palavras de minha mãe
Para encher a boca de seu monstrengo
Sua Boneca Sylvia Suicida
Que vai saber andar, falar
E morrer quando eles quiserem
Morrer e morrer de novo
Viver sempre morrendo.[13]

Sugestões temáticas de discussão e reflexão

Os temas sugeridos não esgotam as possibilidades que podem surgir diante da exibição desse filme e seguramente o que fazemos é apenas e tão somente estabelecer um pequeno direcionamento temático. Eis os temas sugeridos:

Solidão. Suicídio e desespero humano

Abordamos em trabalho anterior (Angerami, 1999) que o suicídio é um ato que sempre é revestido de muita violência; até mesmo quando o ato é fulminante e

---

[13] Essa poesia foi pesquisada e encontrada por Adriano Alonso P. Cunha, que gentilmente ofereceu para a inserção nesse trabalho. Aproveito para agradecê-lo pela generosidade. Disponível em: www.psicoexistencial.com.br/poesias

a princípio sem qualquer sinal aparente de dor física, ainda assim, a violência é eminente, transcendendo toda e qualquer conceituação.

E se o suicídio apresenta marcas tão profundas e verdadeiras quando de seu questionamento, indica que a própria estruturação dos valores sociais é colocada em risco diante de seu surgimento. E até mesmo a conceituação que apresenta a consideração de que o suicídio é um ato de covardia, ou então ao contrário, um ato de coragem, é igualmente falso. O suicídio não é um ato de covardia nem tampouco de coragem, é um ato de desespero. É um ato no qual culmina uma condição de desespero e que consagra à condição humana um de seus aspectos mais contraditórios e indecifráveis.

A solidão é um sentimento que dilacera a alma humana de modo único e um de seus principais desdobramentos é justamente o aspecto que envolve o suicídio. Em um trabalho sobre solidão (Angerami, 2002), colocamos sobre como a solidão é um sentimento determinado a partir do sofrimento devido à ausência do outro. A necessidade do outro em nossas vidas, e de alguma forma, o modo como nos sentimos com sentido de vida e significação a partir do outro, são determinantes que emergem de modo bastante contundente.

A vida de Sylvia é algo desesperadora, e os detalhes apresentados nesse filme podem ser conceituados como a própria configuração conceitual do desespero humano. Angerami (1999) coloca que o sentido de vida é a propulsão capaz de levar o homem a horizontes sequer atingidos pela razão. No entanto, é preciso se dimensionar a vida como carenciada de sentido e que necessitará das realizações humanas para tornar-se algo além da própria vida.

Se a vida não apresenta sentido isolado, o significado do suicídio será algo além de uma digressão filosófica, como também das premissas dos teóricos que procuram compreendê-lo sem uma abrangência real de suas peculiaridades.

A vida de Sylvia, inclusive, colabora de modo drástico com os teóricos que defendem a discussão sobre a temática do suicídio afirmando que se trata de um ato contagiante e que se alastra em membros de uma família ou comunidade como se fosse peste. Sylvia se mata; a nova esposa de seu marido também! Seu filho também consagra ao suicídio o desfecho de sua vida em 2006, e seu editor também coloca fim à própria vida. Vidas que se tocam, ora tangencialmente, ora com bastante profundidade, mas que igualmente contemplam à condição do desespero em que se encontram mergulhados a resolução do suicídio.

Dissemos anteriormente sobre a força de um filme diante de uma obra teórico filosófica. E o trabalho de Jeffs mostra, a partir do desespero de Sylvia, que a temática do suicídio é algo muito além da própria suportabilidade da razão diante de algo tão desesperador. Somos aquém de conceitos aprioristicos que nos são lançados e nos deixam reféns da própria emoção.

Suicídio e solidão, temas que se enfeixam e se tornam únicos no imbricamento do desespero humano diante da concretude e do sofrimento que a vida nos apresenta. Sylvia é um filme avassalador que nos remete aos píncaros do desespero em sua estampa de recortes multifacetados da alma humana.

Eutanásia

Filme: ***Johnny vai à guerra***
Título original: *Johnny got his gun*
Direção: Dalton Trumbo
Música: Jerry Fielding
Diretor de fotografia: Jules Brennen
Distribuição: World Entertainment – EUA
Ano de lançamento: 1971

Esse filme se configura a mais plena realização do que foi dito anteriormente do poder de um filme de nos penetrar a alma e nos lançar diante de temas dilacerantes da condição humana. A Filosofia, a Medicina, a Psicologia, e tantas outras escolas de saber que se queira arrolar não teriam condições de promover uma discussão tão aguda e contundente sobre a eutanásia quanto a exibição e discussão desse filme. Sem dúvida, lança a temática da eutanásia para discussão em seminários acadêmicos ou mesmo na realidade hospitalar, tendo a embasá-la textos que possam abordá-la de maneira profunda e abrangente, pode ser muito rica e envolta em nuanças de crescimento pessoal e intelectual. Mas seguramente o impacto provocado diante da exibição desse filme faz da eutanásia algo além de qualquer conceituação que se queira tecer para compreender sua complexidade.

Trumbo criou uma obra única no gênero, pois mostra a história de um soldado, o nosso Johnny, que vai à guerra lutar por seu país. Não é nenhum país específico nem tampouco existe citação a qual guerra o nosso personagem irá protagonizar. Apenas temos diante de nós uma situação universal do número de jovens que têm suas vidas ceifadas por essa idiotia humana denominada guerra.

A fotografia do filme torna-se um espetáculo à parte, pois é realizada uma alternância em momentos em que as cenas são exibidas em cores e em preto e branco. As várias fases da vida do nosso personagem se alternam nessas mudanças de cor para preto e branco, e sempre tendo como moldura uma música que dará a ênfase aos sentimentos mostrados e lancetados no espectador.

O filme mostra cenas de Johnny se despedindo da namorada, da família, e na companhia de outros tantos jovens, partindo para a guerra.

No início é mostrado Johnny trocando correspondência com sua namorada e combinando o possível casamento quando de seu retorno. E como era previsível, desde o início, é mostrada a cena em que Johnny é atingido e dilacerado em sua condição humana.

O que resta então de Johnny é apenas um membro sem braços, pernas. E, embora tenha perdido muito de suas funções vitais – principalmente a fala e a visão –, tem preservada a audição e a consciência.

O filme se desenrola então junto ao leito do hospital onde aquele resto de corpo anônimo é analisado e observado pela equipe de saúde. Ele não tem consciência de onde está e tampouco por quem está sendo analisado, mas ouve e percebe tudo ao seu redor.

O seu desespero aumenta na medida em que se percebe anônimo sem referências e sem poder comunicar-se com a equipe. Com o desenrolar de sua internação, começa a contar os dias identificando datas como natal, páscoa etc. Posteriormente consegue se comunicar com um dos membros através de movimentos labiais reproduzindo sinais de telegrafia.

E, nesse momento, o filme se reveste de aspectos sombrios de angústia e desespero envolvendo a condição humana pois, pareado ao magistral jogo de fotografia com a alternância de imagens coloridas e em preto e branco, temos lançadas sobre nós as mais dilacerantes questões envolvendo o significado de se manter uma vida nessas condições.

A dialética entre eutanásia e distanásia se faz de uma contundência ímpar, pois mostrará que muitas vezes a necessidade de se manter um paciente nessas condições é uma necessidade mais da equipe de saúde do que propriamente do paciente.

E quando esse paciente consegue se comunicar, o que ele pede a essa equipe é que o matem; simplesmente deseja morrer para acabar com esse sofrimento prolongado e que certamente será arrastado por muito tempo em razão dos recursos da tecnologia médica.

E se falamos anteriormente da similaridade de um filme a um quadro na retratação da dor e desespero humano, esse filme certamente é um exemplar cabal dessas afirmações, pois se trata de uma obra que nos deixa totalmente atônitos e com a sensação da aridez da própria condição humana.

Esse é um filme antiguerra, mas também uma das grandes apologias de defesa da eutanásia a mostrar que em situações tão degradantes a vida se esvai em desespero sem nada que possa dar-lhe sentido. Johnny está cego, mudo, sem braços e pernas, mas com a consciência preservada, e essa condição faz com que, além de perceber o seu próprio entorno, ainda preserve as recordações de seu passado.

Essas recordações são exibidas em cenas de cor em contraponto com seu momento no hospital que é mostrado sempre em preto e branco. Suas recordações se tornam ainda mais dilacerantes, pois são vivas, coloridas e mostram momentos em que ele sentia sua vida pulsando alegria e possuía sonhos de construir família e ter uma vida comum junto de seus familiares.

A guerra acaba com sua vida e seus sonhos, e isso seguramente é universal a todos que de alguma maneira têm suas vidas ou a de parentes próximos dilacerados pela guerra.

A música de Jerry Fielding é pontual, criando atmosferas de dor e lampejos de emoção que se alternam na própria dimensão da alternância de variações do filme de cor para preto e branco. O sofrimento é moldurado pelas variações melódicas dando ao seu constitutivo a combinação de aridez presente no enredo.

Esse filme seguramente é a verdadeira antítese da indústria hollywoodiana de entretenimento, pois embora tenha essa origem em sua produção, está muito longe de ser algo que se assista como mera distração. Ao contrário, temos diante de nós um filme que nos leva aos mais profundos sentimentos de sofrimento e angústia diante do desespero humano.

Sugestões temáticas de discussão e reflexão

Como dito anteriormente, os temas sugeridos não esgotam as possibilidades que podem surgir diante da exibição desse filme e seguramente o que fazemos é apenas e tão somente estabelecer um pequeno direcionamento temático. Eis os temas sugeridos:

Eutanásia

Em trabalho anterior (Angerami, 2003), mostramos através de publicação de diversos autores óticas diferentes sobre a dialética de eutanásia e distanásia. Nesse sentido, os defensores de cada uma dessas posições terão inúmeros argumentos sobre a necessidade de se defender tais temáticas. O que na realidade prevalecerá sempre é o enfeixamento de valores presentes na ótica de cada um dos protagonistas dessa discussão.

A eutanásia por si desperta valores morais e religiosos presentes em nossa alma e que muitas vezes se encontram latentes à espera de alguma estimulação para emergirem de modo impensável. E o mais fascinante no bojo dessas arguições é que todo e qualquer profissional da área da saúde, e das outras também, é importante que se pontue, sempre possui valores da ordem moral e religiosa que pertencem a sua historicidade. E despojar-se desses valores diante do paciente é algo muito difícil e por assim dizer complicador de muitas das ações a que assistimos na realidade hospitalar.

Johnny mostra em seu sofrimento que lutar pela preservação da vida deve passar também por uma discussão que englobe igualmente a qualidade dessa vida e, também, as razões que possam justificar o prolongamento de uma vida, ou ao contrário, o estancamento desse sofrimento.

Vivemos em uma sociedade que em princípio é definida como laica. Embora, no momento, possamos assistir a uma grande movimentação para a retirada de objetos e apetrechos que envolvem religiosidade de lugares públicos – principalmente a cruz de Cristo presente em quase todas as instituições públicas –, ainda assim as discussões envolvendo a questão da eutanásia na quase totalidade das vezes são pontuadas por princípios religiosos.

Isso equivale a dizer que o sofrimento pungente em que o paciente se encontre envolto nada significa diante da religiosidade presente na argumentação desses profissionais da saúde.

Os argumentos presentes no filme de Trumbo são por demais dilacerantes para que fiquemos impassíveis diante de tais questões. O sofrimento de Johnny, e que retrata o sofrimento universal presente em uma guerra em qualquer parte do universo, nos mostra a necessidade de se ter valores mais flexíveis para que possamos abarcar a questão do sofrimento humano de maneira mais abrangente e, principalmente, o revestimento de conceitos pessoais que, muitas vezes, inclusive, não fazem parte dos valores do paciente.

Sobre o sentido de vida

No momento em que assistimos ao crescimento do chamado "Suicídio Assistido", que já encontra eco na legislação de vários países, inclusive como o surgimento de empresas especializadas para esse tipo de intervenção, é necessário que possamos escutar o sofrimento daqueles para quem a vida se tornou um fardo insuportável e sem qualquer resquício de sentido vital.

Não se trata simplesmente de defender qualquer das posições envolvidas nessa discussão e sim de se ter uma postura de aceitação das divergências colocadas diante de nossos valores pessoais. É dizer que qualquer posição que envolva uma pessoa enferma e em situação de extremo desespero precisa, necessariamente, passar pela exposição de suas razões e de suas próprias conceituações sobre sua vida.

A vida que pulsa em uma manhã azul de inverno com seus matizes coloridos indescritíveis e maravilhosos, seguramente agoniza nos corredores do hospital diante do desespero humano. E discutir questões envolvendo a eutanásia e a dignidade humana é, em princípio, uma das maneiras que encontramos para ampliar nossos horizontes diante das questões que se apresentam no cotidiano.

Esse filme, na defesa que faz da eutanásia, também nos impulsiona a questionar o próprio significado de nossas vidas. E, por assim dizer, o verdadeiro pulsar que estamos conferindo às nossas próprias realizações.

O sentido que damos à nossa própria vida nos envolve diretamente em confronto dilacerante quando nos vemos diante da morte e do sofrimento de pacientes terminais. É como se o doente em estado terminal pudesse nos conferir uma nova realidade de dimensões novas e mais abrangentes à nossa própria vida.

Uma nova vida que se descortina diante da possibilidade da morte e da consciência de nossa finitude tão escancarada nos corredores hospitalares. Angerami (2008) assevera que o homem passa a maior parte de sua existência buscando o sentido da vida, perguntando o que é a vida, qual a sua obstinação, qual a sua verdade. Em sua busca desvairada recorre a todo o tipo de respostas, buscando desde verdades místicas até aquelas chamadas científicas.

E o confronto com a morte nos escancara de modo abrupto e envolvente o que estamos fazendo com a nossa própria vida e o sentido que estamos lhe dando diante das vicissitudes que se apresentam em nossos caminhos.

O filme de Trumbo é um acinte a valores morais, existenciais e religiosos que se mostrem rígidos em seus constitutivos. É um convite a uma reflexão pormenorizada e profunda sobre o sentido de nossas vidas. Sobre como estamos validando essa dádiva que nos presenteia em nossos dias de momentos tingidos de azul e distante do cinza do sofrimento e do desespero humano. É dizer que estamos diante da reflexão de que a busca do sentido de vida passa necessariamente por uma sistematização reflexiva do rumo que damos a nossas buscas e realizações.

Somos essa concretude humana que depara com situações inusitadas de sofrimento e desespero em nosso entorno e que, muitas vezes, também nos leva à própria desestruturação de nossos valores primários.

Refletir sobre o sentido de vida é um convite para que possamos mudar o rumo de nossas vidas tantas vezes quantas forem necessárias e todas as vezes que esse rumo se tornar turvo diante do lamaçal de dor e sofrimento que a vida se nos apresenta.

Muitas vezes nos sentimos distantes do desespero humano por não termos nada que evidencie tais questões em nossas pessoas próximas. No entanto, e isso é irreversível na vida, sempre a vida nos confrontará com nossa finitude com o sentido que estamos dando à nossa existência, e tal construto nos faz necessariamente envolto nessa condição de ter na busca do sentido de vida o próprio bálsamo capaz de cicatrizar tais chagas de sofrimento e dor.

E como dito anteriormente, a reflexão feita a partir da exibição de um filme seguramente será mais contundente e eficaz do que a discussão feita a partir de um texto filosófico em que a racionalidade irá permear e cercar o rompante da emoção presentes em nossa alma.

Um texto teórico e filosófico sempre é importante para a nossa formação intelectual e até mesmo emocional, mas sem dúvida, se for pareado com a exibição de um filme que possa derrubar nossas barreiras racionais, esse intento será atingido com mais plenitude.

Somos emoção por mais que tentemos de todas as maneiras sobrepor a razão diante daquilo que nos faz pulsar o coração. E a cada vez que a nossa emoção se transforma em arroubos de afeto estamos dando uma nova dimensão à nossa própria condição humana.

O desespero humano I

Filme: ***Antes da chuva***
Título original: *Before the rain*
Direção: Micho Manchevski
Música: Anastasia
Diretor de fotografia: Manuel Teran
Distribuição: Lume Filmes
Ano de lançamento: 1994

Esse filme é composto de três episódios, "Palavras", "Rostos" e "Imagens", que se entrelaçam e tornam sua trama envolvente de maneira simplesmente indescritível. Manchevski, até o estrondo causado por esse filme, era um autor praticamente desconhecido no ocidente.

Como se não bastasse o estupendo jogo de câmeras, luzes, sombras e música, sua maestria na condução cinematográfica se mostra soberba na maneira como os episódios foram enredados por entrelaçamentos que nos deixam atônitos na maneira como o enredo principal vai se desvelando e nos arrastando em enormes turbilhões de emoção. E a magnitude de sua câmera e o enquadramento já se faz presente no primeiro episódio, em que é mostrado um monge que se apaixona por uma garota que busca refúgio em seu mosteiro.

Em uma das cenas é apresentado um céu aveludado por um conjunto de estrelas emoldurado pela torre da igreja do mosteiro em contraponto com o negrume da noite. A lua e as estrelas são contrapostas à torre em uma formatação de fotografia de requintes simplesmente magníficos.

Já em outro episódio, "Imagens", é mostrado um ônibus trafegando pelo interior da Macedônia com a câmera alternando planos abertos e fechados revelando a qualidade desse diretor na utilização desse recurso.

Mas, como dissemos anteriormente, se um filme não é apenas enredo, o contrário também é verdadeiro. A exuberância de um filme se faz no contraponto desses recursos técnicos com um enredo envolvente e fascinante. E isso certamente faz desse filme, um dos *cults* dos anos 1990, uma das maiores produções cinematográficas de toda a história do cinema.

Esse filme foi apresentado pela primeira vez ao público brasileiro por ocasião da Mostra Internacional de Cinema de São Paulo, em 1994, ocasião em que foi considerado o melhor filme da mostra. E sua vitoriosa trajetória prosseguiu com vitórias expressivas em outros festivais consagrados aos filmes de arte como o Festival de Veneza, onde também foi consagrado o melhor filme lá exibido.

Ele retrata o conflito da guerra civil na Macedônia com o dilaceramento da dignidade humana e o completo esgarçamento de vínculos familiares dizimados por esse conflito. E embora se trate de um filme que retrata uma das guerras mais sanguinárias da atualidade, temos apenas duas ou três cenas com a presença de tiros e conflitos armados.

Um dos principais aspectos nesse filme é justamente como a própria subjetivação das pessoas se torna bélica diante de um conflito do qual sequer conseguem entender as razões e determinantes. A angústia que se apodera de nosso ser é um dimensionamento da violência subjacente a conflitos que arrasam a dignidade humana de um lado, e, de outro, explicitam toda a sordidez presente em nossas relações interpessoais. E a maneira como é entrelaçado cada um dos episódios em um sequencial alucinante com as personagens de um dando continuidade e sentido aos demais simplesmente nos deixa atônitos com o desenrolar dos fatos.

Um filme que começa e termina com a mesma cena, e isso por si já nos deixa em um estado de completa estupefação, pois o início do primeiro episódio culmina com o fim do último episódio com as vidas se enfeixando e se tornando partes de um mesmo drama que além de comovente é estarrecedor da completude humana.

A trama principal gira em torno de um consagrado fotógrafo de nome Aleksander, que resolve deixar todo o prestígio obtido nas grandes capitais ocidentais, e até mesmo um romance tórrido com uma mulher casada e igualmente fotógrafa, e resolve voltar à sua nativa Macedônia.

Esse enredo se entrelaça com o episódio inicial do monge e todos sequencialmente formam um enredo que nos deixa tensos e presos ao desenrolar do enredo sem que possamos deixar essa condição de prisioneiros de uma emoção que se nos invade e nos domina de maneira irrebatível. Podemos defini-lo, inclusive, como um filme que nos deixa sem fôlego pelo seu desenrolar e pelo desencadeamento das emoções suscitadas. Também nos faz perceber a nossa pequenez diante do enredamento dos fatos em que a sordidez humana nos leva as situações extremas de desespero e crueldade.

E se é fato que uma das mais contundentes críticas sofridas pelos chamados filmes de arte deriva de sua excessiva preocupação com a plasticidade e outros recursos deixando de lado a importância do enredo, Manchevski, assim como Tornatore, nos mostra que é possível essa fusão sem perder a qualidade em qualquer das partes envolvidas em uma grande produção.

Sugestões temáticas de discussão e reflexão

Os encontros e desencontros da vida

Uma das questões mais relevantes nesse filme é justamente a maneira como são expostas as facetas dos encontros e desencontros da vida humana. Ao retornar a sua Macedônia para fugir das decepções e dissabores de sua condição de fotógrafo consagrado na Europa, Aleksander vai ao encontro de outros níveis do paradigma da idiotia humana. Ali encontra antigos companheiros e familiares lutando entre si praticamente por nada, e se já estava decepcionado com a própria condição humana em razão do que a sua lente fotográfica havia registrado em inúmeras guerras e conflitos bélicos, o que encontra em seu país natal é algo mais insólito.

O que o aguarda em seu torrão, na verdade, é algo que o deixa completamente ensandecido, pois se a decepção presente no momento anterior de sua vida era derivada da incongruência humana, em seu país irá deparar com um fratricídio completamente irascível e sem qualquer concretude mínima de compreensão.

Esse filme nos leva a uma reflexão bastante pormenorizada sobre os encontros e desencontros da vida e o tanto de responsabilidade que as nossas escolhas têm sobre isso. É dizer que o que muitas vezes chamamos indevidamente de açoite do destino é, em realidade, fruto direto de nossas escolhas sendo, inclusive, permeadas pela nossa própria condição existencial.

É fato que muitas vicissitudes que se apresentam em nossa vida não são escolhidas, simplesmente nos acometem das mais diferentes e variadas maneiras. No entanto, a discussão que o filme nos propicia é a maneira como podemos lidar com esse insólito que surge em nossas vidas.

O próprio fato de ele apresentar três episódios distintos, que em princípio não nos tangenciam, mostra, inclusive, como a nossa vida também é tangenciada por tantos episódios e pessoas que, em princípio, parecem nada ter com nossos fatos e nossas vidas e que, no entanto, são interligados entre si. É dizer que somos responsáveis pelos nossos atos e, por consequência, por nossas vidas.

Os desencontros e amores idos e vindos ou qualquer outra circunstância que se queira atribuir aos nossos caminhos não pode ser desvinculado de nossa responsabilidade. O filme nos mostra situações de desespero intenso em que a nossa incredulidade certamente nos remete a outras situações nas quais ficamos inertes diante das vicissitudes da vida. E as reflexões desencadeadas por esse filme certamente nos levarão a outros patamares de compreensão, não apenas desses detalhes de incertezas trazidas ao nosso campo perceptivo, como principalmente pelas diversas situações nas quais nos encontramos impotentes para agir, seja pelo quietismo da situação em si, seja ainda pelo quietismo que adotamos perante a própria vida.

Laços familiares e (des)ordem social

Esse aspecto de discussão é bastante proeminente a partir da exibição desse filme. Vemos um irmão matando a própria irmã a partir do ódio e da desavença entre partes distintas de um conflito irascível e que nos estanca conceitos de fraternidade e amizade. A partir disso, vamos ter condições de questionar o que significam laços sanguíneos e o real significado de interesses que se misturam e tornam a todos indistintamente reféns de uma violência que se mostra incontida ao mesmo tempo que nos remete a outros matizes de violência em nossas vidas.

E, diante de tamanha situação de contundência, a própria definição de saúde mental irá requerer nova conceituação, pois a maneira irascível que se apodera das pessoas diante de situações insólitas e que estão a exigir novos questionamentos e definições teóricas certamente são temáticas que o filme fará emergir.

O equilíbrio de nossa saúde mental tão alardeada nas lides da psicologia da saúde não tem como resistir a um número tão grande de questões que nos mostram a ruína total da condição humana em situações em que a emergência de valores como solidariedade e dignidade simplesmente sucumbem diante da idiotia presente na conduta das pessoas. É dizer que somos lançados a uma condição de total falta de sintonia com valores preconizados em nossa condição de profissionais da saúde quando nos vemos lançados a situações tão ásperas em que a nossa impotência simplesmente é escancarada diante da violência que se inicia em detalhes da subjetivação das pessoas para, em seguida, alastrar-se e adquirir contornos bélicos desesperadores.

Embora de há muito assistamos ao embate de membros de uma mesma família, principalmente em torno de partilhas de heranças envolvendo bens materiais, ainda assim o que é suscitado pelo filme vai muito além dessas pendengas. O que nos é apresentado é o total esmorecimento de qualquer valor fraterno, pois o que é exibido vai além de qualquer propósito de compreensão da condição humana diante de conflitos em que a razão e, portanto a desrazão, adquirem contornos imprevisíveis e impossíveis de serem definidos.

O que é um laço sanguíneo e qual sua configuração em nossas vidas é questão que reluz e nos deixa ofuscado diante da crueldade das cenas exibidas.

E como falamos anteriormente, não assistimos a confrontos armados, esses são muito poucos, mas, ao contrário, temos uma violência subjetiva que ganha contornos irascíveis de violência física e de beligerância efetiva.

Somos lançados aos braços da incerteza e da dúvida de muitos valores pessoais e até mesmo profissionais ao nos vermos estampados em situações tão inusitadas e ao mesmo tempo tão reais e verdadeiras. Percebemos, então, que somos nada mais que uma realidade frágil que se vê exposta diante de fatos tão sórdidos e que se nos açoita a vida até mesmo em nossa cotidianidade.

As discussões e reflexões ora propostas certamente serão sugestões parcas e reduzidas diante das possibilidades que se descortinam diante de um filme tão exuberante e tão rico de detalhes e matizes dos mais diferentes constitutivos que podem ser encontrados em uma produção cinematográfica.

O desespero humano II

Filme: *A vida dos outros*
Título original: *The lives of others*
Direção: Florian Henckel Von Donnersmarck
Música: Gabriel Yared
Diretor de fotografia: Hagen Bogdanski
Distribuição: Europa Filmes
Ano de lançamento: 2006

Trata-se de filme brilhante que retrata o período dos últimos momentos do comunismo na Alemanha Oriental e sua passagem para uma situação democrática. O arbítrio humano presente nas situações de poder transcendem a qualquer conceituação que se faça sobre a humilhação da imposição do poder de uma pessoa sobre outra. É como se tivéssemos escancarados em nossa percepção dos requintes de crueldade e perversão presentes na condição humana ao julgar e desprezar seu próprio semelhante.

O filme narra uma história real do dramático, e às vezes hilário, sistema de espionagem existente na Alemanha Oriental durante o período denominado de Guerra Fria.

O enredo descreve, nos anos 1980, o ministro da cultura se interessando por uma atriz popular que namora um dramaturgo bastante popular e reconhecido pela qualidade de sua obra, um dos poucos intelectuais que consegue enviar seus escritos além-fronteira.

Cria-se então a suspeita de que ambos seriam contrários aos ideais comunistas, e então passam a ser observados por um dos agentes mais temíveis do regime, o frio e calculista Capitão Gerd. Este, no entanto, de observador cruel de suas vidas e confidências, passa a ser admirador de suas vidas e personalidades.

O que se assiste, então, é o desdobramento das possibilidades humanas saindo de requintes extremos de crueldade para patamares de solidariedade e dignidade admiráveis.

Esse filme possui uma pulsão de tensão emoldurada por temas melódicos que nos direcionam ao extremo dos sentimentos suscitados em que a eloquência dos próprios sentimentos aflora de modo imprevisível.

Os detalhes de crueldade do Capitão Gerd obtendo confissões dos presos políticos, e mesmo suas lições aos oficiais mais novos sobre técnica de torturas psicológicas, são eloquentes e demasiadamente angustiantes, fazendo um filme, em alguns momentos, *thriller* insuportável de se assistir.

O filme mostra os porões de uma ditadura que se assemelha com a maioria das ditaduras da atualidade fazendo que seja possível, inclusive, uma projeção da ditadura militar que assolou o Brasil durante 20 longos anos.

Os detalhes da perseguição aos suspeitos de não serem fiéis às ideias dominantes mostra o requinte de técnicas utilizadas em prol desses sórdidos objetivos. E o mais incrível que esse filme nos mostra é justamente a transformação do Capitão Gerd de algoz protetor do casal protagonista, e isso em que pese às sansões impostas por seus superiores diante das suspeitas dessa mudança.

O processo de mudança do Capitão Gerd termina, por assim dizer, em humanizá-lo, tornando-o sensível às situações de suas vítimas, tornando-se cúmplice anônimo e distante de suas ações.

Trata-se de um filme que nos leva de um extremo ao outro nas possibilidades de transformação humana. E isso em que pese aos momentos em que a vida humana é levada a situações de extremo desespero diante da nossa total impotência e incredulidade. E aqui temos novamente a música insinuante e envolvente de Yared, assegurando ao filme maestria em todos os seus principais sustentáculos.

Ao se tornar sensível às condições de suas vítimas e em seu processo de humanização, o Capitão Gerd sofre em sua própria pele os arbítrios do regime que ardorosamente defendia à custa do sofrimento dos dissidentes políticos. Um filme único nesse contexto de escancararem-se os alicerces dos porões da ditadura da Alemanha Oriental.

Sugestões temáticas de discussão e reflexão

Como dito anteriormente, os temas sugeridos não esgotam as possibilidades que podem surgir diante da exibição desse filme e seguramente o que fazemos é apenas e tão somente estabelecer um pequeno direcionamento temático. Eis os temas sugeridos:

A perversão humana

O que salta aos olhos em primeiro lugar na reflexão desse filme é justamente o requinte de perversão e crueldade presentes na condição humana e que é retrato de maneira clara e absoluta. E por mais que tenhamos diversas formas de conceituações de entidades nosológicas a explicar as diferentes maneiras de perversão e crueldade humana, vemo-nos completamente desarticulados e sem qualquer embasamento teórico e filosófico diante do que o filme se propõe.

A realidade apresentada, por mais cruel e estonteante que possa parecer, é a descrição perfeita dos requintes de crueldade presentes na condição humana e que se justificam pela simples manutenção do poder e do domínio de uma pessoa sobre outra pessoa.

Discutir entidades nosológicas diante da perversão que é exibida torna-se assim um grande exercício de reflexão filosófica, pois estaremos diante da completa negação de todos os valores que contemplam preceitos de dignidade humana e respeito pelo semelhante.

O modo como a vida privada do outro é exposta em observação coletiva aos agentes de segurança do regime dão conta do tanto que se extrapola qualquer quesito de dignidade quando se busca a manutenção irascível do poder.

Conceitos de normalidade saltam aos nossos olhos, pois o que fica evidenciado em uma sequência angustiante de cenas é a exposição de momentos de intimidades e de confidencias pessoais sem qualquer escrúpulo por parte das autoridades governamentais. Um pesadelo que abala os sentimentos que nos direcionam em busca de valores de justeza e igualdade humana.

Vemos situações em que a condição humana é totalmente assolapada diante de interesses que visam à preservação pura e simples de um regime ditatorial. E, ainda que se busquem tecer críticas sobre o caráter ideológico do diretor que, evidentemente, denuncia tais arbítrios por ser totalmente contrário a eles, ainda assim é fato que o que assistimos é a exibição contínua sem intermitência dos requintes de crueldade de que o ser humano é capaz.

Poderemos também caminhar em outra direção e nos estribarmos nas entidades nosológicas para definir tais comportamentos enquadrando-os em algum tipo de patologia descrita nos anais dos compêndios psiquiátricos. Mas, ainda assim, estaremos diante de situações bastante inusitadas que simplesmente não podem ser classificadas como algo passível de definição.

A psiquiatria de há muito procura nas definições que efetivem em suas conceituações patológicas um enquadre para os absurdos de determinados comportamentos humanos. E seguramente, por mais que possa avançar nesse sentido, temos claro o fato de que tal objetivo intenta o enquadre teórico visando até mesmo à prevenção de tais atos, mas o que temos, em realidade, é uma sucessão cada vez mais imprevisível de condutas que escapa de toda e qualquer tentativa de compreensão.

A vida dos outros é único no sentido de nos mostrar a possibilidade de conversão de alguém que em princípio se mostra completamente desprovido de qualquer sentimento humano e que paulatinamente se humaniza a ponto de sensibilizar-se com a dor e alegria de suas vítimas. Temos um anti-herói que se transforma de algoz a cúmplice de suas vítimas e que na sequência também se torna vítima do regime que defendia ardorosamente. E as possibilidades de compreensão dessas possíveis patologias se escancaram no modo como o filme nos invade e nos torna totalmente reféns de uma emoção única e transcendente a nos fazer admiradores da própria condição humana de transformação.

O voyeurismo

Embora as primeiras observações do Capitão Gerd sobre o casal espionado tenham como justificativa as suspeitas de suas condições ideológicas, o filme vai evidenciando aos poucos o prazer de se observar a vida alheia.

As observações passam a ser realizadas com o intuito de observar o prazer vivido pelo casal suspeito, principalmente na partilha de suas dificuldades e conquistas de vida. E até mesmo naqueles momentos de intimidade sexual a observação deixa de ser política para simplesmente ser algo que envolve a observação dos atos de pessoas por outra pessoa.

Esse comportamento, embora seja tão antigo quanto à própria condição humana, talvez seja na contemporaneidade que atinge níveis sequer imagináveis décadas atrás. Basta ver, por exemplo, os *reality shows* que invadem a nossa programação televisiva e que atinge níveis altíssimos de audiência. São pessoas sendo observadas por outras pessoas com plena consciência e conivência a essa observação.

Diferente do casal espionado do filme, que não tinha consciência que sua privacidade estava sendo exposta no ambiente que uma pessoa pode ter de mais privado e íntimo que é sua própria residência. Os *reality shows*, ao contrário, possuem inclusive uma busca desvairada dos protagonistas para participarem desse tipo de programação. São expostos e são regiamente premiados por isso.

Talvez o sucesso desses programas se estribe no fato de o exibicionismo ser algo tão forte e atual na conduta humana. As chamadas revistas de TV, que primam pela publicação das mais recentes notícias das celebridades televisivas, igualmente fomentam esse lado de exibicionismo, pois tanto os que procuram pela informação como os artistas participam de maneira harmoniosa dessa dialética.

O filme exibe um lado perverso do voyeurismo na medida em que o casal observado não sabe que seus atos são observados nem tampouco gravados para serem analisados pelo serviço de inteligência das autoridades de seu país.

O prazer humano em observar e ser observado não é discutido na verdadeira dimensão de sua ocorrência e, muitas vezes, passa como sendo algo pertencente a determinadas camadas da população quando, de fato, é algo inerente à condição humana.

Falamos em tendência exibicionista para enquadrar determinadas pessoas em uma entidade nosológica que se propõe a analisar tais condutas. No entanto, sua real dimensão não pode ser configurada nesse simples expressionismo de compreensão de uma faceta da condição humana.

Histórias envolvendo chantagens para que determinados atos e fatos de uma determinada pessoa não sejam divulgados é de conhecimento de todos, e seguramente não existe quem não tenha algum caso para exemplificar tais situações.

Debruçar-se sobre essa faceta da conduta humana sempre é instigante, pois nos remete a algo que muitas vezes não é considerado em sua real dimensão.

A chamada tendência exibicionista de há muito estudada pela psicologia e pela psiquiatria certamente encontra matizes que podem ser enquadrados como patológicos e que exigem uma constante reflexão sobre o verdadeiro sentido de sua ocorrência.

É sabido da necessidade de muitas pessoas de terem seus atos colocados em destaque de modo que pode ser considerado como além das próprias necessidades humanas. Podemos mesmo dizer sem qualquer margem de erro que muitas das atividades são escolhidas pela maneira com que a pessoa se vê exposta e mesmo como se projeta em termos sociais.

O que o filme mostra é apenas um lado muito conturbado desse aspecto humano que é a observação desmesurada da vida do outro.

Hitchcock,[14] o grande mestre do cinema de suspense, em *Janela indiscreta*, outro magnífico momento da cinematografia mundial, nos mostra o requinte de um voyeur que observa de maneira detalhada os acontecimentos de seus vizinhos.

A questão apresentada tanto em *A vida dos outros* como em *Janela indiscreta* é a maneira, por assim dizer, sórdida de observar a vida do outro da maneira mais invasiva e abusiva que os ditames da conduta humana podem conceber. Em *A vida dos outros* essa sordidez é exacerbada pelo fato de sua justificativa ser uma possível "traição" política, ou seja, a ditadura que assolava a Alemanha Oriental, em nome da preservação de seus ideais, se arvorava no direito de invadir a privacidade das pessoas para a confirmação dessa "traição", e sua eventual condenação.

---

[14] Alfred Hitchcock foi um cineasta inglês radicado em Hollywood depois de uma produção bastante razoável em seu país e que ficou denominada como sua fase inglesa. Quando se radica nos EUA cria verdadeiras obras--primas do cinema de suspense, entre as quais podemos destacar *Psicose* e *Janela indiscreta*.

Diferente dos *reality shows* em que as pessoas optam por ter suas privacidades devassadas em troca de régias compensações financeiras e até mesmo de possíveis projeções sociais.

Mas o que presenciamos em *A vida dos outros* e em escala menor em *Janela indiscreta* é algo que simplesmente retrata a maneira como o outro se faz presente em nossa vida e a maneira como se pode observá-lo em nome dos mais diferentes matizes e justificativas. É dizer que o fascínio exercido pela vida do outro é algo que não se atinge com simples conceituações de entidades nosológicas, nem tampouco por conceituações simplistas de psicologia ou mesmo de psicopatologia.

Trata-se de questões que ao serem suscitadas evocam as profundezas da alma humana naquilo que tem de mais misteriosa e abrangente de suas possibilidades intrinsecamente perversas. Algo tão assustadoramente humano que qualquer conceituação que se faça no sentido de compreensão não pode prescindir desses aspectos envolvendo tais detalhes. Merleau-Ponty (1971) assevera que quando me pergunto o que é algo, ou o mundo, ou a coisa material, não sou ainda o puro espectador que, pelo ato de ideação, virei a ser; sou um campo de experiências onde se desenham somente as famílias das coisas materiais e outras famílias e o mundo como seu estilo comum. Um espectador sem segredos que está a exigir de si detalhes da vida do outro, como se o conhecimento desses detalhes o fizesse senhor de si, e por assim dizer do outro. É como se tivéssemos o conhecimento de nós através do conhecimento do outro feito sem a sua anuência.

Estaria assim a exigir um espectador que, para reduzir verdadeiramente uma experiência à sua essência, seria preciso tomar em relação a ela uma distância que a pusesse inteiramente sob nosso olhar como todos os subentendidos ou de sensoriabilidade ou de pensamento que a incluíssem e fizessem dessa observação algo que fizesse parte da própria vida do observador. O observado é refém de um prazer de um voyeur anônimo que se esconde atrás de uma nódoa de invisibilidade para se tornar senhor e possuidor dos segredos do outro.

Temos um jogo de espelhos multifacetados em que a observação se dá aquém de algo previamente estabelecido entre as partes, ao contrário, o observador se arvora em possuidor de detalhes do outro sem sua conivência nem tampouco seu conhecimento. E essa falta de consciência de se saber observado e analisado faz da situação algo de uma abstração insólita nos quesitos que tangenciam nossa observação e análise. É dizer que, muitas vezes, ao definirmos algo como invasivo e abusivo, estamos dando uma conotação de caracteres de aspectos de sobreposição de nossos limites pessoais.

Isso, muitas vezes, inclui até mesmo aquelas situações em que a nossa vida se vê desabrigada das camadas de proteção invisíveis que temos em nosso entorno individual. Nossas vidas são protegidas por tais camadas, seja nos aspectos que tangenciam nossa subjetividade, seja ainda nos aspectos que envolvem a preservação de valores morais, éticos e até mesmo religiosos. A exposição de tais valores, incluindo-se aí a nossa subjetividade, é algo que nos lança a circunstâncias indefensáveis em nossa teia existencial. O nosso raio de ação em que nossas vidas se encontram circundadas nos faz refém dessa peculiaridade da condição humana que é o voyeurismo.

A vida dos outros atinge níveis de invasão subjetiva inimaginável e, por assim dizer, ainda que abusiva, conhecida da maioria das pessoas. É algo que ao mesmo tempo que pode ser considerado como um ato desprezível e torpe da condição humana, é efetivada pela quase maioria das pessoas.

O filme se torna angustiante na medida em que nos lança questões da nossa própria conceituação diante desse tipo de atitude, pois, como dissemos anteriormente, além de ser algo inerente à condição humana, mostra o fascínio que o conhecimento da vida do outro desperta na maioria das pessoas.

Temos um filme que se mostra como indispensável em nossa busca de subsídios para uma melhor compreensão da condição humana, pois esse aspecto de observação da vida do outro, muitas vezes, passa ao largo até mesmo das teorizações psicológicas sobre a contemporaneidade.

Saúde mental e loucura I

Filme: **Betty Blue**
Título original: Betty Blue
Direção: Jean Jaques Beineix
Música: Gabriel Yared
Diretor de fotografia: Jean-François Robin
Distribuição: Sony Pictures
Ano de lançamento: 1986

Betty Blue mostra-se como um dos filmes mais espetaculares para a compreensão da evolução da loucura em uma determinada pessoa. O diretor Beineix conseguiu criar uma obra de arte ao mesmo tempo que retrata fielmente o processo que a personagem principal, Betty Blue, percorre em sua trajetória de perda de consciência e até mesmo de sua condição física.

O filme mostra Zorg, um rapaz que fazia serviços de manutenção em um conjunto de bangalôs. Sua vida era monótona e sem alterações até que surge Betty e os dois passam a viver uma tórrida história de amor.

Aos poucos a presença forte e marcante de Betty começa a criar situações inusitadas e embaraçosas para Zorg que culmina com sua dispensa do trabalho. Mas, nesse momento, o que nos salta à percepção é apenas uma mulher vigorosa empurrando seu companheiro para voos mais largos em seu horizonte existencial.

Essa força catalisadora se mostra ainda mais forte e envolvente quando ela descobre que seu companheiro tem um romance manuscrito sem publicação. Ao lê-lo passa a incentivá-lo a procurar uma editora ao mesmo tempo que se mostra incrédula de ele trabalhar como ajudante de serviços gerais tendo um talento tão desenvolvido para as letras. Tudo passa a girar inicialmente em torno desse inconformismo, e quando ela provoca situações insustentáveis de permanência no bangalô eles se veem obrigados não só a deixarem o local como também a buscar por outros cantos. Então, mudam de cidade e passam a conviver com novos amigos e diante de novas perspectivas de vida. Parece, então, que a vida dos dois iria ter períodos de calmaria, e tudo passa a ser justificativa para as explosões de Betty.

Ora diante de uma possível gravidez e a constatação diante dos exames de urina de que se tratava apenas de atraso menstrual. Ora ainda diante de frustrações que a vida apresenta, enfim tudo era motivo para que Betty explodisse e desse vazão a um furor incontrolável.

Junto a um casal de amigos Betty começa a trabalhar como garçonete, e diante de uma cliente do restaurante que mostra insatisfação ao tratamento dispensado, simplesmente tenta agredi-la furando sua barriga com um garfo. Os amigos sinalizam a Zorg o estado de desequilíbrio de Betty, ao que ele sempre prontamente dizia que era em razão apenas de estresses de trabalho, ou então, em outros momentos, devidos à falsa gravidez.

O fato é que paulatinamente esses descontroles tornam-se contínuos e o que eram simples intermitências diante de fatos isolados passa a ser a realidade constante vivida por Betty. E a evolução exibida do agravamento da loucura de Betty é simplesmente inenarrável, pois na realidade o que é apresentado é o seu comportamento exibindo as contradições de condutas dos demais que eram considerados saudáveis.

O próprio Zorg se surpreende ao saber que Betty toma remédios para controle de sua situação emocional. E a cada nova cena um novo panorama de evolução de seu furor e de seu total descontrole emocional é abordado, e o que era uma história de amor e paixão acaba se transformando em pesadelo envolvendo não apena Zorg, mas também as pessoas de seu entorno.

Um dia ao chegar a casa Zorg encontra grandes vestígios de sangue pelo caminho e quando está no auge do desespero em busca de Betty é acolhido por um vizinho que lhe diz então que ela havia sido hospitalizada em razão de ter arrancado um de seus olhos.

Na sequência temos então um longo corolário de sofrimento de Zorg em busca de explicações dos médicos para a sua doença, bem como sinais da total desestruturação provocada pelo ambiente manicomial. E desde acusações aos médicos de que esses estavam enlouquecendo sua mulher até situações em que tudo se torna obnubilado, temos uma amostra da realidade manicomial em uma de suas facetas mais cruéis, ou seja, a maneira desumana como o doente é tratado e trancafiado dentro da instituição manicomial.

Então o filme se desenrola em sequências cada vez mais angustiantes de sofrimento e dor, transformando, então, uma linda história de amor em um pesadelo interminável. O mais hilário é que Zorg finalmente consegue uma publicação para o seu romance e até mesmo encomendas para mais trabalhos quando Betty já se encontra na realidade manicomial e sem qualquer contato com a realidade. Seu sofrimento é detalhado em nuances que fazem com que a dor vivida por sua personagem seja estampada em tons sombrios de dor e desespero. E em que pese um drama tão contundente em seu enredo, *Betty Blue* mostra-se como sendo um extraordinário filme de arte com nuances de luz, sombra e fotografia lindíssimos. Isso tudo tendo como modulação a belíssima música de Gabriel Yared. Um filme em que temos igualmente a condição da plasticidade necessária para que seja considerado uma verdadeira obra de arte, sendo também emoldurado por um enredo fortíssimo de grandes emoções e arrebatamento.

Sugestões temáticas de discussão e reflexão

Como dito anteriormente, os temas sugeridos não esgotam as possibilidades que podem surgir diante da exibição desse filme e seguramente o que fazemos é apenas e tão somente estabelecer um pequeno direcionamento temático. Eis os temas sugeridos:

Loucura, saúde mental e normalidade

Uma das principais reflexões suscitadas por *Betty Blue* reside, principalmente, na evocação de princípios de conceituações sobre loucura, saúde mental e normalidade. Há muito a psiquiatria, a psicologia e a filosofia se debruçam sobre questões envolvendo a loucura humana tentando dar-lhe contornos, conceitos, explicações e até mesmo configurações sobre seu controle e possíveis tratamentos. Mas o que mais constatamos na realidade com uma força inabalável são as palavras de Laing (1986),[15] para quem a loucura é apenas uma questão conceitual sem definição real nas vidas das pessoas tidas como loucas. Como simples reflexão basta constatarmos que, durante um congresso de ufologia, em que as pessoas participam comunicando depoimentos de que viram discos voadores, foram abduzidas, mantiveram contatos com seres extraterrestres, seguramente ninguém será considerado "louco" uma vez que possuem condição financeira diferenciada para permitir-se até mesmo a esse tipo de busca e participação.

Por outro lado, com certeza uma pessoa de índole simples e sem condições financeiras e que habite os rincões do interior brasileiro será trancafiado em um manicômio se disser que mantém contanto com alguma entidade religiosa. É dizer que aquilo que diferencia a conceituação de loucura para uns e outros é sua condição financeira e não necessariamente o conjunto de suas atitudes.

Betty Blue escancara essas contradições, pois até quando ela se encontra imersa em situações de extremo sofrimento derivado de sua condição mental, ainda assim é possível deslocar-se para o seu entorno essa definição de loucura. Pois as pessoas de seu entorno, embora não tenham suas vidas definidas nessa conceituação de loucura, apresentam condutas que certamente não ficam distantes de qualquer entidade nosológica apresentada pela psiquiatria tradicional.

O que se define por normalidade ou por doença mental, ou até mesmo por loucura e por condutas antissociais, absolutamente tudo é mostrado de maneira estrondosa nesse filme. A câmera de Beineix é veloz e mostra um ritmo nervoso em alguns momentos, e até naquelas cenas em que a sexualidade se alterna de uma paixão eloquente para outras em que o desespero humano se faz presente, a reflexão suscitada nos leva a grandes digressões filosóficas sobre o sentido da

---

[15] Ronald Laing, ao lado de David Cooper, é um dos principais autores da chamada antipsiquiatria. Esse movimento tornou-se referência crítica à psiquiatria tradicional em sua catalogação das patologias em entidades nosológicas. Sua obra, escrita a partir do referencial da filosofia de Sartre, questionou a psiquiatria tradicional dando-lhe nova configuração e novo enquadre na compreensão do sofrimento humano advindo daquilo que se conceituou chamar de loucura. Seus escritos passaram a ser referência de todos aqueles que de alguma maneira rejeitam a normatização imposta pela psiquiatria tradicional. E ainda que nos dias de hoje a força de sua obra tenha se esmaecido principalmente pela contra-ofensiva da psiquiatria tradicional capitaneada pelos laboratórios com grandes investimentos medicamentosos, ainda assim o eco de suas palavras se faz presente em contrapontos muito eficazes diante dessa normatização.

vida e a maneira como as pessoas deliberam pelo sofrimento através do qual suas existências serão erigidas.

É comum para a maioria das pessoas manterem-se em um distanciamento razoável de qualquer quesito que envolva temática de loucura ou de qualquer outro tipo de sofrimento mental. Esse filme nos mostra que, embora esse distanciamento seja buscado muitas vezes de maneira irascível, a própria condição a nos envolver faz com que tais questões nos invadam a alma e nos inundem de fortes emoções a despeito dessa tentativa de negação.

A loucura do cotidiano, seja pelo trânsito enfurecido das grandes capitais, pela violência urbana ou até mesmo pelo total esgarçamento das estruturas sociais e familiares, enfim, são fatores que o filme nos mostra a questionar em nós aquilo que conceituamos como normal ou mesmo saudável. E se é fato que determinados filmes nos dominam e nos deixam atônitos com o seu desenrolar e suas filigranas de emoção, Betty Blue está a desafiar toda e qualquer aferição sobre ditames de saúde mental e de normalidade. E se somos normais naturalmente tecemos tal afirmação em contraponto com possíveis conceitos de anormalidade e no confronto de tais conceitos o que mais se verifica é que ficamos totalmente à mercê de novos conceitos pela total falta de sustentação teórica diante de tais desatinos.

Betty Blue é a paixão amorosa que se transforma e ganha contornos e configurações da loucura humana. É o amor se mostrando em uma de suas facetas mais esplendorosas, que é justamente um apresentando-se como alicerce emocional do outro na impulsão de novos patamares de vida. E seguramente nada existe de mais belo em um relacionamento do que a condição de companheirismo em que um se alicerça no outro ao mesmo tempo que também se torna alicerce. Um impulsiona a realização do outro ao mesmo tempo que também vê sua vida ser impulsionada. Os detalhes de cumplicidade, companheirismo, amor, afeto e sexualidade explodem em múltiplas cenas de plasticidade e beleza decididamente emocionantes. O amor que jorra nos momentos de afeto e sexualidade também se faz presente quando Betty Blue se vê envolta em destrambelhos emocionais incontroláveis e tem a presença de Zorg mostrando-se acima de tudo como uma presença inabalável em seus caminhos de sofrimento. Esse companheirismo retrata uma das facetas humanas mais belas e nos dá indícios de que a transformação tão almejada em nossas vidas passa necessariamente por essa troca mostrada em uma relação amorosa.

Betty Blue somos nós em nossa escalada desvairada de conquistas profissionais e até mesmo afetivas. Vemo-nos nela na medida em que, muitas vezes, transitamos no limite daquilo que conceituamos como normalidade e como loucura. Definimos o que é saúde mental e nos colocamos em situações nas quais as nossas próprias conceituações perdem completamente o sentido lógico e filosófico. Somos lançados em turbilhões de contradições que nos remetem a questionamentos profundos de nossos valores morais, sociais e até mesmo religiosos. A própria conceituação de amor e de sua vivência sexual é mostrada de maneira delicada em alguns momentos e em total turbulência em outros. Tudo é absorvido de maneira indelével e somos possuídos por sensações e emoções que mais do que nos mostrar nossa humanidade mostra nossas contradições no contato e na vivência com esse emaranhado denominado sanidade mental.

Loucura, loucura, loucura. E detalhes que nos remetem ao preconceito social do que se convencionou definir de normalidade, pois o que somos na realidade não pode ser aprisionado em conceitos estanques e que não possuem a própria mobilidade das transformações sociais.

A loucura é um escarro social de uma sociedade que não se permite conceituar nem tampouco acolher as vítimas de suas próprias mazelas e contradições.

Betty Blue é a contradição que se torna realidade. É a loucura pedindo novos conceitos; é o amor que se mostra companheiro, sexo, sedução e acima de tudo cúmplice.

Assistir a esse filme é deixar-se envolver por uma sedução e ao mesmo tempo por algo angustiante e desesperador, pois ao mesmo tempo que a magia e fascínio do amor são mostrados de maneira delicada e singela, os arroubos da loucura gritam diante de nós pedindo clamor e novas formas de compreensão.

Somos amor! Loucura e paixão, e *Betty Blue* mostra em detalhes esses vínculos em nossa vida e em nosso entorno. O que somos em termos de normalidade e o que não somos é o retrato do tanto que se constrói e se espraia em nossa realidade existencial.

A saúde em suas diversas manifestações sempre está a exigir novas maneiras de conceituações e abrangências, e esse filme se torna um ótimo instrumento de análise ao mostrar algumas das maiores contradições de nossa realidade contemporânea. Discutir temas de saúde mental é acima de tudo discutir a própria complexidade da vida moderna com suas estimulações de consumismo, de disputas por posições profissionais, de contradições sociais em suas inúmeras facetas de desigualdades, a violência urbana e tantos outros temas que fazem do homem contemporâneo refém de novas conceituações de Saúde e até mesmo de vida.

O avanço tecnológico nos faz reféns de instrumentos que em princípio teriam a função de nos aproximar uns dos outros, mas que em realidade nos distanciam e nos fazem cada vez mais estranhos uns dos outros. O que se dizer, por exemplo, das conceituações possíveis de saúde mental de um jovem adolescente cuja realidade existencial é a vida que transcorre diante da tela de um computador? E os novos modelos de relacionamento virtual, como podem ser comparados ao amor de cumplicidade e companheirismo exibidos em *Betty Blue*? Com certeza, estamos diante de questões de dificuldade bastante ampla e cuja abrangência demandaria um enfeixamento de diferentes matizes de compreensão da realidade humana.

Betty Blue é o amor que não resiste às mazelas da hipocrisia nem tampouco às contradições da vida em sociedade. Ela é uma turbulência em constante expansão e seus aspectos de divergências com os valores que são impostos retrata a própria evolução de sua enfermidade em termos de desatinos emocionais. E a prova maior do amor de Zorg por ela é consagrada no final do filme, quando através de um gesto extremo ele mostra como o amor pode encontrar diferentes formas de manifestações, inclusive daquelas usualmente definidas como tal.

Um filme de amor em que a loucura se encontra enfeixada na mesma configuração, e em que as próprias definições carecem de sentido diante do que é exibido e exposto ao nosso senso de percepção. *Betty Blue* é o surto psicótico a nos mostrar o tanto que a nossa hipocrisia é irreal diante da concretude dos fatos que a loucura humana exacerba em nossa cotidianidade.

Temos a psicose em franca dialética com a normalidade, e ao mesmo tempo que se mostram e se parecem excludentes, ao contrário, se mostram complementares de uma mesma realidade. Em termos abstratos temos a nossa subjetivação sendo escorada na concretude da loucura. E temos a realidade transpassada para a nossa subjetividade sem delimitações e nem tampouco com qualquer tipo de proteção emocional.

Certamente outro confronto muito forte nesse filme se dá justamente no contraponto com as histórias de amor exibidas pela indústria hollywoodiana que, na maioria das vezes, estão a nos exibir dramas com final feliz. *Betty Blue* mostra as contradições da realidade em que necessariamente uma grande história de amor não apresenta final feliz, ao contrário, apresenta a dramaticidade da própria condição humana com suas virtudes e vicissitudes. Esse aspecto igualmente nos mostra detalhes da nossa humanidade, pois o sofrimento, a frustração, o desespero, a angústia são temas tão fortes e presentes na realidade de nossas vidas que, por mais que tentemos negá-los, se mostram vigorosos e impiedosos.

Betty Blue é o grito de nossas contradições, de nossas mazelas e de nosso desespero. Também é uma cantata suave e delicada de amor. Uma ode à vivência daquilo que de mais sublime existe na condição humana, a partilha das emoções e da entrega. É o lançar-se sem rede de proteção ao trapézio da vida. É o sonho azul das matinês de cinema em que a realidade era o próprio sonho...

Saúde mental e loucura II

Filme: ***Bicho de sete cabeças***
Título original: *Bicho de sete cabeças*
Direção: Laís Bodanzky
Música: André Abumjara
Diretor de fotografia: Hugo Kouensky
Distribuição: IstoÉ Independente
Ano de lançamento: 2002

A diretora Laís criou um dos filmes mais estupendos sobre questão da loucura e suas distorções. Com base no livro *O canto dos malditos* de Austregésilo Carrano,[16] temos um dos filmes mais angustiantes e desesperadores sobre a nossa realidade manicomial.

O filme mostra a saga de um adolescente que por fazer uso de maconha é trancafiado em um manicômio e passa a conviver com todos os tipos de loucuras e de pessoas com os mais variados níveis de sofrimento mental. De simples usuário de maconha a louco trancafiado na instituição manicomial sendo submetido a todos os tipos de tratamento pertinentes a essa realidade. Em um momento em que se assiste ao longo de todo o universo de discussões acirradas sobre a descriminalização da maconha, o que vemos é um festival de horror a nos lançar indagações, não apenas sobre a saga desse jovem, mas também de todos os internados na instituição manicomial.

---

[16] Austregésilo Carrano foi nosso companheiro no Movimento de Luta Antimanicomial. E sua saga é algo indescritível que beira níveis de surrealismo. De adolescente que fazia uso de maconha, se viu atirado às raias da realidade manicomial através de uma ação coordenada entre seu pai e um psiquiatra que deliberou por sua internação. Os níveis de sofrimento descrito em seu livro e transportado para o cinema por Laís são estarrecedores. Tornou-se símbolo maior da Luta Antimanicomial, pois era o retrato acabado dos arbítrios impetrados pela repressão psiquiátrica. Além do livro citado, Carrano tinha outros títulos e textos para teatro, sempre enfocando a crueza da realidade manicomial. Morreu em 2007 deixando um legado de luta e esperança a todos que de alguma maneira se sentem indignados e inconformados com a realidade manicomial. O seu sofrimento é o de muitos que igualmente padecem na realidade manicomial. O Movimento de Luta Antimanicomial certamente resistirá aos açoites impetrados pelo autoritarismo psiquiátrico, e o sofrimento que Carrano estampou em sua face será o sustentáculo para que sua força não esmoreça.

Em seu primeiro longa como diretora, Laís mostra detalhes de um sofrimento que fazem desse filme um *thriller* de horror sobre a realidade vivenciada pelo paciente manicomial. Um filme em que o enredo vai além de qualquer outra análise subjacente, pois seu encadeamento é algo a desafiar toda e qualquer sistematização que se queira fazer. O desespero de nosso adolescente tentando provar que não era possuidor de qualquer distúrbio mental para estar naquele ambiente é simplesmente angustiante e comovente.

São apresentadas cenas que vão desde suas tentativas de fuga dessa realidade até a entrega e o quietismo diante da absurdidade de sua situação. A narrativa é densa e abrangente, mostrando de modo único a situação da repressão psiquiátrica e seus tentáculos de poder. Detalhes do sofrimento humano são mostrados em alternância de câmeras aberta e fechada a sublinhar o desespero em suas inúmeras facetas. Esse filme não prima pela plasticidade nem tampouco pelo requinte musical, mas apresenta uma força temática tão intensa que esses detalhes não o tornam aquém em qualquer análise que se queira fazer.

Trata-se de um dos filmes mais marcantes da atualidade que denuncia a farsa psiquiátrica em seus detalhes e nuances. A coragem da diretora em trazer para a tela a obra de Carrano, fazendo-o referência para todos que de alguma maneira se indignam com o absurdo manicomial, por si já a coloca entre os grandes diretores da contemporaneidade. Sua câmera é precisa ao detalhar o desespero humano em aspectos que nos deixam ávidos de justeza diante do arbítrio e da violência retratada em suas sequências.

Sugestões temáticas de discussão e reflexão

Como dito anteriormente, os temas sugeridos não esgotam as possibilidades que podem surgir diante da exibição desse filme e seguramente o que fazemos é apenas e tão somente estabelecer um pequeno direcionamento temático. Eis os temas sugeridos:

Loucura, saúde mental e normalidade

Dissemos anteriormente que não existe filme neutro, como também podemos afirmar que não existe análise isenta e sem envolvimento com o que é descrito. Merleau-Ponty (1999) coloca que o mundo é aquilo que percebo e vivo. É dizer que antes de qualquer análise que se queira efetivar estamos indo ao encontro de temas e valores que fazem parte de nossa historicidade. Dessa maneira, ao falarmos de loucura e saúde mental estamos direcionando nossa análise para uma ótica que implica necessariamente nossos valores antimanicomiais. Assim, como já ocorreu na análise de *Betty Blue*, em que tecemos comentários que mostravam nossa aversão pelo posicionamento psiquiátrico tradicional, no filme de Laís essa questão se tornará ainda mais contundente.

A bestialidade psiquiátrica está estupendamente retratada e nos mostra quanto esse arbítrio ceifa vidas impunemente. Discutir questões manicomiais e conceituações de loucura e normalidade depois da exibição desse filme é algo insólito, pois o que nos é mostrado é alguém que tem sua vida cerceada e lançada a categorizações manicomiais pelo simples uso de maconha. A justificativa para a existência da realidade manicomial é revestida da mesma idiotia que defende o arbítrio de ditaduras militares. Estamos diante de conceitos que não se sustentam diante da realidade, pois, como citamos anteriormente, a questão da loucura apresenta tantos matizes contraditórios que não se pode simplesmente ter como aceitável o cerceamento de tantas vidas sem qualquer justificativa plausível.

Na medida em que o autor do livro que resultou no filme analisado era alguém próximo a nós, a análise do filme inclui evidentemente detalhes de nossa convivência. O abuso manicomial foi retratado de maneira estupenda no filme, e o próprio Carrano se viu representado de maneira abrangente.

O filme deu destaque a sua luta e a todo o Movimento de Luta Antimanicomial. A abrangência das discussões provocadas por seu lançamento seria inimaginável, pois a questão manicomial sempre é revestida de muitos pudores e cuidados pelo poder psiquiátrico.

A loucura da cotidianidade e a loucura manicomial, facetas de um mesmo drama, que o filme nos escancara de maneira igualmente enlouquecedora. Somos a loucura dessa realidade e igualmente os agentes que condenam tal loucura. A psiquiatria torna-se apenas guardiã moral dos nossos arbítrios, e seguramente não existiria se não fôssemos igualmente repressores em busca de seus serviços.

Questões morais envolvendo o uso da maconha desdenham de nossos conhecimentos com tantos argumentos contras e prós. E ainda que se queira aceitar que a maconha deva ser colocada no rol das drogas que devem ser banidas do seio social, o que o filme nos mostra é a maneira mais irascível de tratar seu usuário. A realidade manicomial é algo que precisa ser completamente abolida de nossos horizontes, o que torna ainda mais cruel a discussão de que uma hospitalização devue-se em razão do uso da maconha.

Ao fazermos a defesa do fechamento das instituições manicomiais agimos apenas e tão somente em busca da dignidade humana, pois a despeito de se considerar aqueles pacientes como pessoas, o tratamento que lhes é dispensado corrói totalmente tal definição. O filme de Laís tem a grandeza de mostrar o absurdo de se ter instituições tão cruéis em pleno funcionamento em uma sociedade composta por pessoas. A degradação a que o paciente manicomial é exposto é algo que está a clamar por providências no sentido de se estancar tal absurdo.

De há muito a instituição manicomial foi vista apenas e tão somente como uma instituição asilar que tinha como principal objetivo defender e preservar os cidadãos da ação daquele que era possuído por algum tipo de "loucura". E isso sempre foi legitimado sem qualquer questionamento na medida em que era delegado ao poder psiquiátrico o enquadre dessas pessoas em alguma entidade nosológica. Trancafiam-se as pessoas no manicômio pelos motivos mais torpes que se pode imaginar e *Bichos de sete cabeças* torna-se um eficaz instrumento de denúncia contra esse tipo de arbitrariedade.

A loucura do manicômio é a nossa própria loucura querendo acabar com a loucura do outro de todas as maneiras. É como se a loucura do outro precisasse ser eliminada de qualquer forma para que não tivéssemos as nossas contradições questionadas e expostas a qualquer tipo de discussão. O que é loucura? O que é sanidade? E como podemos definir normalidade com tanta loucura envolvendo a instituição psiquiátrica? E até mesmo definições mais comezinhas como psicose, neurose e outras tantas nosologias mais leves carecem de fundamentação quando deparamos com questões tão dramáticas que é o modo como pessoas são ceifadas em nome de um poder que se supera continuamente e não possui limites na condenação de tantas vidas atiradas à realidade manicomial.

Esse filme é um grito de basta a tudo isso. Também é um pedido de clemência para que outros jovens não sejam condenados pelo estigma manicomial pelo resto de suas vidas pela simples e banal determinação psiquiátrica. A nossa fragilidade adquire contornos imprevisíveis de impotência diante de desatinos tão absurdos que conspurcam a nossa condição humana. O que assistimos é uma sequência interminável de horror com o nosso protagonista sendo estigmatizado de todas as maneiras possíveis em seu processo de hospitalização.

Laís conseguiu flagrar o autoritarismo psiquiátrico de maneira peculiar, pois o que nos é mostrado é um jovem colocado diante de todos os tipos de autoritarismo sem que ninguém pudesse defendê-lo, uma vez que tudo era feito sob o manto de um "tratamento médico".

E ao contrário dos *thrillers* tradicionais, que embora com grandes efeitos especiais para se tornarem assustadores, *Bicho de sete cabeças* é um verdadeiro filme de horror no sentido pleno do termo. Ele nos escancara o verdadeiro horror que é feito com seres humanos que são atirados às raias das profundezas do inferno denominado como realidade manicomial.

Drogadicção

Filme: ***Maria cheia de graça***
Título original: *Maria full of grace*
Direção: Joshua Marston
Música: Jacob Liberman e Leonardo Heblun
Diretor de fotografia: Jim Denaut
Distribuição: Imagem Filmes
Ano de lançamento: 2004

Essa obra de grande repercussão mundial é praticamente desconhecida pelo público brasileiro. Ela também foi mostrada a partir de sua apresentação vitoriosa na Mostra Internacional de Cinema de São Paulo. Um filme estupendo e que praticamente continua desconhecido pela maior parte dos espectadores. E novamente estamos diante da avalanche da indústria hollywoodiana que infesta o mercado cinematográfico com todo o tipo de lixo e aniquila a trajetória de produções de outros países, principalmente os sul-americanos.[17] E o que é pior é que cada vez mais se cristaliza um grande preconceito com relação a esses filmes. Cria-se então um círculo muito difícil de ser quebrado, pois por um lado não conseguem introdução no mercado, por outro, o espectador quer assistir a filmes que se enquadrem no padrão hollywoodianos com finais e emoções previsíveis. E filmes dessa magnitude acabam ficando em total ostracismo na realidade brasileira.

---

[17] Nesse sentido é importante a ressalva do excelente momento vivido pelo cinema argentino e uruguaio. E lamentavelmente, em que pese à qualidade desses filmes, eles não são sequer lançados no circuito comercial. As nossas salas estão sempre a exibir esse lixo hollywoodiano em detrimento de filmes de qualidade que praticamente são conhecidos apenas pelos interessados que vasculham as mostras de cinema e as lojas especializadas em filmes de arte. Como exemplo lamentável dessas citações, durante a escrita desse trabalho tínhamos os lixos hollywoodianos intitulados *Eclipse* e *Shrek para sempre* em cartaz na cidade de São Paulo. Eles estavam sendo apresentados em mais de 30 salas de exibição. Concomitantemente tínhamos o esplêndido *O segredo dos seus olhos*, uma estupenda produção argentina, sendo apresentado em apenas uma sala. Tínhamos também uma obra do grande mestre português Manoel de Oliveira, o delicado *Sempre bela*, igualmente apresentado em apenas uma sala de exibição.

Maria cheia da graça é um filme desnorteante, pois enfoca o que existe de mais cruel com relação à drogadicção, a questão do tráfico envolvendo pessoas inocentes e que são arrastadas à destruição sem sequer dimensionar a teia de perversidade que as envolvem.

Maria é uma moça semelhante a milhares de jovens que sonham em casar e constituir família. Trabalha e luta para conseguir manter um padrão de dignidade pessoal. Vê-se diante de uma gravidez e sem o seu emprego. No afã de tentar sobreviver se envolve com pessoas que lhe propõem uma empreitada que renderia uma polpuda quantia financeira, além da possibilidade de conhecer Nova York.

Essa atividade consiste em ingerir cápsulas de plástico contendo cocaína. Ela é orientada a engolir as cápsulas, que na verdade são verdadeiros invólucros da morte, pois se alguma estourar em seu estômago provocará hemorragia que a levará à morte. Os detalhes mostrados são envoltos em muito sofrimento, pois o que assistimos é um grupo de jovens que vai em busca da ilusão do dinheiro, pagando com suas vidas uma empreita tão perigosa.

O filme mostra de maneira soberba as diferentes facetas do tráfico apresentando, dessa maneira, que toda e qualquer ingestão de droga sempre é perniciosa e letal aos interesses sociais quando se entra em contato com os porões do tráfico.

Maria se vê envolvida na violência do tráfico ao mesmo tempo que vê sua vida alterar-se de maneira drástica diante da sequência de desatinos dessa empreitada.

E se não bastasse o enredo forte e alucinante, temos ainda um filme repleto de beleza plástica e que nos envolve também pelos requintes de arte que apresenta. Os detalhes que envolvem essa atividade do tráfico que consiste em transportar a droga através da ingestão de cápsulas contendo cocaína certamente é uma das faces mais dramáticas com relação à questão da drogadicção. As mortes ocorridas em seu trajeto para que o consumidor final possa fazer uso de determinada droga é lançada aos nossos olhos de maneira muito contundente.

Um filme que mostra um requinte de arte em sua elaboração, ao mesmo tempo que deflagra o real significado da destruição das drogas em seus diferentes percursos. Temos, inclusive, em uma sequência tingida de cores sombrias de muito sofrimento, uma das jovens do grupo de Maria sofrendo hemorragia devida ao estouro em seu estômago de uma das cápsulas e sua agonia até o momento final de sua vida. A morte contempla o drama dessa jovem que pagou com a própria vida uma empreitada arriscada em busca de um dinheiro que acalentava seus sonhos de uma vida melhor. Morre e é enterrada longe de seus familiares e amigos. Morre sem dimensionamento da extensão dos reflexos e significados da droga nas sociedades modernas.

Somos lançados a momentos de intensa estupefação, pois o que assistimos é algo tão presente no universo do tráfico e que, embora não seja muito divulgado, é do conhecimento da grande maioria das pessoas.

Um filme que ao terminar deixa com uma sensação bastante desconfortável sobre os determinantes da inserção da droga em nossa sociedade. Algo aterrorizante, principalmente se considerarmos que o tráfico, muitas vezes, possui conivência das autoridades policias e até mesmo do judiciário.

Sugestões temáticas de discussão e reflexão

Como dito anteriormente, os temas sugeridos não esgotam as possibilidades que podem surgir diante da exibição desse filme e seguramente o que fazemos é apenas e tão somente estabelecer um pequeno direcionamento temático. Eis os temas sugeridos:

Autodestrutividade

Esse filme mostra de maneira única a autodestrutividade presente em nosso cotidiano envolvendo a questão das drogas. A questão a ser focada diante da exibição do filme, em princípio, é a busca do significado das drogas na vida de uma pessoa.

De maneira geral, sempre que se aborda a questão da drogadicção, enfatiza-se o lado policialesco, atribuindo ao usuário à condição de contraventor. E isso em que pese à distinção legal entre usuário e traficante.

A busca pelo entorpecimento provocado pelas drogas é questão essencial para se entender a busca pela destrutividade presente nesse ato. Colocamos em trabalho anterior (Angerami, 2004) que a drogadicção é algo através da qual muitas pessoas buscam significado para a própria vida. Em uma sociedade em que cada vez mais as pessoas se sentem isoladas umas das outras, e sem qualquer constitutivo humano, a droga traz um torpor que visa suprir esse vazio.

O questionamento que se pode fazer é sobre a eficácia desse instrumento utilizado nesse afã. No entanto, diante do número cada vez maior de ingestão dos mais diferentes tipos de drogas, o que temos à nossa frente é uma realidade que precisa ser enfrentada considerando-se tal realidade.

Não podemos negar a destrutividade presente na cotidianidade em que, muitas vezes, a presença da droga é algo que une pessoas. Algo que faz parte do ritual de encontro de grupo de amigos(as), e até mesmo de refúgio e busca espiritual.

Maria representa a mártir das drogas, aquela que pertence a um grupo que tem suas vidas ceifadas para que a droga chegue até o usuário final. Ela faz parte do grupo que é execrado pelo *status quo* social, mas que, no entanto, é quem traz a mercadoria que levará a um elevado número de usuários o prazer da droga ilegal.

Ela é vítima dos algozes que se satisfazem com o prazer propiciado pela droga. Ela mostra em seus desatinos o trajeto percorrido pela droga para que o sentido de vida de outras tantas pessoas seja retirado do vazio e do tédio existencial.

A discussão exibida através desse filme nos leva a patamares diferentes dos usualmente envolvidos na discussão da drogadicção, pois vamos além do patamar da simples ingestão para buscar o significado de compreensão das razões pelas quais um número cada vez maior faz uso de drogas, sejam elas legais ou ilegais.

O impacto desse filme termina com o argumento que propõe a ingenuidade que defende um "simples cigarro de maconha", ou ainda "uma pequena quantidade de cocaína". Seus efeitos em nosso dimensionamento existencial residem no fato de que vamos refletir sobre a droga como sendo não apenas um problema policial, mas principalmente como um drama que está a ceifar uma quantidade incalculável de vítimas em todos os lugares.

Maria é a configuração maior da destrutividade presente em nossa sociedade, mas que é escamoteada por razões das mais diversas, inclusive sob argumentos insólitos diante de sua dramaticidade. Os aspectos que envolvem o significado existencial de alguém que faz uso de drogas para suprir o vazio de suas vidas precisam ser compreendidos de modo abrangente para que o sofrimento dessa pessoa possa ser dimensionado de modo real.

A vida do usuário de drogas precisa ser lançada em novos horizontes teóricos e filosóficos para que não enquadremos tais pessoas em meras e vãs digressões teóricas. A droga é a realidade de muitas pessoas, e seu uso torna-se cada vez mais frequente em todos os estratos sociais. A ingestão da droga foi socializada, e atinge todos os segmentos sociais indistintamente.

O drama exibido por Maria e por seu grupo está a mostrar uma reflexão bastante pertinente sobre o que a droga apresenta em seu verdadeiro constitutivo de conceitos sociais. Somos cúmplices dessa situação, seja pelo nosso quietismo diante desses absurdos, seja ainda na condição de possíveis usuários.

Os profissionais da saúde, diante de um filme com essa magnitude, têm uma excelente oportunidade para a revisão de conceitos fundamentais para uma prática mais abrangente junto ao usuário de droga.

Um filme que lança possíveis preconceitos sobre o usuário de drogas bem como seu trajeto a um rol de questionamentos descabidos, tamanha a sordidez das diferentes partes envolvidas nessa questão.

E ao adentrarmos a discussão sobre o significado das drogas em nossa sociedade, temos como realidade que o seu consumo de há muito deixou de ser problema pessoal para tornar-se um drama social. O sofrimento pessoal de um usuário e de sua família tornou-se um problema social que atinge a todos indistintamente. As políticas públicas de saúde, ao contemplarem atenção especial ao drogadicto, estão indo ao encontro dessa realidade, pois a atenção dispensada a essa problemática é de extrema necessidade na atualidade. É dizer que o drama das drogas tornou-se algo insólito para se conceituar de maneira estritamente pessoal, ou seja, estamos diante de uma calamidade social que a todos afeta de maneira drástica.

Perdeu-se o parâmetro de se conceituar a questão das drogas apenas e tão somente por questões de natureza psicológica. Tem-se na atualidade um fenômeno social que repercute no individual de tal maneira que as duas variáveis se fundem e se imbricam no mesmo drama indissolúvel em todas as suas facetas.

Sobre a morte I

Filme: ***O sétimo selo***
Título original: *Det Sjunde Inseglet*
Direção: Ingmar Bergman
Música: Erik Nordgren
Diretor de fotografia: Gunnar Fischer
Distribuição: DVD Versátil
Ano de lançamento: 1957

Dissemos anteriormente que Bergman é considerado um dos maiores cineastas de toda história do cinema pela maneira como mergulhou na alma humana de forma densa e profunda. Com certeza, a maneira como conduz o enredo de suas tramas e o modo peculiar de compreensão da alma humana faz com que seus filmes sejam indispensáveis em qualquer filmoteca. E não bastasse a profundidade de seus temas, ele ainda prima pelo esplendor de plasticidade exibindo filmes primorosos no quesito fotografia.

Bergman, na quase totalidade de seus filmes, não utilizou um diretor específico de música, embora as trilhas sonoras de seus filmes sejam de extremo requinte, mesclando principalmente peças de Bach, Beethoven e Mozart. E a despeito desse detalhe, é de sua autoria uma das mais estupendas transposições de uma obra operística para o cinema. A sua versão de uma das mais maravilhosas e exuberantes óperas de todos os tempos, *A flauta mágica* de Mozart, figura como uma das mais requintadas produções operísticas exibidas no cinema.

Em *O sétimo selo* é exibida a história de um cavaleiro que volta das cruzadas e que encontra com a Morte. Discutem sobre o adiamento de sua finitude, e ele propõe então uma partida de xadrez com a Morte. As condições estabelecidas indicam que se o cavaleiro sair vitorioso a Morte o deixará em paz, do contrário, será imediatamente levado após o termino da partida.

E o que se assiste na sequência é um dos mais fascinantes filmes abordando a questão da morte humana. Detalhes sobre religiosidade, sentido de vida, morte, valores morais e filosóficos, tudo passa a ser descrito e desfiado de maneira intensa e comovente.

O cavaleiro procura ganhar tempo junto à Morte pedindo-lhe apenas um adiamento para que pudesse obter conhecimento, ou seja, algo que lhe desse algum tipo de resposta para o vazio que sua vida apresentava.

A busca desvairada por Deus e o encontro do vazio. É comovente um diálogo em que o cavaleiro procura um confessionário em busca de alívio e no meio de sua digressão percebe que do outro lado, ao invés de um padre, dialogava com a própria Morte. Esse diálogo é comovente pela maneira como a questão do sentido de vida e do vazio é abordado. Ouçamo-lo:

Diz o cavaleiro:
— Meu coração está vazio...
E a voz responde:
— Sim...
— O vazio é um espelho que reflete em meu rosto. Vejo minha própria imagem e sinto repugnância e medo. Pela indiferença ao próximo, fui rejeitado por ele. Vivo em um mundo assombrado, fechado em minhas fantasias.
E a voz novamente:
— Sim...
— É tão inconcebível tentar encontrar Deus? Porque Ele se esconde em promessas e milagres que não vemos? Como podemos ter fé em Deus se não temos fé em nós mesmos? Porque não posso tirá-Lo de dentro de mim? Porque Ele vive em mim de forma tão humilhante apesar de amaldiçoá-Lo e tentar tirá-Lo do meu coração? Porque, apesar de Ele ser uma falsa realidade, não consigo ficar livre? Quero conhecimento, não fé ou presunções. Quero que Deus estenda as mãos para mim, que mostre Seu rosto, que fale comigo.

Mas Ele fica em silêncio. Eu O chamo no escuro, mas parece que ninguém me ouve.

E a voz:

— Talvez não haja ninguém.

— A vida é um horror, ninguém consegue conviver com a morte, e na ignorância de tudo.

E a voz:

— As pessoas quase nunca pensam na morte...

E o cavaleiro:

— Mas um dia terão de olhar para a escuridão...

E a voz:

— Sim, um dia...

— Tento imaginar como é o medo e chamo essa imagem de Deus... (apud Angerami, 2008)

O sentimento de seu vazio é interrompido apenas em uma situação em que se encontra junto a uma carroça de um casal de artistas de circo com seu filho de apenas alguns anos, onde lhe é servida uma tigela com leite e morangos que acabaram de ser colhidos. E a delicadeza dessa cena faz com que diga que será inesquecível pela alegria e ingenuidade do encontro.

E um filme tão denso como esse acaba por ter em uma de suas cenas mais simples a mais bela configuração de uma pessoa em busca de sentido de vida. As sequências mostradas por Bergman envolvendo a questão humana e seu posicionamento diante da morte é apresentado de maneira bastante envolvente e ao mesmo tempo angustiante.

A negação humana diante da morte e seus determinantes nos levam a reflexões bastante contundentes sobre o significado da vida.

Uma obra em que a Morte caminha ao lado de todos e também mostra suas diferentes facetas abrangendo os diferentes sofrimentos e posicionamentos diante dela. E em contraponto aos sentimentos do cavaleiro egresso da cruzada e que questiona o seu sentido de vida, temos uma sequência de mortes pela Europa em decorrência de uma peste avassaladora. E o que se assiste então é um grande número de pessoas morrendo ao mesmo tempo que o nosso protagonista tenta adiar sua morte disputando uma partida de xadrez justamente com a Morte.

Um filme em preto e branco em que o grande mestre Bergman nos conduz a infindáveis questionamentos sobre o sentido da vida e, consequentemente, os conceitos que fazemos sobre a morte e o contraponto da religiosidade humana.

O confronto com Deus, igualmente presente em outras obras de Bergman, é indício da cristalização de determinadas crenças e seu apego de religiosidade para a resolução de tais questões.

Sugestões temáticas de discussão e reflexão

Como dito anteriormente, os temas sugeridos não esgotam as possibilidades que podem surgir diante da exibição desse filme e seguramente o que fazemos é apenas e tão somente estabelecer um pequeno direcionamento temático. Eis os temas sugeridos:

Sobre a morte

Esse filme apresenta questões sobre a finitude humana que desmoronam com muitos valores erigidos para compreensão e enfretamento da morte. As religiões, de uma maneira geral, são as instituições que mais se detêm em busca de explicações sobre a morte e até mesmo sobre a possível vida após a morte.

E o que assistimos em *O sétimo selo* é um corolário de argumentos e arguições infindáveis envolvendo a morte humana. E desde questões sobre o sentido de vida e aspectos que envolvem a expectativa de nossa longevidade, vamos enfrentando discussões filosóficas das mais profundas sobre tais questões. O tom sombrio apresentado pelo filme em decorrência de ser realizado em preto e branco adquire contornos bastante dilacerantes, pois a Morte é mostrada apresentando-se com uma capa preta, dando um dimensionamento bastante contundente.

E seguramente esse é um dos filmes que, em nossa prática pessoal de utilização de filmes para discutirem-se aspectos da saúde, mais suscita questões sobre o próprio sentido de vida dos profissionais da saúde que atendem patologias que levam seus pacientas à morte. A nossa impotência diante da morte, e os aspectos de importância de nossos cuidados junto a esses pacientes, são lançados de maneira bombástica, pois nos deixa completamente atônitos diante das configurações que a morte se nos apresenta.

Foi dito anteriormente da força de um filme para evocação de emoção em contraponto com a racionalidade dos textos filosóficos. Nesse sentido, por mais brilhantes que sejam os tratados filosóficos de Heidegger e Sartre sobre a morte, e isso seguramente ninguém questiona, a força de *O sétimo selo* em evocar as mais profundas emoções sobre a morte é inigualável.

A morte é mostrada e nos atinge em níveis viscerais e nos deixa atônitos diante dos mais insólitos e dantescos matizes apresentados pela natureza humana diante de sua finitude.

Cenas se sucedem apresentando ora a peste assolando a Europa e ceifando inúmeras vítimas, ora o cavaleiro contrastando seu sofrimento pessoal ao questionar a morte no âmago da essência humana. E quando percebemos que a morte inclusive dá sentido à própria vida e que sua negação é igualmente negação da vida, o que salta aos nossos olhos é que estamos fazendo um imbricamento da obra de Sartre e de Heidegger de maneira autêntica e genuína.

Os textos filosóficos se enfeixam diante do que é exibido na tela e diante da magnitude do filme se completam e se fundem em um mesmo dimensionamento. A emoção que a obra de Bergman nos suscita é capaz de trazer à nossa consciência, inclusive, as maneiras que encontramos para negar a morte em nossas vidas.

Esse filme é incrivelmente projetivo e lançá-lo como fomento de uma discussão sobre morte é fazer dessa temática algo relevante para a compreensão de um dos temas mais caros ao âmbito da saúde. A morte é trazida sem qualquer aresta religiosa nem tampouco envolta em aspectos que não a própria emoção exaurida quando de sua evocação. Somos projetados na figura do cavaleiro que desafia a Morte e tenta eliminá-la de sua vida. Somos a fragilidade humana em busca de subterfúgios para fazer com que nossa vida passe longe das intempéries que a vida se nos apresenta.

A barganha do cavaleiro com a Morte é feita diariamente por nós, seja evocando a religiosidade em busca de uma boa morte, seja ainda acreditando-se que, ao nos tornarmos profissionais da saúde, estamos distantes das garras da própria morte.

A ilusão dos avanços obtidos pela Medicina ao longo dos últimos anos no enfrentamento das doenças e das pestes que ceifam milhares de vidas se percebe inerte diante dos questionamentos sobre o que fazemos da nossa própria vida para legitimar essa possível longevidade. Reflexões sobre razões que nos legam a uma vida mais longa, mas ao mesmo tempo sem prazer, é uma das tônicas que o filme nos exibe e nos pede um posicionamento. A Morte se mostra implacável com o cavaleiro e isso seguramente serve para cada um de nós nesse enfrentamento. Barganhas são ilusórias, como o próprio filme mostra quando o cavaleiro, ao procurar por Deus, encontra do outro lado em seu diálogo desesperador apenas o confronto com a Morte. E, na realidade, vamos percebendo com esses fatos que a nossa conduta, além de ser semelhante ao do cavaleiro, é igualmente de fuga desse confronto da morte em nossa vida. Somos a vida que agoniza ao longo de uma existência que não apenas busca sentido para se justificar, como também em sua trajetória evita o confronto com a morte.

Sobre o desespero de morrer

Filme: ***Gritos e sussurros***
Título original: *Viskningar och Rop*
Direção: Ingmar Bergman
Música: Erik Nordgren
Diretor de fotografia: Sven Nykvist
Distribuição: DVD Versátil
Ano de lançamento: 1972

Essa realização do mestre Bergman é mais uma das grandes obras-primas de toda a história do cinema. Sua genialidade nesse filme atinge um de seus pontos máximos e o jogo que faz das cores pretas e vermelhas em confronto com o enredo exibido é um dos momentos mais marcantes da cinegrafia mundial. É mostrada uma trama que ocorre no final do século XIX, em que três irmãs e uma criada vivem em uma casa de campo e cuidam de uma das irmãs que está morrendo de câncer.

Nesse universo feminino surgem intensas lembranças e manifestações de afeto, ódio e desejo. E a maravilhosa fotografia como pano de fundo tem peças predominantemente de Bach, que fazem com que a trama atinja níveis de envolvimento emocional únicos.

O desespero da paciente em seu leito terminal recebendo os cuidados das irmãs e da criada, sendo permeada por visitas médicas, chega a ser comovente. As situações de desespero e dor diante do sofrimento e da morte vão sendo exibidas lentamente como se fossem algo a exigir certa dosagem homeopática para que pudéssemos suportar tamanho infortúnio.

Cenas e mais cenas de angústia desesperadora são lançadas em sequências que nos deixam atônitos e estupefatos diante da dor e do sofrimento provocado pelo câncer.

O design das roupas, objetos de decoração e apetrechos de época tornam-se espetáculo à parte, tamanha sua grandiosidade. E ao mesmo tempo que aborda a temática sofrida de alguém que está em estágio terminal sendo dilacerado pelo câncer, esse filme é delicado e repleto de nuances nas questões envoltas em seu enredo.

As questões envolvendo o relacionamento entre as irmãs permeado com lembranças em que são mesclados afeto, ódio e desejo são manejados por Bergman de modo a tornar tais questões simplesmente eletrizantes diante de nossa percepção. O universo feminino é retratado com uma riqueza de detalhes envolventes, nos transportando aos pincaros de seus inúmeros desdobramentos.

Temos em *Gritos e sussurros* um dos maiores registros no tocante à compreensão do desespero vivido por um paciente terminal em seus momentos de agonia final. Os detalhes de sofrimento registrados seguramente fazem dessa obra simplesmente imperdível a todos que queiram se debruçar sobre a realidade da morte em seus momentos agonizantes.

Gritos e sussurros é um daqueles filmes cuja exibição nos deixa atônitos e mobilizados em nossas mais profundas emoções. E podemos dizer sem qualquer margem de erro ou dúvida que as transformações que vivenciamos diante do desenrolar dos fatos exibidos são simplesmente indescritíveis. Um filme que nos toca e nos modifica significativamente em seu preciosismo de detalhes e riqueza de tudo que se pode conceber em um filme da mais extrema emoção.

Sugestões temáticas de discussão e reflexão

Como dito anteriormente, os temas sugeridos não esgotam as possibilidades que podem surgir diante da exibição desse filme e seguramente o que fazemos é apenas e tão somente estabelecer um pequeno direcionamento temático. Eis os temas sugeridos:

Sobre o morrer

Esse filme suscita discussões e reflexões profundas sobre questões envolvendo a realidade dos profissionais da saúde diante da morte. A morte em todas as suas configurações não tem como ser conceituada e descrita quando temos à nossa frente o desespero de um paciente terminal. O seu desespero e suas reflexões sobre a própria vida no tocante ao que foi vivido, ao que foi deixado de lado sempre são comoventes e o que o filme mostra para nos açoitar em nossos sentimentos é a maneira pouco delicada como muitas vezes, enquanto profissionais da saúde, lidamos com esse enfrentamento.

A negação do paciente diante de sua condição é algo que, muitas vezes, recebe do próprio profissional da saúde conivência para a manutenção dessa condição. E sobre isso o filme pode nos ajudar a refletir, pois o que assistimos em seu desenrolar é o enfrentamento do morrer de modo dilacerante. Todas as pessoas no entorno dessa paciente exibem suas contradições e seus posicionamento frente àquela morte. E mesmo depois de consumada a questão da partilha dos bens a serem inventariados é algo que mostra o que ocorre na quase totalidade das vezes quando uma determinada família se vê diante dessa questão.

E os aspectos envolvendo a temática da morte certamente serão difusos e se espraiarão sobre conceitos muito além de qualquer definição filosófica que se queira efetivar. Um filme tão arrebatador em seus detalhes de sofrimento que nos escancara diante de nossa finitude e dos aspectos que temos de mais humano na negação da morte.

Os aspectos de nossas vidas e seus enfrentamentos com situações de dor e de angústia estão tão expostos nessa obra que fica praticamente impossível não lançarmos um olhar sobre nossas próprias questões e sobre o sentido que estamos dando à nossa própria vida. Esse pode ser considerado, não apenas uma das grandes obras-primas do mestre Bergman, mas principalmente um dos filmes que retratou a morte de uma das maneiras mais estupendas e profundas.

2.4. Considerações complementares

> O mais lindo enredo é a tua vida...
> Um sorriso e uma lágrima te fazem
> O principal ator dessa trama...

Lançamos uma possível discussão para a área da saúde que além de inovadora irá desmoronar com alguns dos princípios mais arcaicos que norteiam essa área. É como se a saúde, por tratar de questões tão delicadas à vida humana, tivesse que sempre estar revestida de parâmetros e conceitos igualmente sombrios. E para usar a própria linguagem do cinema, lançamos "luz e sombra" a essas discussões, ousando tecer comentários sobre aspectos delicados aos profissionais da saúde a partir da exibição de filmes e das filigranas presentes na arte cinematográfica.

É fato que em nossa trajetória profissional sempre nos mantivemos inquietos aos aspectos tradicionais que envolviam a área da saúde, como se para dela fazermos parte tivéssemos que necessariamente apresentar aspectos dessa sobriedade. É dizer que inovamos nos instrumentos a serem utilizados sem, no entanto, abrirmos mãos da seriedade e abrangência das discussões propostas.

Estamos fazendo uma nova proposta de intervenção a partir da utilização de filmes, o que não significa necessariamente dizer que as demais não apresentam seriedade, ou que então, apenas o que é feito a partir da exibição cinematográfica é abrangente e profunda.

Um novo olhar. Novo significado. Paradigmas que se mostram como inovadores na busca de subsídios para a compreensão dos aspectos que envolvem determinadas patologias e, por assim dizer, a própria condição humana.

Um trabalho que, assim como um filme, lanceta em nossa alma a centelha da emoção de tudo que nos faz pulsar e nos sentir mais humanos.

2.5. Outros filmes recomendados para análise em saúde

Sobre o desespero de morrer

Filme: *As invasões bárbaras*
Título original: *Les invasions barbares*
Direção: Denis Arcand
Música: Pierre Aviat
Diretor de fotografia: François Séguin
Distribuição: Europa Filmes
Ano de lançamento: 2003

Filme: *Fale com ela*
Título original: *Hable com ella*
Direção: Pedro Almodóvar
Música: Alberto Iglesias
Diretor de fotografia: Javier Aguirrisabe
Distribuição: Fox Vídeo
Ano de lançamento: 2002

Filme: *O paciente inglês*
Título original: *The English patient*
Direção: Anthony Minghella
Música: Gabriel Yared
Diretor de fotografia: John Seale
Distribuição: Europa Filmes
Ano de lançamento: 1996

Sobre a deformidade física

Filme: *O homem elefante*
Título original: *The elephant man*
Direção: David Lynch
Música: John Morris
Diretor de fotografia: Freddie Francis
Distribuição: Mundial Filme
Ano de lançamento: 1980

Filme: *Frankstein*
Título original: *Frankstein*
Direção: James Whale
Música: Erik Nordgren
Diretor de fotografia: Gunnar Fischer
Distribuição: Universal Filmes
Ano de lançamento: 2003

Sobre o suicídio

    Filme: ***O desespero de Veronika Voss***
    Título original: *Die Sehnsucht Der Veronika Voss*
    Direção: R. W. Fassbinder
    Música: Peer Raben
    Diretor de fotografia: Xavier Schwarzenberger
    Distribuição: DVD Versátil
    Ano de lançamento: 1981

    Filme: ***Duplo suicídio em Amijima***
    Título original: *Shishinjuten no Amijima*
    Direção: Masahiro Shinoda
    Música: Toru Takemitsu
    Diretor de fotografia: Toichiro Narushima
    Distribuição: DVD Versátil
    Ano de lançamento: 1969

    Filme: ***Felicidade não se compra***
    Título original: *It's a wonderful life*
    Direção: Frank Capra
    Música: Dimitri Tiomkim
    Diretor de fotografia: Albert Hacketti
    Distribuição: DVD Versátil,
    Ano de lançamento: 1946

Sobre o desespero humano

    Filme: ***Camille Claudel***
    Titulo original: *Camille Claudel*
    Direção: Bruno Nuytten
    Diretor de fotografia Pierre Lhomme
    Música: Gabriel Yared
    Distribuição: Spectra Nova
    Ano de lançamento: 1989

    Filme: ***Um estranho no ninho***
    Título original: *One flew over the cuckoo's nest*
    Direção: Milos Forman
    Diretor de fotografia: Haskell Wexler
    Música: Jack Nittzche
    Distribuição: Warner Bross
    Ano de lançamento: 1975

Filme: **Sonhos**
Título original: Akira Kurosawa's Dreams
Direção: Akira Kurosawa
Diretor de fotografia: Mike Y. Ingue
Música: John Willians
Distribuição: Warner Bross
Ano de lançamento: 1990

Filme: *A igualdade é branca*
Título original: *Three colors: White*
Direção: Krzystof Kieslowski
Diretor de fotografia: Edward Zebrowski
Música: Zbigniew Preisner
Distribuição: Spectra Nova, 1999

Referências bibliográficas

ANGERAMI, V. A. *Psicoterapia existencial*. São Paulo: Cengage Learning, 2008.
_____. *Psicoterapia e subjetivação*. São Paulo: Cengage Learning, 2004.
_____. *Relações de amor em psicoterapia*. São Paulo: Cengage Learning, 2006.
_____. A arte da psicoterapia. In: ANGERAMI, V. A. (Org.) As várias faces da psicologia fenomenológico-existencial. São Paulo: Cengage Learning, 2006.
_____. *Suicídio. Fragmentos de psicoterapia existencial*. São Paulo: Thomson Learning, 1999.
_____. *Solidão. A ausência do outro*. São Paulo: Thomson Learning, 2002.
_____. Religiosidade e psicologia: a contemporaneidade da fé religiosa nas lides acadêmicas. In: ANGERAMI, V. A. (Org.) *Psicologia e religião*. São Paulo: Cengage Learning, 2008.
_____. *Angústia e psicoterapia*. São Paulo: Casa do Psicólogo, 2000.
_____. *A psicoterapia diante da drogadicção*. São Paulo: Thomson Learning, 2004.
_____. A doce magia do cinema. In: ANGERAMI, V. A. (Org.) *Psicoterapia e brasilidade*. São Paulo: Cortez, 2010.
CHARNEY, L. Num instante: o cinema e a filosofia da modernidade. In: CHARNEY, L.; SCHWARTS, V. (Org.) *O cinema e a invenção da modernidade*. São Paulo: Cosac Naify, 2002.
HEIDEGGER, M. *O ser e o tempo*. Petrópolis: Vozes, 1986.
MERLEAU-PONTY, M. *Fenomenologia da percepção*. São Paulo: Martins Fontes, 1999.
_____. *O visível e o invisível*. São Paulo: Perspectiva, 1971.

Uma Doce *Gavotte* para uma Pequena Gaivota

Valdemar Augusto Angerami

Num verão passado eu te levei à praia...
E você brincava de baldinho na areia,
e pedia para andar de trenzinho e de barquinho...
Você era uma criança loirinha... um lindo menino
loirinho...

Você rabiscava os meus textos.
E dizia que estava me ajudando a escrever...
E muitas vezes, mesmo sem estar alfabetizado,
você colocava a folha de papel na máquina de
escrever e dizia que também estava escrevendo...
E também fazia e me ofertava os mais lindos desenhos
que um pai podia receber...

Lembro ainda quando te ensinei os
nomes das primeiras árvores que admiramos juntos...
E você recebeu assim a sua primeira herança:
o pequeno conhecimento que eu tinha de alguns
mistérios da natureza...

Juntos, plantamos muitas árvores e arbustos
do nosso refúgio da montanha...
E juntos apreciamos muitas floradas...
Você ainda era muito pequenino e já gostava
muito da florada do inverno: de ipê-roxo,
da suinã, do bico-de-papagaio, das azaléias ...
e da copaíba...

Juntos passeávamos e ainda passeamos
no planeta da música... e da poesia...
Eu fui teu primeiro crítico literário...
teu primeiro parceiro musical...
teu primeiro amigo... e teu primeiro espelho...

(mas que bobagem essa idéia,
de que ensinamos coisas aos filhos...
eles é que nos ensinam a partir da simplicidade...
da ingenuidade do seu sorriso e da leveza de suas almas...)

Somos parceiros na estrada da vida...
Partilhamos dos mesmos sonhos e ideais...
Acreditamos na beleza das floradas e
ainda cremos numa vida mais digna e fraterna
na essência da humanidade...

Hoje, o som da tua guitarra me energiza a alma...
os acordes da tua música me fazem sonhar
novos timbres de azul... novas harmonias de cor...
A vida se transformando em doces e suaves escalas
musicais...

(não há como esquecer a
emoção que senti da primeira vez
que escutei você tocando a "Gavotte"
que te compus quando você ainda era
bem menininho e corria atrás das gaivotas na praia...)

Hoje, você é um homem...
com suas dúvidas, sonhos, divagações e
desencontros... hoje somos companheiros,
caminheiros na esperança, no amor...
e na música...
Hoje, sou teu aprendiz
nos ensinamentos de botânica,

das transformações da flora e da fauna...
Hoje, aprendo cientificamente
aquilo que no passado te ensinava
simplesmente... intuitivamente... e
sem conhecimentos técnicos...

Que a vida te preserve
amando as floradas... o gotejar do orvalho
nas plantas... o teu fascínio diante do fogo
estalando a lenha na lareira... a tua alegria
diante de crianças pequeninas... e a doçura do
teu coração diante dos desamparados...
(É muito emocionante saber que tenho
um filho que, numa fria noite de inverno,
chegou em casa sem camisa, pois deu a sua
para um desabrigado da rua...)

Que a vida ainda possa te retribuir
toda a alegria e carinho que você transmite nos
seus relacionamentos... um quê de pureza
e afeto na madrugada chuvosa... um quê de
luz na neblina do caminho... o prazer de
caminhar na senda da floresta... nas praias de
Natal... nas ladeiras de Ouro Preto... e nas
alamedas da vida...

Serra da Cantareira, numa manhã de verão.

Capítulo 3

Psicologia Hospitalar e a Oncologia

Karla Cristina Gaspar

Aos meus pais,
José Carlos e Rosa Maria,
gratidão eterna.

Para Zélia Maria,
quem me ensinou a ser psicóloga,
admiração e carinho.

3.1 Introdução

São vários os desafios com que deparamos diante do "fazer psicologia".

Muitos são os adjetivos dados à psicologia visando qualificá-la e determinar qual será o seu objeto de estudo.

Nos últimos tempos, a psicologia vem tentando ampliar seus limites de atuação e prática. No entanto, se esbarra em "guetos" que a transformam em "síndrome da subespecialização", uma condição que a deixa compartimentada, descaracterizada e, portanto, empobrecida quanto ao seu propósito e possibilidade de abrangência.

Ao se localizar na Saúde, a psicologia depara com outro desafio, a busca de uma identidade profissional, em contexto relativamente novo para a sua atuação. E nesse trajeto corre-se o risco de tomar para si modelos existentes de outras profissões inseridas há mais tempo nesse contexto da Saúde, como a medicina e a enfermagem.

É sedutor aproximar-se do saber médico pelo fascínio e poder que a medicina traz por si só. O risco de o profissional da psicologia se deixar seduzir e adquirir uma falsa identidade é muito grande.

Ao intitular o prefixo *psico* mais o sufixo de alguma especialidade médica e acreditar que essa fusão, apenas semântica, o autoriza a adotar posturas e pseudossaberes médicos para quem não é médico, ou ainda justificar que a nomenclatura adotada deve-se à etiologia do desenvolvimento de alguma doença, apenas, comunicam e validam a dicotomização mente-corpo, e concebe erroneamente a ideia de causa-efeito de que o emocional desencadeia doenças físicas, convergindo para a unilateralidade de eventos formando uma rede de fatores interligados e complexos. E seguramente, não temos o domínio desses temas para serem definidos de forma tão reducionista.

Adotamos como referencial teórico a Psicologia Hospitalar, que sustenta nossa prática no contexto hospitalar, e por entendermos que é uma especialidade que se ocupa por abarcar e discutir as questões relacionadas à instituição hospitalar, as características peculiares do *setting* terapêutico, as características emocionais de quem adoece, os aspectos emocionais dos acompanhantes e familiares, o desafio do trabalho multiprofissional, inter e transdisciplinar, assim como condutas e estratégias psicológicas que auxiliem a equipe de saúde a melhorar a relação profissional-paciente.

A Psicologia Hospitalar traz a necessidade de um atendimento integrado e busca incorporar outros saberes para a compreensão do fenômeno clínico, para enfim construir uma prática clínica que esteja além da clássica que é fechada, incrustada em si mesmo e não interage e fica isolada. São nesses esforços que surgem reflexões, noções de subjetividade outras e, portanto, formas inovadoras de trabalho.

Nesta proposta, vale ressaltar que, talvez, a mudança mais significativa na prática hospitalar seja a diminuição de explicações intrapsíquicas ou quase "psicologizantes" do indivíduo e o aumento (ou tentativa) da incorporação da dimensão psicossocial que poderá trazer uma melhor, senão maior, compreensão da experiência humana frente ao adoecimento. Sendo assim, a Psicologia Hospitalar tem como ideia principal:

> a minimização do sofrimento provocado pela hospitalização (...) também é necessário abranger não apenas a hospitalização em si (...) mas principalmente as sequelas e decorrências emocionais dessa hospitalização (...) a hospitalização implicará um leque bastante amplo de opções de atuação, cujas variáveis deverão ser consideradas para que o atendimento seja coroado de êxito (...) a hospitalização deve ser entendida, principalmente, como um conjunto de fatos que terá implicações na vida do paciente. (Angerami, 2010)

A Psicologia Hospitalar também exerce um fascínio... Mas não permite alusões a outras pela sua própria definição. Não dominamos uma área de especialidade médica pelo fato de trabalharmos com uma doença clínica específica. Precisamos, sim, conhecer as características da doença para além do senso comum para que, então, conheçamos quais são os possíveis desdobramentos emocionais desencadeados pelos sintomas e sinais da enfermidade, e assim iniciarmos a construção da prática psicológica dentro do hospital como uma intervenção emocional que vise à efetividade.

O fato de o psicólogo atuar no hospital, ao contrário de sua atuação solitária em consultórios, deve levá-lo a conhecer e ter bem definidos quais são os limites institucionais de sua prática.

Há na instituição regras e regimentos determinados que devem ser cumpridos. A alienação sobre esse funcionamento certamente contribuirá para atuações desastrosas e desconectadas junto a essa realidade hospitalar.

Por outro lado, o psicólogo também chegará munido de seu saber teórico e com uma prática a ser refletida e apresentada ao hospital. Há alguns anos, o hospital era concebido como o lugar do cuidado somente do corpo físico, da dor orgânica; com a entrada do psicólogo no hospital, busca-se dar voz, também, à dor psíquica do paciente.

Destacam-se, então, considerações acerca do "fazer psicologia" em uma instituição hospitalar. Ambos, psicólogo e hospital, terão, idealmente, que atingir a melhor organização e as condições para promover saúde e bem-estar a quem deles necessitem. Seres humanos encontram no hospital uma forma de suporte, de segurança de suas vidas (em sentido literal), pelo risco iminente de perdê-la.

O psicólogo, compondo esse universo, poderá ser um agente de mudança, um catalisador ou depositário de conflitos desencadeados pelo fenômeno da doença. Sendo assim, o ser humano, sua saúde, sua integração constituem o objetivo de sua atuação, junto do emaranhado das interligações dos fenômenos humanos que se relacionam com a estrutura, a dinâmica, funções e objetivos do hospital.

Este capítulo descreverá os atendimentos psicológicos do Núcleo de Psicologia da Unidade Produtiva Oncologia Clínica, que tem como embasamento teórico a Psicologia Hospitalar e o compromisso de assumir um "fazer psicologia" incorporada na dimensão social e pautada fundamentalmente em um campo de investigação contínuo. Especificaremos nossas atuações mais adiante.

3.2 Câncer, oncologia e pesquisa

O câncer é definido como uma doença genômica e surge a partir de alterações cumulativas no material genético (DNA) de células normais que sofrem transformações até se tornarem malignas (Rocha, 2008).

A paleopatologista Sabine Eggers (2002) afirma que o câncer, pelo que se sabe hoje, é resultado de mutação genética. Como desde o início da vida houve mutação, é razoável imaginar que a doença sempre existiu.

Os mais antigos registros da doença são atribuídos a Hipócrates, o "pai da Medicina", que viveu entre 460-370 a.C., que utilizou o termo "carcinos" e "carcinoma" para descrever certos tipos de tumores. Em grego significa "caranguejo", pela semelhança entre as vias intumescidas de um tumor externo e as pernas do crustáceo.

Mas o caráter destruidor da doença foi citado por Galeno, médico romano (131-201 d.C.) da Era Cristã, e que considerou a doença como incurável, afirmando que após o diagnóstico havia pouco a se fazer (Eggers, 2002). Hoje em dia, a ideia de que o câncer desgasta, corrói ou consome vagarosa e secretamente permanece.

Atualmente os avanços da Biologia Molecular permitiram compreender o câncer a partir das alterações no material genético de suas células.

Todos os processos, desde a iniciação tumoral, transformação, invasão, até metástase ocorrem em múltiplas etapas e podem envolver dezenas até centenas de genes, por meio de mutações intragênicas, quedas e perdas cromossômicas (Rocha, 2008).

As mutações em determinados genes alteram os comandos de divisão, diferenciação e morte celular, permitindo sua multiplicação desenfreada. Com seus mecanismos de controle da divisão inoperantes, passam a se multiplicar independentemente das necessidades do organismo. Por meio de sucessivas divisões, a célula, agora chamada de maligna, acaba formando um agrupamento de células praticamente idênticas que recebe o nome de tumor. Diante dessa perda de controle intrínseca da multiplicação celular, só resta ao organismo tentar identificar e destruir essas células anormais por intermédio do seu sistema imunológico. Se esse sistema mostrar-se ineficaz, a doença passará a ter condições de evoluir (Silva, 2005).

Em tecidos normais, as taxas de crescimento e de morte celular estão em equilíbrio. No câncer, esse equilíbrio é rompido por perda no controle do crescimento celular e/ou dos mecanismos de apoptose (também chamado de morte celular programada) (Rocha, 2008).

As causas que contribuem para o desenvolvimento do câncer são multifatoriais, envolvendo fatores ambientais (tabagismo, radiação ionizante, álcool, administração de hormônios etc.), fatores endógenos (envelhecimento, obesidade, alterações hormonais, entre outros) e herança genética em proporções variadas (Rocha, 2008).

O câncer se constitui um grupo de doenças com morbidade e mortalidade elevadas e prevalência crescente em nosso meio. Nos próximos 30 anos, o aumento do número de casos de câncer será de 20% nos países desenvolvidos e 100% nos países em desenvolvimento. O quadro se agrava pela falta de acesso a informação e a carência de recursos na área da saúde nos países em desenvolvimento, o que resulta em retardo no diagnóstico do câncer. Em cerca de 80% das vezes o diagnóstico é feito em fases avançadas da doença, quando o tratamento é paliativo (Correa, 2008).

Sendo assim, o câncer é um importante problema de saúde pública em países desenvolvidos e em desenvolvimento, sendo responsável por mais de seis milhões de óbitos a cada ano, o que representa cerca de 12% de todas as causas de morte no mundo (Correa, 2008).

No Brasil, desde 2003, o câncer constitui-se na segunda causa de morte na população, representando quase 17% dos óbitos de causa conhecida, notificados em 2007 no Sistema de Informações sobre Mortalidade pelo Instituto Nacional do Câncer (Inca).

A Política Nacional de Atenção Oncológica, incorporada pela Portaria nº 2.048, de 3 de setembro de 2009, define, para o país, abrangente controle do câncer, e considera vários componentes, desde as ações voltadas à prevenção até a assistência de alta complexidade, integradas em redes de atenção oncológica, com o objetivo de reduzir a incidência e a mortalidade por câncer (Inca, 2010).

O câncer pode surgir em qualquer parte do corpo, mas alguns órgãos são mais afetados do que outros. Entre os mais afetados estão pulmão, mama, colo do útero, próstata, cólon e reto (intestino grosso), pele, estômago, esôfago, medula óssea (leucemias) e cavidade oral (boca). Cada órgão, por sua vez, pode ser afetado por tipos diferenciados de tumor, menos ou mais agressivos. São três as principais categorias dos cânceres conhecidos: carcinomas, sarcomas, leucemias e linfomas (Inca, 2010).

A Oncologia é uma especialidade da medicina que se ocupa em diagnosticar e tratar o câncer. Outras especialidades médicas também compõem o tratamento do câncer, como os radioterapeutas, cirurgiões e patologistas, entre outros. O tratamento do câncer é feito por meio de uma ou várias modalidades combinadas. A principal é a cirurgia, que pode ser empregada em conjunto com radioterapia e/ou quimioterapia. O médico oncologista escolhe o tratamento mais adequado de acordo com a localização, o tipo do câncer e a extensão da doença.

A cirurgia é indicada quando há possibilidade de remoção total ou parcial do tumor, a partir da avaliação médica. A proposta cirúrgica precisa ser feita junto com o paciente e a família. Alguns procedimentos cirúrgicos podem ser mutilantes e ficam visíveis, por exemplo, na região da cabeça e pescoço, ou a amputação de membros. Outros interferem nos aspectos sexuais, como retirada das mamas. Há cirurgias que promovem o desvio de elementos de excreção (fezes e urina) para novas saídas, em caráter temporário ou definitivo.

A radioterapia também é uma modalidade de tratamento para o câncer e teve início no final do século XIX, após a descoberta dos raios-X por Wilhelm Conrad Roentgen, em 1895, e o isolamento do rádio por Marie e Pierre Curie, em 1898. No início do século XX, a radiação ionizante já estava sendo utilizada para tratar uma variedade de doenças malignas. Nos tempos modernos, a radioterapia tornou-se opção terapêutica padrão para uma variedade de neoplasias (Martella et al., 2008).

A radioterapia tem como função aumentar o controle local da lesão e, para isso, é necessário conhecer a extensão exata da doença, as estruturas (partes do corpo) que irão receber a radiação e suas respectivas doses de tolerância (Esteves et al., 2008).

A quimioterapia é outro tipo de tratamento em que se utilizam medicamentos para se combater o câncer. Os medicamentos geralmente são aplicados na veia (intravenosa), podendo ser dados também por via oral (pela boca), intramuscular (injeção), intratecal (pela espinha dorsal), subcutânea (abaixo da pele) e tópica (pomada ou líquido para passar na pele).

Esses medicamentos se misturam com o sangue e são levados a todas as partes do corpo, destruindo as células doentes que estão formando o tumor. Além disso, o medicamento tenta impedir que a doença se espalhe pelo corpo. A aplicação da quimioterapia é feita em ambulatório ou em enfermaria (internado). Os efeitos colaterais são queda de cabelo (efeito temporário), diarreia, feridas na boca, náuseas e vômitos, hiperpigmentação (escurecimentos da pele quando exposta aos raios solares) (Inca, 2010).

Até aqui procurei trazer informações básicas sobre o câncer, consultadas em manuais de oncologia, pesquisadas por instituições especializadas consideradas sérias, e adquiridas em aulas ministradas por médicos oncologistas em que pude participar como ouvinte.

Outro ponto a ser destacado é a pesquisa em câncer, relevante face às estimativas lançadas pelo aumento de 50% até 2020 no número de novos casos de câncer e o dobro para o número de mortes (Inca, 2006).

Estudos recentes, alguns deles feitos no Brasil ou com a colaboração de brasileiros, estão mudando a forma como médicos e pesquisadores veem e tratam o câncer. Descobertas sobre interações celulares fortalecem a perspectiva de controlar, em vez de eliminar os tumores. Os pesquisadores afirmam que alguns resultados experimentais podem demorar de 10 a 15 anos para se converterem efetivamente em novos tratamentos, em aplicações que possam beneficiar as pessoas (Fapesp, 2009).

O tempo que passam em seus laboratórios realizando novas compreensões mais detalhadas das interações bioquímicas que ocorrem no interior das células tumorais, em meio às observações das moléculas, sequência de reações e experimentos, somado ao cuidado e à sistematização dos procedimentos, são algumas de suas atividades para chegarem até esses resultados.

Em contrapartida, muitos profissionais e pessoas leigas acreditam que os fatores psicológicos possuem um papel único no surgimento e na progressão do câncer e lançam ideias de "combate" ao câncer bastante entusiastas, otimistas e sem nenhum rigor no método científico. Ideias como superar o câncer através do "poder da mente sobre o corpo", livros de autoajuda e centros de retiros onde os pacientes possam aprender técnicas de mentalização (visualizar células "soldados" atacando o câncer) ou ainda "pensar positivo" para enfrentar o câncer são procedimentos que deixam a desejar por falta de evidências científicas.

No decorrer do tempo, pesquisas, principalmente em psico-oncologia, surgiram com muitas falhas no método científico. Tais falhas incluem o uso de amostras pequenas e viciadas, amostras heterogêneas que misturam pacientes com muitos tipos diferentes de câncer ou em diferentes estágios, com limitada ou nenhuma análise estatística, controles pobres e grupos retrospectivos tendenciosos. Inúmeros estudos consideraram muitas variáveis psicológicas, extrapolando as poucas associações positivas descobertas nos resultados publicados (Levenson et al., 2000).

Vale ressaltar que, muitas vezes, o paciente com câncer em seu desespero pela cura busca "técnicas milagrosas" pela dificuldade de distinguir o conhecimento científico das crenças populares sobre o câncer e sua progressão. Portanto, pode ocorrer um efeito maléfico, o paciente sente-se como se não tivesse tido a "atitude correta" ou a característica de personalidade "certa" e além de tudo ser culpado por ter adoecido.

Cabe ressaltar a necessidade de pesquisas na área da psicologia, principalmente ligada à oncologia, serem sistematicamente melhor desenvolvidas com métodos científicos mais rigorosos para elucidar mais adiante o impacto dos fatores psicológicos no câncer. Por enquanto, podemos afirmar que as intervenções psicológicas têm contribuído mais qualitativamente da vida dos pacientes do que no aumento da sobrevida.

3.3 Implantação do Núcleo de Psicologia na Unidade Produtiva Oncologia Clínica

O Hospital de Clínicas da Unicamp, localizado no Distrito de Barão Geraldo, em Campinas, estado de São Paulo, presta serviço terciário de assistência. É um hospital público, com 380 leitos, associado à Universidade Estadual de Campinas (Unicamp). O hospital é o mais especializado centro médico para aproximadamente cinco milhões de pessoas que vivem na região metropolitana da cidade de Campinas. Realiza em média 32 mil consultas mensais em 44 especialidades, além dos atendimentos de emergência.

Apresenta como missão "ser um hospital de referência e excelência, prestando assistência complexa e hierarquizada, formando e qualificando recursos humanos, produzindo conhecimento, atuando no sistema de saúde valorizando os princípios de humanização com racionalização de recursos e otimização de resultados".

A Unidade Produtiva Oncologia Clínica é um Centro de Alta Complexidade em Oncologia (Cacon). O que significa dizer que se trata de um hospital que possui condições técnicas, instalações físicas, equipamentos e recursos humanos adequados à prestação de assistência especializada de alta complexidade para o diagnóstico definitivo e tratamento dos cânceres mais prevalentes no Brasil.

A Unidade Produtiva Oncologia Clínica compõe uma equipe multidisciplinar composta por médicos, assistentes sociais, enfermeiros, farmacêuticos, nutricionistas, psicólogos, residentes em medicina, aprimorandos de nutrição, enfermagem, serviço social e psicologia e estagiários de farmácia. Realizam-se mensalmente 800 consultas médicas, 500 entrevistas com assistentes sociais, 400 consultas de psicologia e 300 consultas de nutrição.

O Núcleo de Psicologia foi criado a partir da inclusão da psicologia na equipe no ano de 2007 com a abertura de um processo seletivo e, consequentemente, a contratação deste profissional, com isso, também houve a possibilidade da efetivação do Programa de Aprimoramento Profissional (PAP) e Especialização *lato sensu* em "Psicologia e Oncologia" pela Faculdade de Ciências Médicas da Universidade Estadual de Campinas (Unicamp). Retomarei mais adiante.

Desde então, respondo pelos atendimentos psicológicos e pela supervisão dos aprimorandos de psicologia. A ideia central da implantação do Núcleo de Psicologia é propiciar um serviço útil e de qualidade e abrir frentes não só na assistência, como também no ensino e na pesquisa.

Ao me propor a trabalhar com pessoas que estão sentindo as suas vidas ameaçadas por uma doença grave como é o câncer e, por isso, estão vivenciando as limitações e restrições da própria condição humana, o meu desafio maior é estar ali de forma reflexiva e de entrega, sem nenhuma certeza de conseguir percorrer o caminho mais acertado ou de alcançar os objetivos propostos.

Inicio. Tenho pela frente o meu primeiro "paciente": o ambulatório de oncologia. Ao passar pelo corredor onde as pessoas, adoecidas, aguardam pelas suas consultas e deixar-me ser tocada quase que totalmente pelos seus olhares de esperança, dor, incertezas, medos e tantos outros, é vivenciar a angústia do insuperável apego pela vida, desencadeiam-se várias emoções. É deixar-se ser desmascarado, por alguns segundos, pelo confronto vida e risco de morte.

Buscar sentido, esse talvez seja o caminho. E o desafio do encontro pode se dar na busca do sentido de toda experiência emocional desencadeada pelo adoecimento.

Quero dizer com isso que pelo fato de nossa profissão consistir basicamente em compreender a condição emocional das pessoas, com isso, a partir do encontro terapêutico, tenta-se criar a possibilidade de maior discernimento e mobilização emocional, de descoberta do sentido das vivências (principalmente sobre o adoecimento). E a oportunidade de criação de novos sentidos e resultar de alguma forma em crescimento e desenvolvimento emocional apesar do adoecimento.

Antes de qualquer ação há necessidade de sentir o lugar. A observação pode ser grande companheira nessa empreitada. Perceber a rotina ambulatorial, ir ao encontro dos pacientes e acompanhantes em sala de espera, aproximar-se dos profissionais, enfim locomover-me para todos os cantos e espaços. Essas atitudes foram de extrema importância para que eu pudesse sentir e ser sentida, ser inserida e deixar-me absorver por aquela dinâmica de funcionamento que caracterizava o ambulatório e assim experimentar o "seu" estado emocional.

Conhecer quais são as demandas do momento, em que realmente a psicologia poderia colaborar, foi o início do pensar nas possibilidades de intervenções psicológicas, considerando e aproveitando da estrutura de funcionamento já existente.

Feito isso, os principais objetivos estabelecidos para o Núcleo de Psicologia são:

- Prover ao paciente oncológico e aos seus familiares todo suporte emocional que lhes são necessários;
- Oferecer orientação e informação ao pacientes oncológicos e a seus familiares e a equipe de saúde;

- Desenvolver projetos científicos na área de psicologia voltados para a oncologia;
- Formar profissionais na área de psicologia com ênfase em oncologia.

3.4 Parâmetros para nossa atuação...

Na clínica tradicional os pacientes trazem como queixas principais questões pouco relacionadas a fatores orgânicos ou, quando trazem, são associados a transtornos psicológicos e a forma de intervenção se dá por psicoterapias profundas e prolongadas.

No hospital encontramos pessoas que adoecem organicamente e de forma abrupta, e que são impedidas (a curto, médio ou em longo prazo), dependendo da patologia e da gravidade, de continuar a viver o seu cotidiano da forma como escolheu (trabalhar, estudar, casar, por exemplo) ou ainda são interrompidas em seus planos futuros (fazer faculdade, viajar, engravidar ou dentre tantas outras possibilidades).

Diante disso, uma crise psicológica, com variações de intensidade, pode se instalar na pessoa que agora será chamada de paciente. É a vivência da despersonalização, condição também desencadeadora de crise.

Sobre a crise, adotamos a definição de Moffatt (1987, p. 13-14). Segundo o autor, a crise se dá quando algum acontecimento interrompe o processo natural da vida, causando sentimentos de desorganização, desesperança, tristeza, confusão e pânico.

Dessa forma, a crise abala todas as dimensões do ser, o físico, o psicológico e o social.

A nossa assistência dentro de uma equipe interdisciplinar tem como objetivo oferecer suporte emocional, orientação e informação aos pacientes e seus familiares, visando fortalecimento egoico para enfrentamento das fases do adoecimento por câncer (pré-diagnóstico, diagnóstico, tratamento, cirurgia, quimioterapia, radioterapia), pós-tratamento, recidiva, progressão da doença, cuidados paliativos e na questão do aconselhamento genético familiar.

Lembrando que o paciente chega ao nosso ambulatório de oncologia teoricamente conhecedor de seu diagnóstico. A nossa intervenção psicológica inicia junto à fase de tratamento oncológico, dando sequências às próximas fases como descritas acima.

Para essas intervenções utilizamos da abordagem psicodinâmica. Os atendimentos psicológicos são oferecidos de forma individual, em grupo, familiar e por telefone.

Antes de descrever nossa forma de trabalho, esclareceremos o que entendemos por suporte psicológico.

Consiste na utilização de recursos tais como: informação, orientação, encaminhamentos, esclarecimentos, discernimentos do que é real e do que são os estigmas da doença, assim como conhecer quais os mecanismos emocionais de defesa subjacentes utilizados pelo paciente e que possam emergir de forma mais intensa ao se saber doente, gerando com isso um descontrole emocional agudo. Como exemplo, ao confirmar o diagnóstico de câncer, ao saber quais serão os possíveis tratamentos que terá que realizar (radioterapia, quimioterapia e cirurgias), ser informado sobre o prognóstico de seu quadro clínico, assim como os riscos de recidivas, geram abalo emocional.

Sendo assim, utilizaremos o suporte psicológico como atitude (ou princípio) em todas as nossas práticas e são elas: atendimento ambulatorial em oncologia, salão de quimioterapia, radioterapia e na enfermaria da oncologia, assim como os contatos telefônicos.

3.5 Assistência

O adoecer é uma situação complexa com implicações variadas para qualquer indivíduo. Quando uma pessoa adoece não é apenas um órgão que está funcionando mal, observa-se uma mudança nítida em seu aspecto emocional. Esse comportamento é parte do processo de adoecer. Sendo assim, é compreensível, quando uma pessoa adoece e necessita de cuidados oferecidos pelo hospital para diagnosticar ou tratar de uma doença, no caso, de um câncer, e que poderá implicar em algum risco de vida, que desencadeie sofrimento psicológico como angústia.

A partir dessas constatações é que realizaremos os nossos atendimentos psicológicos.

Realizamos triagem psicológica, psicoterapia de apoio e entrevista de ajuda, atendimento em grupo com o paciente e família. Além do atendimento pós-óbito para os familiares.

No quadro a seguir explicaremos como se realizam os atendimentos individuais e em grupo.

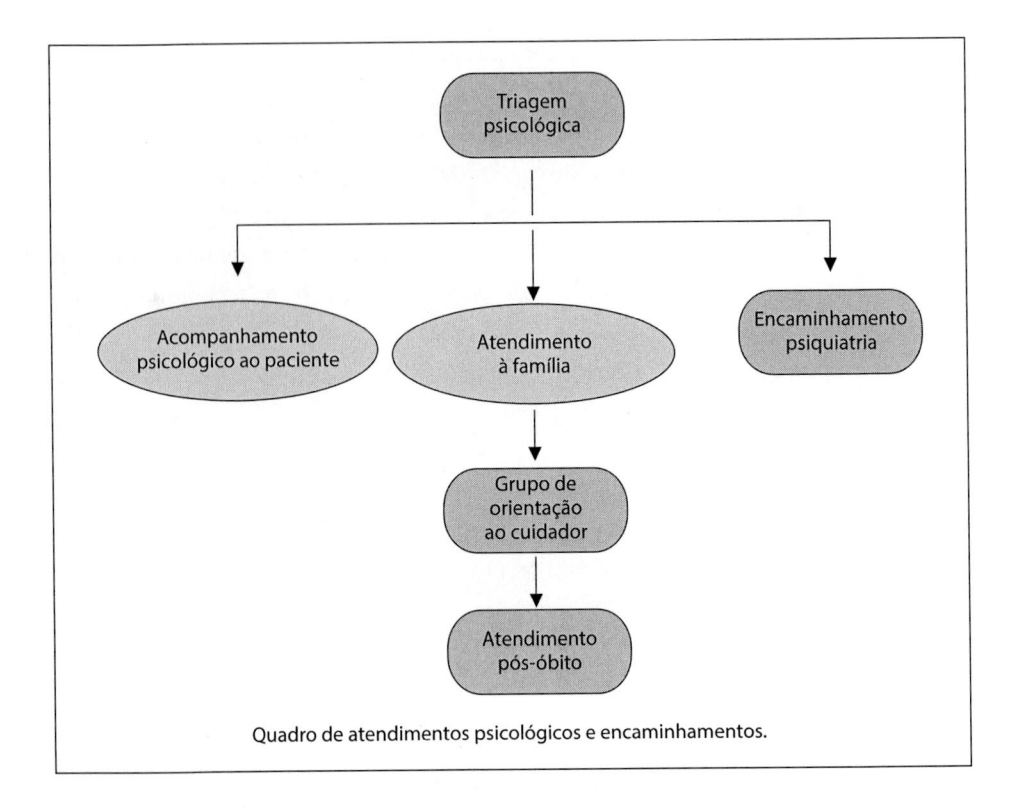

```
                    ┌──────────────┐
                    │   Triagem    │
                    │  psicológica │
                    └──────┬───────┘
         ┌─────────────────┼─────────────────┐
         ▼                 ▼                 ▼
┌──────────────────┐ ┌──────────────┐ ┌──────────────┐
│  Acompanhamento  │ │  Atendimento │ │ Encaminhamento│
│psicológico ao    │ │  à família   │ │  psiquiatria │
│     paciente     │ │              │ │              │
└──────────────────┘ └──────┬───────┘ └──────────────┘
                            ▼
                    ┌──────────────┐
                    │   Grupo de   │
                    │  orientação  │
                    │  ao cuidador │
                    └──────┬───────┘
                           ▼
                    ┌──────────────┐
                    │  Atendimento │
                    │   pós-óbito  │
                    └──────────────┘
```

Quadro de atendimentos psicológicos e encaminhamentos.

Triagem psicológica

Trata-se de uma entrevista semidirigida, com o paciente e seu acompanhante. Realizada pela psicologia após a primeira consulta médica do paciente, tem como objetivo conhecer os aspectos sociodemográficos do paciente, seus hábitos (se tabagista, etilista, drogadicto), saber se o paciente conhece o seu diagnóstico.

Realiza, também, um levantamento dos aspectos emocionais (reação emocional frente ao adoecimento, mecanismos de defesas predominantes, histórico de depressão, ansiedade, internação psiquiátrica, comportamento suicida), dinâmica familiar (se recebe apoio da família) e encaminhamentos necessários.

Psicoterapia de apoio

Realizada com paciente ou familiar individualmente. Apresenta resultados mais imediatos; é orientada para o mundo consciente do paciente; trabalha-se com metas mais limitadas e objetivas.

Observa-se que o acompanhamento psicológico inicia quando o psicólogo se mostra disponível, capaz de observar, ouvir e falar. Essas atitudes, somadas ao conhecimento técnico e teórico e à sensibilidade do psicólogo, constituem ferramentas indispensáveis para um eficaz e eficiente atendimento psicológico.

O foco principal de nossa intervenção é na "reação emocional do paciente e da família desencadeada pelo diagnóstico e tratamento do câncer".

É importante considerar que é o tempo de permanência do paciente no hospital que determina a programação do acompanhamento psicológico, como, por exemplo, o número de sessões que serão realizadas.

Atendimento pós-óbito

Trata-se de um atendimento psicológico disponibilizado ao familiar enlutado pelo falecimento de seu parente. Segue o mesmo modelo do atendimento em psicoterapia de apoio descrito acima. Nesses atendimentos focamos a questão do luto e seus desdobramentos emocionais.

Em linhas gerais, temos que o luto é um conjunto de reações emocionais diante de uma perda, além de se constituir em um processo. O traço característico do luto são episódios agudos de dor psíquica, choro e saudade.

Bowlby (1985) postulou as fases do luto da seguinte maneira: choque, anseio e busca pelo ente, desorganização e desespero e, por fim, poderá chegar à fase da organização emocional. A primeira fase dura de poucas horas a semanas, e o indivíduo pode experimentar um sentimento de desespero e raiva. A segunda pode durar meses ou anos.

Ressalta-se que o enlutamento tem como sentimento principal o desespero, com variações de intensidade dependendo das características psíquicas de quem o vivencia. Nosso acompanhante psicológico visa ajudar o familiar na elaboração do luto e entendemos que a forma como se elabora um traumatismo, como é o caso do luto, depende diretamente da capacidade do terapeuta para acolhê-lo, decifrá-lo, metabolizá-lo, ou seja, da capacidade de continência emocional (Bion, 1962).

Um exemplo de enlutamento foi o caso da senhora V. 15 anos mais nova que o marido, seu segundo casamento, com quem viveu cerca de 25 anos. Viveram, segundo relata, momentos de muita felicidade, companheirismo e dedicação um para o outro. Não tiveram filhos por opção. Acompanhei os últimos meses de vida do senhor B., assim como o momento de seu falecimento por metástase cerebral.

Abaixo ilustrarei com trechos de uma carta escrita por V. para mim, referente ao acompanhamento psicológico de pós-óbito que iniciei com ela uma semana após o falecimento de B. e que durou cerca de um ano e meio.

"Todos nós sabemos que a vida é o transcorrer dos dias e anos, onde depositamos todos nossos sonhos e esperanças. Quando se é jovem só vê a longa estrada sem fim onde almejamos grandes projetos a concretizar. O objetivo é lutar e correr para alcançar e realizar os sonhos programados, pois temos a certeza que nossa estrada é longa, e também a certeza e esperança de chegar lá. (...) hoje estou mais velha e só, tenho noção que minha estrada não é tão longa, mas estou satisfeita, pois afinal estou vencendo todas as etapas e barreiras para poder desfrutar da vida com alguma paz. Quando eu desejava morrer, era por pensar que não conseguiria viver sem ele [o marido] e só, não enxergava nada de positivo e nenhuma perspectiva de futuro (...) lembro que um dia lhe perguntei [a mim] como pode alguém viver só, ser feliz, sentir-se bem consigo mesmo e com o mundo?... agora sei que depende de cada um.

Sei que nascemos sós, vivemos uma boa parte da vida sozinha e morremos sós, mas quando se está só, não por livre e espontânea vontade e sim pelas circunstâncias, as coisas perdem o brilho e o calor. Quando se vive com prazer sentimos ansiedade em chegar para compartilhar calor humano, dar e receber atenção e ter certeza que é importante para alguém. Quando se perde [o marido], tudo que era feito com dedicação e alegria perde o efeito, as coisas se tornam tão pequenas e opacas que nada tem graça (...).

Hoje aprendi a conviver com sua ausência [do marido], mas sei que não conseguirei esquecê-lo, pois ele foi a melhor parte da minha vida, portanto estará sempre em minha lembrança, só que com muita saudade, mas sem sofrimento e infelicidade. (...) ainda não me apaixonei pela vida, mas estou me afeiçoando a ela, e tenho que reconhecer que tem muitas coisas boas pela frente e me sinto em condições de aproveitá-la e vivê-la. (...) me questiono como pude ficar como fiquei, pois sempre fui tão firme e decidida. Sempre achei que aguentaria todas... não quero mais destruir as coisas ou me desfazer delas [faz referências as cartas que B. escrevia para ela]. Passou a sensação da falta dele, mas não vou esquecê-lo. Deixei de sentir aquele aperto no coração, aquele mal-estar estomacal, toda aquela angústia que fazia com que sentisse vontade de fazer coisas [pensar em suicídio] a procura de paz interior. Passado todo esse tempo [de acompanhamento psicológico], o compartilhamento, sua paciência, suas palavras, venci algumas batalhas e estou chegando a um bom ponto de equilíbrio (...)

No início me sentia tão infeliz e desamparada que a terapia me trazia conforto e me proporcionava momentos de dizer coisas e situações que tanto me incomodavam (...) era quando chorava sem sentir vergonha, dizia o que tinha no coração, da dor, da saudade, da desesperança, mostrava a fragilidade que tanto quis esconder de todos (...) sentia medo de perder e interromper esses momentos [psicoterapia], que para mim funcionava como a procura de mim mesma (...) agora só precisava superar a solidão dos finais de semana (...)

Hoje faz um mês e meio que não choro na terapia e nem em casa (...) o tempo, o compartilhamento e atividades são o melhor remédio para as dores as alma. Estou fortificada. Espero e vou continuar melhorando e ter minha vidinha calma e sossegada, *fazendo o que for possível fazer para atravessar bem o resto da minha estrada. Agora depois de esvaziar todo o meu baú, me sinto muito melhor. Estou voltando e decidida e mais do que nunca independente. A conscientização que minha vida mudou e nada será como antigamente (...) e agora tenho que tocar a vida só por mim mesma."*

Atendimentos telefônicos

Trata-se de uma modalidade de atendimento que realizamos junto a pacientes emocionalmente graves que tiveram uma tentativa de suicídio ou que estão impossibilitados de virem ao atendimento psicológico com maior frequência. As orientações emocionais são estendidas também aos familiares.

Além disso, entramos em contato com os pacientes que por ventura tenham faltado às nossas consultas psicológicas.

Disponibilizamos também o número de nosso telefone para que os pacientes e/ou familiares, quando julgarem necessário, entrem em contato conosco.

Chama-se a atenção para essa estratégia simples e praticamente sem custos, como são os telefonemas, e que podem fortalecer o vínculo com o paciente.

Grupo acolhimento ao caso novo

Este grupo é constituído pelos pacientes e familiares que estão na sala de espera aguardando pela primeira consulta médica. Trata-se de um grupo aberto.

Tem como ideia principal contribuir para a redução da ansiedade gerada pela situação de espera, e assim alcançar melhores condições de atendimentos e intervenções. Esta atividade é realizada diariamente pela manhã.

Os seus objetivos são orientar e informar os pacientes quanto ao funcionamento do ambulatório de oncologia (sistema de senhas para as consultas, orientações quanto a agendamento de exames, informações sobre as especialidades existentes no ambulatório além do médico).

Esse grupo é coordenado pela assistente social. A psicóloga, a enfermeira e a nutricionista colaboram com as informações específicas de suas respectivas áreas.

Grupo aberto em sala de espera

Este grupo tem a intenção de propiciar a comunicação e dar vazão às emoções despertadas nos pacientes e acompanhantes que estão em sala de espera aguardando pelo procedimento quimioterápico, tendo como facilitador dessa interação a música. É coordenado pelos aprimorandos de psicologia com a participação da aprimoranda do serviço social. Entendemos que, dessa forma, vamos ao encontro de pacientes e acompanhantes que possam ter demandas psicológicas latentes. Quando isso acontece, realizamos um acolhimento psicológico individual após a atividade em grupo.

A necessidade de organizar uma atividade para os pacientes que aguardam por uma consulta criou uma técnica, os chamados grupos de sala de espera (Mello Filho et al., 2000).

Essa situação grupal é onde acontecem as trocas entre os indivíduos e o meio. Propicia a retirada desse indivíduo da situação passiva de espera de consultas e procedimentos, passando a ativo e reflexivo sobre a sua condição de saúde.

A música é uma forma de arte que se constitui basicamente em combinar sons e silêncios seguindo ou não uma pré-organização ao longo do tempo.

A música é encontrada em vários contextos e situações, não só como arte, mas em rituais de todos os tipos, em festas, em comemorações, funerais, em grupos ou sozinhos. Ela está presente em momentos de alegria e de tristeza, de reflexão ou relaxamento e também pode ser terapêutica (musicoterapia).

Há evidências de que a música é conhecida e praticada desde há muito tempo. A observação dos sons da natureza pode ter despertado no homem a vontade de organizar os sons de forma harmônica que pudesse evocar sensações, sentimentos, pensamentos e lembranças.

Defini-la é uma tarefa difícil. Apesar de parecer uma atividade simples e conhecida por qualquer pessoa e ser recebida e concebida por humanos, atribuir-lhe conceitos é minimizar a dimensão de seu alcance.

A música poderá despertar em quem a ouve um jogo provocativo entre as sensações do corpo e os aspectos emocionais que, num entrelace de sintonia, poderá resultar em um movimento facilitador da expressão dos sentimentos evocados, tais como o medo, a alegria, a saudade, o temor, a repugnância, o amor, entre tantos outros. Nesse sentido, pode-se dizer que ela propicia uma comunicação do mundo interno de quem a fez para quem a recebe. É uma linguagem bastante peculiar.

Observamos na sala de espera para realização de quimioterapia os pacientes que, junto de seus acompanhantes, estão geralmente num clima emocional de muita apreensão e medo, principalmente se for à primeira vez que realizará a quimioterapia. Desconforto, tensão, cansaço, se estiverem na metade ou finalizando os ciclos propostos.

A espera, nesse contexto, é vivenciada pelo paciente e seu acompanhante como se fossem acometidos por uma avalanche de sentimentos e expectativas.

Frente ao seu desejo de cura, o confronto entre o passado (lembranças de um corpo saudável) e um presente (corpo doente) na espera(ança) de um futuro em que ele possa ter de volta a "sua própria saúde" (sic). E o acompanhante é o espectador de todo esse processo de sofrimento e experimenta a dor de ver seu familiar adoecido.

A partir dessas considerações, selecionamos letras de músicas com temas e ritmos que julgamos adequados para interferir no clima emocional descrito. A música, nesse momento, é recebida como uma possibilidade, mesmo que momentânea, de vazão dos "sons" torturantes, ruminantes e ensurdecedores vindos de si mesmo provocados pelo adoecimento e tratamento.

O grupo é iniciado pela apresentação do aprimorando de psicologia, que em seguida apresenta a atividade. A aprimoranda de serviço social adota a posição de observadora participativa eventual. A música é escolhida e o rádio é levado para a recepção, local onde o grupo acontece.

Ressalta-se que o tempo de duração é de aproximadamente 30 minutos e o grupo é realizado duas vezes por semana.

Antes de iniciarmos o grupo conversamos com a equipe e orientamos que a dinâmica do ambulatório não precisa ser modificada, por exemplo, se a quimioterapia do paciente chegar, a enfermeira chamaria o paciente sem nenhum problema, pois a proposta dessa modalidade de grupo comporta essas interrupções.

As orientações são feitas aos pacientes para início da condução do grupo. Deixa-se claro que não é obrigatório participar, sem nenhum prejuízo no tratamento.

A letra de música escolhida para o dia é distribuída para todos que estão na sala de espera e que queiram participar. Após a distribuição, o coordenador orienta que tocará a música uma vez e logo em seguida iniciará a discussão da letra da música.

Dividiremos a ilustração dessa atividade de duas formas:

A primeira maneira traz como exemplo a música *Aquarela* para ilustrar como fazemos nossas discussões. A segunda apresentará apenas os comentários suscitados pelos pacientes e/ou acompanhantes. Algumas das músicas estão no anexo deste capítulo.
Música: *Aquarela* (Composição: Toquinho / Vinicius de Moraes / G. Morra / M. Fabrizio)

Ressalta-se que não temos a pretensão de esgotar todas as possibilidades de reflexões frente a essa música. Abaixo, segue a forma como trabalhamos a letra para abordarmos questões referentes ao ciclo da vida, impotência humana e finitude da vida.

"A folha qualquer que se desenha um sol é a vida significada quando se é criança... podemos tudo através de nossa imaginação... é fácil fazer um castelo... e arremessar um voo junto a uma gaivota é em um instante... depois pegamos outra aquarela serena e linda... é nossa juventude, e partindo pela imensidão do mundo com nossos amigos a esperar pela frente o futuro está... sonhos e realizações... e na vida adulta vamos tentando controlar a aeronave do futuro com os últimos resquícios de ilusão da juventude... descobrimos que não podemos controlar esse futuro e que não é tão belo assim, porque a gente não consegue pilotar essa aeronave com cinco ou seis retas como quando criança... não conseguimos desenhar um guarda-chuva com dois riscos e não nos molharmos... e caminhando no caminho pode-se encontrar no muro um adoecimento... uma interrupção momentânea de nosso caminhar... que sem piedade e sem hora, não pede licença, a doença invade e muda nossas vidas, depois convida a rir ou a chorar e o futuro não tentamos mais controlar, porque o fim dele não sabe onde vai dar... como estarei após o tratamento? Mas todos estão numa linda passarela... a passarela da vida... quantos barcos já passaram por ela, quantas lindas gaivotas pousaram sobre ela?... quantas curvas que uniram o norte e o sul? e as águas que puderam ser navegadas por debaixo da passarela... lembranças de outros momentos da vida de uma aquarela colorida e que descolorirá para todos os seres vivos."

Questões levantadas para reflexão em grupo:
- retrospectiva de momentos bons da vida
- formas de enfrentamento e superação de situações difíceis
- atribuição de sentido e significado frente ao adoecimento
- vida e morte

Em destaque um comentário de um paciente sobre a vida e morte:

"A morte não é a maior perda da vida. A maior perda da vida é aquilo que morre dentro da gente enquanto vivemos. A pior morte é viver toda a vida em uma aquarela descolorida e não só agora na doença. Obrigado por me fazer entender isso."

A seguir ilustraremos com algumas falas de pacientes e acompanhantes desencadeadas pelas músicas.

a) "Tocando em frente" (Almir Sater / Renato Teixeira), abordamos como tema a temporalidade humana, a aceitação das limitações da vida.

"não sou mais um boiadeiro, [trecho da música]... agora só toco a minha vida que é a minha doença";

> *"um dia a gente chega, no outro vai embora [comenta o trecho da música] quero dizer que a gente nasce e morre, tudo passa e tudo acaba, inclusive a gente, não precisa tar doente, todos vão embora";*
>
> *"somos como a neblina, surge fraca, se fortalece e depois acaba".*

b) "É preciso saber viver" (Roberto Carlos/Erasmo Carlos), trabalhamos a realidade *versus* ilusão da vida.

> *"essa música me faz pensar que não se pode ter ilusão na vida, porque é falseia a realidade, eu estou doente e quero viver por isso que estou aqui me tratando";*
> *"é, não adianta viver na ilusão, a realidade é dura";*
> *"viver na ilusão é só sofrimento";*
> *"a doença existe, a vida tem altos e baixos e muitas pedras no caminho, algumas não são possíveis desviar, a doença não tem como ser retirada, aqui me arranhei nos espinhos".*

Grupo de orientação ao familiar em sala de espera da quimioterapia

Consideramos que o cuidador informal é a pessoa fundamental para a boa ou má condução do tratamento do paciente fora do contexto hospitalar. Um acompanhante bem informado sobre o tratamento certamente cuidará bem de seu paciente.

Partindo desse entendimento, precisamos conhecer quais são as dificuldades e necessidades desses cuidadores.

Para tanto pensamos num grupo de orientação a esse cuidador com os seguintes objetivos:

Em princípio, ouvi-los para conhecê-los e então orientá-los dentro de nossas especialidades.

De que forma? Oferecendo um espaço de escuta semanal.

Para que essa orientação ocorresse de forma mais completa possível, chamamos a equipe para participar conosco.

Além da psicologia, fazem parte do grupo a enfermagem, a nutrição, a farmácia e o serviço social.

A configuração desse grupo trouxe muitos ganhos. Além de ouvir, acolher e orientar o acompanhante a equipe vivencia, de forma plena, a proposta da interdisciplinaridade. Explicarei melhor mais adiante.

Para que esse grupo nascesse com essa característica interdisciplinar, foi preciso realizar algumas reuniões prévias com toda a equipe.

A ansiedade estava presente na equipe frente a essa nova proposta. Questionamentos do tipo *"Como vai ser"* e *"Se ninguém falar nada"*. Perguntas desse tipo comunicavam a novidade para os colegas da equipe em interagir de forma "diferente" com as angústias dos acompanhantes.

Na realidade, com a proposta do grupo de orientação ao cuidador, a equipe vivencia a angústia do próprio cuidador informal ao deparar com o paciente que necessita de cuidados, mas não sabe ao certo como vai ser... *"como será o tratamento de quimioterapia, o que o paciente pode comer, e se passar mal, que remédio poderá tomar, como faz para adquirir benefícios sociais... entre outras inúmeras questões"*. Surge com isso a dupla necessidade de orientar o acompanhante e a equipe.

Como se dá a dinâmica do grupo?

Reunimos um representante de cada especialidade mencionada anteriormente e convidamos os cuidadores que estão na sala de espera da quimioterapia a participar do grupo. É um grupo aberto.

Iniciamos o grupo nos apresentando e informando qual é o objetivo de estarmos reunidos: *"é para dizer o que quiser sobre o tratamento de seu parente (o paciente) dúvidas, emoções, comentários"*. Informamos que ficaremos reunidos durante uma hora.

Sendo assim, para qualquer dúvida, comentário ou emoção trazida pelo grupo disponibilizamos um profissional da área específica para esclarecê-los. E enquanto o especialista orienta os cuidadores, capacita os outros membros da equipe sobre a sua especialidade. O que facilita para todos saberem um pouco de cada uma das especialidades presentes.

Após o término do grupo com os cuidadores, a equipe permanece no local para então dizer sobre a *"sua experiência de estar no grupo, sua dúvida, emoção e comentário"*. Lembrando sempre das questões éticas permeando o grupo.

Com isso, disponibilizamos orientações aos cuidadores, vivenciamos a interdisciplinaridade e também nos orientamos pela diversidade dos saberes e ainda partilhamos das angústias (da equipe) geradas pelo constante contato com o sofrimento, dor e morte iminente de nossos pacientes.

Os principais sofrimentos psíquicos comentados pelos acompanhantes são: esgotamento emocional e o luto antecipatório.

Encaminhamentos

São realizados quando identificamos pacientes ou acompanhantes que desejem parar de fumar; realizamos uma caracterização do hábito de fumar e encaminhamos para o Ambulatório de Psiquiatria – ASPA (Ambulatório de Substâncias Psicoativas) para participarem do grupo de fumantes.

Outro encaminhamento é realizado para o Ambulatório de Psiquiatra na seção de atendimentos infantis; ocorre quando identificamos demandas psicológicas em crianças de até 12 anos, filhos de nossos pacientes, que possam estar de alguma forma demonstrando sofrimento pelo adoecimento de sua mãe, pai ou irmãos, por exemplo.

Para o Pronto Socorro Psiquiátrico encaminhamos pacientes graves, como por exemplo, que apresentem risco de suicídio, que chegam ao ambulatório de oncologia alcoolizados, ou quando apresentam uma crise aguda emocional.

Além disso, encaminhamentos para os municípios de origem são realizados quando verificamos uma queixa que está para além de nosso propósito dentro do ambulatório de oncologia, como exemplo, pacientes de outros ambulatórios que buscam atendimentos psicológicos conosco.

3.6 Instrumentos utilizados

Ficha de Triagem

Obtêm-se informações sócias demográficas, levantamento histórico emocional do paciente e características da dinâmica familiar e realização de encaminhamentos.

Escala Hospitalar de Ansiedade e Depressão (HAD)

É um instrumento utilizado para detectar prováveis casos de depressão e ansiedade, a "Hospital Anxiety and Depression Scale" (HAD). Composta por 14 itens de múltipla escolha de ansiedade e depressão (não constam sintomas físicos da depressão) (Zigmond e Snaith, 1983). A determinação dos casos de depressão e ansiedade seguem o escore de igual ou maior que oito (na escala de 0-21). Essa escala foi validada para a população brasileira (Botega et al., 1995).

3.7 Apresentação de nossa rotina

Feitas as definições de nossas atuações, abaixo segue o fluxograma, para melhor visualização de nosso trabalho e a descrição da rotina do ambulatório, enfatizando os atendimentos psicológicos.

Vale ressaltar que há vários atendimentos sendo realizados pelos médicos residentes, assistentes sociais, nutricionistas, enfermeiros farmacêuticos, aprimorandos e estagiários, que não constam nesse fluxograma por fugir do tema proposto neste capítulo.

O fluxograma apresenta a forma encontrada de inserção dentro da realidade ambulatorial. Trata-se de um recorte da realidade em que se ressaltam os atendimentos psicológicos.

A Unidade Produtiva Oncologia Clínica recebe de três a cinco casos novos por dia. Passam pelo grupo de acolhimento ao caso novo e recebem orientações do serviço social, de psicologia, do enfermeiro e de nutrição. Em seguida seguem para consulta médica e recebem as condutas para iniciar o tratamento. Em geral, é prescrita a realização de exames como hemogramas e tomografias, entre outros.

Feito isso, os pacientes realizam a triagem psicológica junto de seu acompanhante e então realizamos os encaminhamentos necessários. Vale complementar que os pacientes e acompanhantes também realizam entrevistas com a assistente social e com a nutricionista nesse primeiro dia.

Procuramos agendar os atendimentos psicológicos junto com o retorno médico, junto com a quimioterapia, radioterapia e quando estão internados para facilitar para o paciente, para que não precise se deslocar para o hospital várias vezes para consultas em dias diferentes.

Grande parcela dos pacientes reside na região metropolitana de Campinas e depende de transportes das prefeituras dos municípios para se locomoveram até o hospital. Além disso, muitas vezes, estão muito debilitados fisicamente.

Nesses três anos de atuação na Unidade Produtiva Oncologia Clínica foi possível pensar, implantar e fazer funcionar da forma descrita acima os atendimentos psicológicos. Com certeza, temos vários outros objetivos a serem estabelecidos e cumpridos. O desafio é manter viva a observação dessa realidade e buscar meios para ir ao encontro das novas demandas que sempre surgirão.

As discussões dos casos clínicos com a equipe são realizadas a partir das demandas encontradas no momento do atendimento. Por exemplo, ao encontrarmos demandas sociais ou nutricionais, ou médicas, ou de enfermagem diante do atendimento psicológico do paciente, imediatamente após a consulta, pedimos uma interconsulta com a especialidade necessária.

Descrita a forma como realizamos a assistência, seguirá a apresentação da forma de ensino.

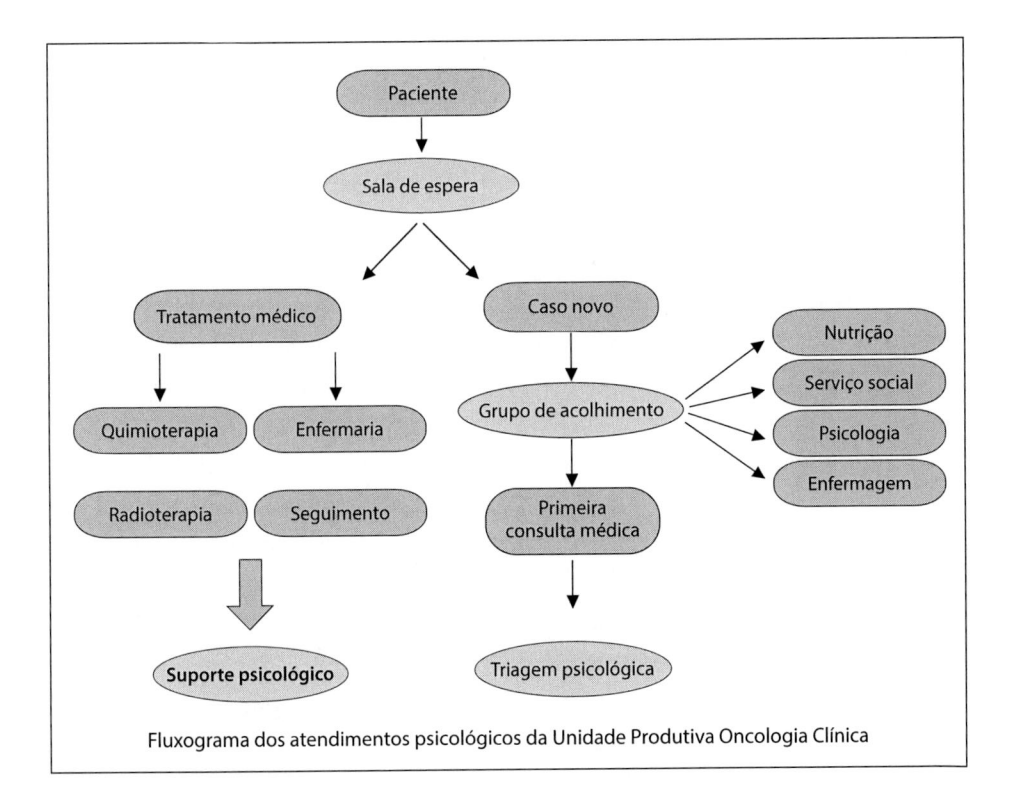

```
                    Paciente
                       │
                 Sala de espera
                   ╱        ╲
    Tratamento médico      Caso novo                    Nutrição
         │                     │                        Serviço social
    ┌────┴────┐         Grupo de acolhimento ─────────  Psicologia
 Quimioterapia Enfermaria      │                        Enfermagem
    │         │           Primeira
 Radioterapia Seguimento   consulta médica
         │                     │
   Suporte psicológico    Triagem psicológica
```

Fluxograma dos atendimentos psicológicos da Unidade Produtiva Oncologia Clínica

3.8 Ensino

Como mencionado anteriormente, o Programa de Aprimoramento Profissional (PAP) e Especialização em "Psicologia e Oncologia" teve a sua primeira aprimoranda de psicologia no ano de 2007, atuando na Unidade Produtiva Oncologia Clínica.

A criação do Programa de Aprimoramento Profissional se deu em 1979 pelo Governo do Estado de São Paulo – Decreto n. 13.919-79. E visa estimular a complementação da formação dos profissionais médicos e não médicos através dos Programas de Residência Médica (RM) e de Aprimoramento para Profissionais Não Médicos (PAP).

O programa de bolsas para os dois segmentos é gerenciado pela Fundação Desenvolvimento Administrativo – Fundap.

O PAP tem como objetivo:

- oferecer formação especializada, complementar a formação universitária, voltada ao atendimento da população em uma determinada área de atuação;

- estimular o desenvolvimento de uma visão crítica e abrangente do Sistema de Saúde que permita aos profissionais atuarem como agentes da implantação de um Sistema de Saúde Universalizado, Integrado, Hierarquizado e Regionalizado, orientado para a melhoria das condições de saúde da população.

A seleção dos aprimorandos é realizada através de concurso público em novembro de cada ano, com prova, entrevista e análise de currículo. O edital do concurso é publicado no site da Faculdade de Ciências Médicas da Unicamp.

A duração do curso é de 12 meses, exceto para o programa de Física Aplicada à Radioterapia, que é de 24 meses. Tem início em março e termina no último dia de fevereiro. A carga horária padrão é de 40 horas semanais. Das 1.920 horas (45 semanas, sendo as férias à parte) do curso, cerca de 20% são destinadas a atividades teóricas e as demais a atividades práticas. A programação das atividades teóricas e práticas são determinadas pelo supervisor, aprovada pela Comissão do Aprimoramento e referendada pela Fundap.

Atualmente, contamos com três aprimorandas que realizam seus estágios na Unidade Produtivos Oncologia Clínica.

O Aprimoramento em "Psicologia e Oncologia" tem como objetivo proporcionar subsídios teórico-prático e científico na assistência a pacientes adolescentes, adultos e idosos. Os atendimentos são ambulatoriais, no salão de quimioterapia, radioterapia e na enfermaria de oncologia. Além disso, realizam-se seminários, aulas multidisciplinares, há discussão de casos clínicos e a apresentação de uma monografia.

Colaboramos também ministrando aulas para os quintoanistas do curso de medicina do módulo Maisa (Módulo de Assistência Integral a Saúde do Adulto).

Nesse módulo abordamos conteúdos psicológicos das relações entre médico, paciente e família.

Enfatizamos, principalmente, questões ligadas à comunicação de más notícias em oncologia.

Em uma tese de doutorado em medicina sobre as dificuldades na tarefa assistencial e fontes de estresse na residência média afirma-se que a comunicação ao paciente e/ou família de situações graves ou de morte é uma das tarefas mais delicadas enfrentadas pelos médicos residentes de todas as especialidades, principalmente no diagnóstico de câncer (Martins, 1994).

O principal desafio para os alunos é transmitir o diagnóstico numa linguagem que o paciente possa compreender.

Indagações do tipo: *"existe um momento ideal para se comunicar ao paciente sobre o diagnóstico e tratamento?... dizer ou (não) para o paciente a verdade sobre a gravidade da situação ou da proximidade da morte? E se o melhor é dizer e quanto dizer... e assim o que fazer quando nada mais há para fazer?"*.

A busca de uma melhor conduta para esses principais questionamentos visa contribuir para a formação dos graduandos em medicina.

3.9 Pesquisa

E finalmente e não menos importante, a pesquisa, que compõe o tripé necessário para um serviço de qualidade dentro de um hospital-escola (assistência, ensino e pesquisa).

Buscamos como premissa que "a prática é o centro vital da ciência, e não uma derivação desta, e a investigação científica é parte da prática. Ser psicólogo é ser um investigador dos fenômenos, e não se pode ser investigador se não se extraem os problemas da própria prática e da realidade social na qual se está inserida" (Bleger, 1984).

Sendo assim, temos como um importante instrumento de trabalho a pesquisa articulada com a prática, e fonte geradora de conhecimentos para melhor atuação profissional e de ensino.

Atualmente temos um projeto de pesquisa em andamento visando uma melhor intervenção em pacientes com neoplasia na região da cabeça e pescoço. Isso em razão de o câncer de cabeça e pescoço (CCP) ser um tumor de alta prevalência no Brasil (Inca, 2010).

Os pacientes com CCP podem ter comprometimento de funções essenciais para o cotidiano como perda da voz, alteração da deglutição e da respiração, além de desfiguração física e dor, que podem ter impacto na qualidade de vida, na autoimagem e nas condições psicossociais e funcionais deles próprios, bem como de seus familiares, amigos e cuidadores.

Estas condições podem determinar morbidades psiquiátricas como a depressão, a ansiedade e o risco de suicídio. Além disso, a prevalência de tabagismo e uso de bebidas alcoólicas é elevada nessa população. Considerando a escassez de dados nacionais sobre as prevalências de depressão, ansiedade e risco de suicídio em pacientes com CCP, bem como suas relações com o tabagismo e o consumo de bebidas alcoólicas, nos debruçamos sobre essa população para um melhor manejo clínico.

Estão em andamento também três projetos de pesquisa com temas relacionados à "Vivência emocional de adolescentes com câncer", "Nível de ansiedade em pacientes que iniciaram o tratamento radioterápico" e "As implicações emocionais na ocultação do diagnóstico de câncer pela família". Todos sendo realizados pelas nossas aprimorandas de psicologia.

3.10 Aspectos emocionais em câncer

> Há doenças piores que as doenças,
> Há dores que não doem, nem na alma
> Mas que são dolorosas mais que as outras (...)
> *Fernando Pessoa*

A percepção do corpo é uma das primeiras e mais fundamentais vivências do ser humano.

É através do corpo que se adquire a consciência de si e do próprio corpo, que se tem objetivamente um espaço no mundo. É pelo corpo que se sente a si mesmo e ao outro – é tão comum ouvirmos a expressão de que sentimos com o coração. É no corpo que se tem todas as possibilidades do existir, ao mesmo tempo que nos impõe as suas próprias limitações.

O corpo também possui uma função social. É uma imagem passível de significados e sentidos. Não é possível restringir a sua definição apenas em sua dimensão biofisiológica. Sobre o corpo inscrevem-se marcas identárias.

As diferenças subjetivas podem se valer do corpo para ganharem um sentido individual, como por exemplo, as tatuagens, as maneiras de se vestir, de andar, as cicatrizes, entre outras. O corpo é comumente compreendido enquanto fonte de satisfação, prazer, relativa autonomia e dor.

Paradoxalmente, todo e qualquer desvio ou alteração corporal que aconteça ficam tidas como patologias, que são demonstrações inevitáveis da finitude, da fragilidade e efemeridade do corpo humano.

Nessa premissa, podemos dimensionar os efeitos emocionais que o paciente ao receber o diagnóstico de câncer terá que enfrentar. Em um primeiro momento o impacto emocional será no nível das relações que estabelece consigo e com as demais pessoas.

Existirá um confronto emocional contínuo com esses outros "corpos saudáveis" pela falência de alguns pressupostos ideais relativos à corporeidade que o paciente estará vivenciando em menor ou maior intensidade, dependendo da gravidade de sua doença. Tais como mudança do esquema corporal, a imagem corporal, perda do controle de funções adquiridas durante o desenvolvimento como a fala, controle dos esfíncteres e marcha, além de possíveis mutilações ou disfunções de membros e órgãos e as dores.

O simples fato de se utilizar a palavra câncer já indica a necessidade de integração entre os vértices psicológicos e médico, pois se observa um enorme conteúdo emocional ligado a este conceito "câncer" em comparação com a concepção científica "câncer".

Sua premissa suscita, antes de uma ideia técnica, a fantasia de dor, morte e sofrimento com caráter persecutório tão evidente que é comum as pessoas negarem-se a pronunciá-la, substituindo-a por "aquela doença ruim", como se ela evocasse algo de grande poder de destruição.

Os medos e incertezas associados ao diagnóstico de possível morte, dor, desfiguração, inaptidão e ruptura de relações são semelhantes na maioria das pessoas. Quando o impacto emocional relacionado ao diagnóstico e ao tratamento do câncer é persistente, ou quando os recursos emocionais dos pacientes são insuficientes para lidar com a situação, o desfecho poderá ser o sofrimento emocional.

A partir disso, muitas das alterações emocionais que acometem aos pacientes oncológicos não são propriamente reações patológicas e sim reações humanas pelos conflitos que emergem e que são chamadas formalmente de reações de ajustamento, desencadeadas por situações de crise como é a condição de quem adoece por câncer.

As reações de ajustamento são transtornos específicos do humor e estão a meio caminho entre o normal e um transtorno de maior gravidade psiquiátrica (Botega, 2006).

Há, no entanto, situações em que essas reações esperadas podem evoluir para quadros mais graves e serem comórbidas ao câncer e necessitarem de um tratamento medicamentoso junto ao acompanhamento psicológico.

As principais comorbidades psiquiátricas que podem acometer ao paciente com câncer são os episódios depressivos e os transtornos de ansiedade. O comportamento suicida também pode surgir em algum momento das fases do câncer.

O manejo psicológico é importante que seja ao mesmo tempo empático e útil. A ajuda psicológica se dá essencialmente pela habilidade da "escuta ativa". É pelo saber ouvir efetivamente que o psicólogo compreende qual o tipo de sofrimento que habita o paciente a partir das alterações emocionais que ele esteja apresentando.

Por "escuta ativa" entende-se por um conjunto de atitudes que o psicólogo precisa ter para propiciar ao paciente expressar-se de forma autêntica. Essas atitudes são desde proporcionar um ambiente físico com privacidade, conforto e proximidade interpessoal adequada até respeitar momentos de silêncio e de choro, passando por formas mais abrangentes e delicadas de realizar as perguntas, além de compreender o conteúdo e a conotação da mensagem a partir, também, da observação de posturas, gestos e tom de voz (Botega, 2006).

Em cada fase do câncer, e são elas: pré-diagnóstico, diagnóstico, tratamento, pós-tratamento, progressão da doença, recidiva e cuidados paliativos, desencadeiam-se emoções como medo, ansiedade, esperança, alívio, desespero, sofrimento, dor, apreensão, desamparo, desesperança, enfim um emaranhado de sentimentos e sensações de intensidade e frequência variadas.

Muitos pacientes comparam o câncer com a situação de *"explosão de uma bomba lançada para si"* (sic) e num primeiro instante não se sabe como agir e nem o que pensar.

Outros, em uma visão mais de autopunição, afirmam que o câncer é o remédio que se precisa para "sarar" do orgulho: *"essa doença me fez aprender que preciso de ajuda, ela* (o câncer) *foi a única coisa, na vida, que me derrubou no chão, estou tentando levantar com mais humildade"* (sic).

Seja qual for a atribuição de sentidos para quem adoece por câncer, o fato é que, se as outras doenças causam sofrimento, o câncer parece destruir a pessoa. Primeiro silenciosamente (pré-diagnóstico) e depois de declarada podemos utilizar como metáfora uma guerra que envolve o paciente e o médico contra o câncer.

O câncer é considerado um inimigo (quando se recebe o diagnóstico). Os médicos, os soldados combatentes. As armas são as baterias de exames e procedimentos invasivos solicitados (os tratamentos – cirurgia, quimioterapia, radioterapia). Os remédios, os salvadores da vida (é o pós-tratamento, quando o paciente está assintomático). No entanto, outras células podem tornar-se invasivas e atacar o sistema de defesa do corpo (são as recidivas e/ou progressão do câncer). O cirurgião é o coronel-comandante desta batalha. E a morte do paciente significa que se perdeu a guerra (cuidados paliativos).

Não se pode negar a importância da medicina nas muitas intervenções que resultaram em controlar doenças e salvar vidas. No entanto, quando as suas aplicações (o combate) continuam mesmo ao final da vida, seu resultado pode ser devastador.

O coronel-comandante precisa perceber quando essa guerra toma outro formato, ou seja, quando o combate ao câncer significa também invadir o paciente com procedimentos que não trará mais benefícios à pessoa do paciente. E então o duelo fica entre o médico e a morte e o paciente apenas mediador passivo dessa relação em que na maioria das vezes a morte vencerá.

Quando a cura do órgão doente está acima de tudo (vencer a guerra), as necessidades da pessoa como um todo são esquecidas.

A passagem do curar para cuidá-lo é penosa para o profissional que não consegue perceber o momento de recuar do campo inimigo (o câncer), o que põe em risco a sua tropa aliada (a dignidade do paciente).

Algumas reações emocionais mais específicas podem acometer o paciente oncológico como a depressão, a ansiedade e comportamento suicida.

3.11 Depressão, ansiedade e comportamento suicida em pacientes oncológicos

> O homem não tem um corpo separado da alma.
> Aquilo que chamamos de corpo é a parte da alma
> Que se distingue pelos seus cinco sentidos.
> *William Blake*

As classificações dos transtornos da mente, de um modo geral, têm mostrado uma falsa dicotomia que cerca a ideia de que transtornos mentais são transtornos somente da mente, e que são fundamentalmente diferentes das demais doenças. No processo do adoecer tanto a mente quanto corpo estão envolvidos.

A depressão, a ansiedade e o comportamento suicida podem fazer parte do processo do adoecimento por câncer, seja pelo agravamento da condição clínica, seja consequência do adoecimento ou mera coincidência de ocorrência dos fatos.

O atendimento ao paciente com câncer no contexto hospitalar pode trazer a oportunidade para se detectar e intervir nas comorbidades psiquiátricas, colaborando para uma melhor qualidade de vida do paciente.

Abaixo faremos uma breve explanação sobre a depressão, ansiedade e comportamento suicida.

3.12 Depressão

A depressão faz parte de um grupo de transtornos do humor em que o humor patológico e perturbações associadas dominam o quadro clínico. Os sinais e sintomas da depressão incluem modificações das capacidades cognitivas, da fala e de funções vegetativas (sono, atividade sexual e outros ritmos biológicos). Essas alterações quase sempre levam ao comprometimento do desempenho interpessoal, social e ocupacional, além disso, há uma experiência subjetiva de grande sofrimento (Kaplan e Sadock, 2007).

A depressão representa um problema de saúde pública por diversas razões, dentre as quais se destacam: a incidência e a prevalência elevadas, potencial de cronificação, risco de suicídio, comprometimento da qualidade de vida, uso excessivo de serviços de saúde, prejuízo na capacidade funcional, aumento da mortalidade e gastos com saúde (Furlanetto et al., 2006).

A depressão é uma síndrome psiquiátrica altamente prevalente na população geral, acomete de 3% a 5% desta. Em populações clínicas, a incidência é ainda maior, uma vez que a depressão é encontrada em 5% a 10% dos pacientes ambulatoriais e 9% a 16% de internados (Katon, 2003).

O diagnóstico da depressão no contexto hospitalar desafia os profissionais a reconhecerem que, além da doença de base, o paciente pode apresentar depressão, desencadeada ou agravada pela condição médica (Fráguas Jr., 1995).

Depressão como comorbidade psiquiátrica aumenta a cronicidade de pacientes internados em hospital geral, além de influenciar negativamente em seu restabelecimento como um todo (Furlanetto, 2006).

O humor deprimido adquire, por vezes, uma qualidade distinta que o diferencia das emoções normais de tristeza ou de luto. Os sintomas da depressão podem ser sentidos como uma dor emocional intensa, situação que poderá levar o paciente ao suicídio. Estudos mostram que entre os pacientes deprimidos, de 10% a 19% morrerão por suicídio ao longo da vida (Wulsin et al., 1999).

Com relação aos pacientes oncológicos, não existem evidências de que depressão cause câncer, porém a relação entre depressão e a diminuição da sobrevida é nítida.

A diferença na avaliação da depressão está na linha tênue e imprecisa entre os quadros clínicos, subclínicos e não patológicos, condição que gera maior dificuldade diagnóstica pelo fato de os sintomas depressivos confundirem-se com os da doença clínica, como exemplo: fadiga, perda do apetite, alteração do sono, sintomas comuns desencadeados também pela quimioterapia.

Pacientes oncológicos deprimidos aderem menos aos tratamentos propostos e consequentemente piora o prognóstico, a qualidade de vida fica comprometida, aumenta o tempo de internação, instala-se o sentimento de desesperança, o que pode gerar risco de suicídio.

Aproximadamente 10% a 25% dos pacientes com câncer apresentam, além da reação de ajustamento esperada frente à doença, episódio de depressão maior e/ou ansiedade (Croyle e Rowland, 2003).

O diagnóstico de depressão em pacientes oncológicos pode ser difícil pelas dificuldades em diferenciar os sintomas da depressão dos sintomas do câncer e/ou dos efeitos tóxicos secundários resultantes do tratamento quimioterápico.

A observação de sintomas emocionais da depressão em pessoas com câncer pode colaborar na tentativa de se efetuar um diagnóstico da depressão mais preciso. Em geral, estão presentes nesses casos sentimentos de culpa, de inutilidade, de desesperança, pensamentos de morte (desejar estar morto e não necessariamente se matar) e a falta de gosto ou prazer pelas atividades do dia a dia.

Somados a esses sentimentos, observamos os seguintes sintomas cognitivos da depressão no câncer que se configuram nos seguintes pensamentos: "*Se eu soubesse que passaria por todo esse sofrimento, teria deixado de fumar antes, eu provoquei minha doença*". "*Eu sempre fui bom com as pessoas, não entendo por que Deus está me castigando*". "*Estou fazendo minha família sofrer muito*".

Esses são exemplos de alguns pensamentos que acometem os pacientes com câncer e dizem respeito à culpa e expectativas fatalistas quanto ao processo de seu adoecimento. A predominância de pensamentos pessimistas pode ser indício de depressão, muito embora pensamentos racionais e realistas possam ocorrer nesse processo.

A avaliação do sofrimento das pessoas acometidas por câncer e sem perspectiva de cura não é fácil. Ressalta-se a importância de conhecer junto ao paciente quais são as suas principais aflições. Quais podem estar relacionadas com o adoecimento do próprio câncer, como por exemplo, o medo de ter uma morte dolorosa ou relacionada com fantasias ligadas ao próprio estigma do câncer. Nem sempre o processo do câncer é tão sofrido e trágico, mas para o paciente, câncer pode ser sinônimo de morte e sofrimento intenso. Uma cuidadosa avaliação para o reconhecimento de fatores de risco que possam agravar o quadro emocional do paciente oncológico para além da situação real vivida por ele deve ser pensada.

A dor crônica grave muitas vezes acompanha o paciente oncológico e está associada à maior frequência de pensamentos suicidas, tentativa de suicídios e suicídios (Fishbain et al., 1997).

É parte essencial da abordagem a esse paciente atentar-se também para a manifestação do comportamento suicida, que nomeia uma rede de eventos, como a ideação suicida, planejamento, seguido da tentativa de suicídio e o suicídio exitoso. Essas atitudes significam antes de qualquer explicação a comunicação de um sofrimento psíquico intenso e um desesperado pedido de ajuda. Condição que encontramos com muita frequência em pacientes oncológicos.

Existem muitas escalas psicométricas que podem colaborar na avaliação da depressão, no entanto, nada se iguala ao ouvir do próprio paciente como é que ele está se sentindo diante de seu adoecimento.

3.13 Ansiedade

Diante de situações novas, é natural o sentimento de ansiedade surgir. Em certas condições, a ansiedade pode ser um sintoma de um processo patológico, ou ainda constituir a própria doença ansiedade, como é o caso dos transtornos de ansiedade.

A ansiedade é um estado de humor desconfortável, uma apreensão negativa em relação ao futuro, uma inquietação interna desagradável, é um mal-estar físico e psíquico (Dalgalarrondo, 2000).

É natural, diante do adoecimento, o medo que precede um exame invasivo ou a ansiedade que surge após a comunicação do diagnóstico ou prognóstico da doença.

Avaliação

História de depressão anterior
Ideação ou tentativa de suicídio anterior
História de alcoolismo ou de drogadicção
História familiar de depressão ou suicídio
Etapa avançada do câncer
Debilidade física acentuada
Tratamento quimioterápico

Atitudes que podem conduzir a erros no diagnóstico e tratamento do paciente com câncer:

"No lugar dele eu também estaria deprimido"
"Essa depressão é esperada para o caso dele, não precisa tratar"
"Depressão é manha"
"Depressão é consequência natural de quem tem câncer"
"Tem que pensar positivo, assim a depressão vai embora"
"No retorno, conversaremos sobre a depressão, por enquanto tente fazer alguma atividade que passa"

Quadro adaptado (Botega, 2006)

A maior parte das manifestações de ansiedade em ambiente hospitalar não é patológica. Trata-se de uma resposta temporária normal esperada ao estresse (Cabrera, 2006).

A percepção de estar com uma doença é um evento objetivo; no contexto hospitalar o paciente está inserido num ambiente de ameaças internas e externas. Tais como ter a sua integridade corporal ameaçada pelos procedimentos invasivos aos quais é submetido, não ter a privacidade preservada, ser retirado do convívio familiar e ter que conviver em um ambiente de doenças, sofrimentos, dores e morte. Com isso, há uma significativa perda de seu referencial, pertences e hábitos.

A presença da ansiedade em pacientes com câncer pode representar uma reação psicológica à própria doença, ao ambiente hospitalar ou uma manifestação de transtorno de ansiedade propriamente dito ou um transtorno psiquiátrico preexistente (Pollack, 1991).

Algumas ações podem diminuir a ocorrência da ansiedade. A informação é uma dessas ações e pode ser um elemento importante até mesmo para a adesão ao tratamento.

Quando o paciente minimamente é informado sobre a sua doença e quais são os procedimentos que terá que realizar e recebe explicações desses eventos, sente-se mais seguro. Por exemplo, em um paciente que iniciará a quimioterapia, mas não sabe do que se trata tal procedimento, a chance de desencadear uma crise de ansiedade é alta. No entanto, explicar do que se trata, como funciona e até mesmo levá-lo à sala onde outros pacientes estão realizando tal procedimento traz um alívio significativo para o paciente o que poderá amenizar a sua ansiedade.

A quebra do elemento surpresa prestada pela informação preenche a lacuna que, de outra forma, seria ocupada por fantasias quase sempre mais assustadoras do que a realidade.

Assim como na depressão, o diagnóstico de transtorno de ansiedade em pacientes com câncer pode apresentar algumas dificuldades em função de que alguns sintomas desencadeados pelo câncer e seus tratamentos podem sobrepor a sintomas de ansiedade. Na tentativa de se lidar com essa dificuldade, é preciso haver uma maior consideração aos sintomas psicológicos, sem deixar de lado o quadro clínico do paciente. O suporte emocional para esses casos se faz essencial.

3.14 Cuidados paliativos

Daqui por diante enfatizaremos a fase de cuidados paliativos, que consideramos relevante abordar pela complexidade e desafio proposto por essa condição. E que serve para acalmar e aliviar temporariamente quem sofre.

Utilizaremos a definição da Organização Mundial da Saúde sobre cuidados paliativos, por tratar-se de um cuidado que abrange, também, as outras fases do câncer citadas anteriormente. Cuidado paliativo

> é a abordagem que promove qualidade de vida aos pacientes e seus familiares diante de doenças que ameaçam a continuidade da vida, através de prevenção e alívio do sofrimento. Requer a identificação precoce, avaliação e tratamento impecável da dor e outros problemas de natureza física, psicossocial e espiritual (OMS, 2002).

A subjetividade da pessoa é constituída pelas suas crenças, pela cultura e contexto social ao qual está inserida, pelas situações vividas, pelos seus relacionamentos, pelo controle de si e pelo sentido de continuidade do existir.

O sofrimento ocorre quando a integridade do ego está sob ameaça. O alívio do sofrimento acontece quando essa ameaça é cessada. Não é possível cuidar adequadamente dos pacientes considerando apenas as suas dores corporais. Quem sofre, sofre por inteiro. Sofrer é uma experiência do existir, e o alívio começa com o cuidar em toda a dimensão do ser.

A dor é uma sensação negativa gerada por algum dano sofrido pelo corpo. Não é possível mensurar a dor como se afere a pressão sanguínea, os batimentos cardíacos ou a glicose no sangue. As sutilezas da experiência da dor não se refletem por medidas objetivas. Mas isso não significa afirmar que a dor esteja além de uma compreensão mensuradora. O conhecimento detalhado pelo médico do aparelho nociceptivo da dor o ajuda a explicar e aliviar a dor com os analgésicos. Portanto, é fato que a dor tem um componente fisiológico e não fisiológico. O componente não fisiológico da dor é seu sentido.

Para toda vivência há uma atribuição de sentido, e o sentido atribuído influencia a experiência da dor e a reação que ela vai provocar. Quando os pacientes não têm nenhum sentido do controle futuro de sua condição de doente, o sofrimento associado a sua dor é bem maior (Wall, 2000).

As principais fontes de sofrimento são os pensamentos, as lembranças, as esperanças, os sentimentos, as crenças e os sentidos. O sofrimento surge quando há desesperança, desespero, perda de sentido frente à própria existência.

Por outro lado, a corporalidade é parte da constituição de pessoa, a desintegração corporal pode ser fonte de sofrimento. A mutilação de um membro ou a disfunção de um órgão é fonte de sofrimento. A luta para manter a integridade da subjetividade diante da desintegração do corpo é um grande desafio para o paciente que está chegando ao final de sua existência.

Para que o sofrimento no processo do morrer seja amenizado, os pacientes necessitam do acolhimento frente ao seu estado emocional.

E o que significa para o paciente se perceber em uma fase final de sua vida?

Significa ter que lidar com perdas: perda do corpo saudável, da relativa autonomia que este lhe proporcionava, perda da imagem corporal, da independência, perda do *status* social, da autoestima, de seus projetos para o futuro, ou seja, a perda de si. Somado a isso, não poder se reconciliar com pessoas significativas e preocupar-se com a continuação da vida das pessoas próximas, e o mais doloroso, terem que encarar que a sua existência está chegando ao fim.

A partir disso, os pacientes precisam ter a certeza de que não serão abandonados, que suas angústias e ansiedades não serão desprezadas, que a família, a equipe, o psicólogo, ou uma pessoa significativa, cada um a sua maneira, oferecerão apoio emocional.

A seguir compartilharei um atendimento realizado em que pude colaborar no encontro da paciente com os seus filhos após dois meses de permanência em uma unidade de terapia intensiva (UTI).

Beatriz (nome fictício), 42 anos, casada, dois filhos (meninos) de 15 e 8 anos. Professora de Educação Artística. Diagnóstico: neoplasia de estômago. Tinha planos de falar italiano, fazer pintura em tela e ser psicóloga.

Quando comecei a atendê-la, realizava o terceiro ciclo de quimioterapia internada. Seu câncer estava avançado com metástase em várias partes do corpo. Apesar desse quadro clínico, apresentava-se lúcida, orientada, consciente e muito serena.

Um dia ao chegar ao hospital fui informada que Beatriz precisou ser internada na UTI por complicações em seu quadro clínico geral.

Fui até ela. E a encontrei agitada, assustada e com muito medo, era a primeira vez que precisa utilizar dos serviços da UTI.

Trabalhamos os sentimentos desencadeados por essa situação em um clima emocional bastante tenso e angustiante. Foi a primeira vez que entrou em contato com a possibilidade de sua morte. Chorava muito e me contava sobre a preocupação em deixar seus filhos.

Em uma trégua da angústia, me contou sobre as características e particularidades de cada um dos filhos e até conseguiu sorrir. Despedimos-nos. Querendo nos encontrar no dia seguinte.

Dia seguinte. Fui até a UTI. Beatriz precisou ser sedada pelo agravamento de seu estado de saúde geral. Foi acometida por mais um tumor, agora no olho direito, que estava com um curativo. Ficou dois meses na UTI sedada.

Nesse período eu a visitava todos os dias e contava a ela sobre as visitas que havia recebido de sua irmã (de quem ela gostava muito) e de seu marido. Realizei também um acolhimento psicológico a ambos (irmã e marido) e os incentivava a trazer notícias dos filhos para ela.

Orientava a equipe de enfermagem sobre a importância de falar com a Beatriz enquanto realizava os cuidados físicos. Enfatizava a necessidade de nos relacionarmos com ela da forma possível, e a maneira encontrada para aquele momento foi com o nosso tom de voz.

Seu prognóstico era reservado. A equipe médica comentava sobre a chance mínima que Beatriz tinha de reverter o quadro clínico.

Semanas passaram...

E para a surpresa de todos, Beatriz acordou e dois dias depois foi para o quarto.

Cheguei para atendê-la. Estava acordada, sem curativo no olho direito, mas permaneceu com ele fechado.

Beatriz me olhou, um olhar distante, parecia querer encontrar algo...

Um olhar a procura de sentidos... as piscadas parecem revelar o único e possível movimento do seu ser. Parecia sentir sono, numa luta incessante para ficar com o olho esquerdo aberto que se fechava para repouso e então se guardava fechando-se para si mesmo. Silêncio.

Era através do meu olhar que estabelecíamos uma relação e com isso a tentativa de acolhê-la e transmitir serenidade.

Fiquei ali ao seu lado, cuidando de seu sono por alguns instantes.

Foi assim por dias...

Retornei mais tarde, parecia que ao se fechar no sono retornava com mais vida.

Até que um dia conseguiu movimentar os lábios que se abriram, a cabeça que mexia, era o corpo acordando também...

Estávamos tentando resgatar nossa comunicação verbal.

Conseguiu falar, com dificuldade, me pedindo para tapar por alguns instantes a traqueostomia com a ponta do meu dedo (com luva e uma gaze) para sua voz poder sair. Foi um momento muito emocionante para nós duas. A cada novo movimento readquirido era vivido por Beatriz com muita intensidade.

Em outro atendimento, vagarosamente e com mais consciência, me dizia que se perdeu no tempo. Queria saber quanto tempo ficou na UTI, se assustou quando eu a informei que foram dois meses! Responde "tudo isso"!

Em seguida me disse que estava preocupada com os filhos. Angustiada, com medo que eles pudessem tê-la esquecida por ter ficado tanto tempo longe, sem falar com eles. Chorou muito nesse dia.

Beatriz pensava e falava muito de seus filhos, mas dizia que queria se preparar antes para encontrá-los. Ela estava sem cabelo, com traqueostomia, sem poder andar, com o olho deformado pelo tumor e muito emagrecida. Já tinha se olhado no espelho e tinha medo dos filhos se assustarem com ela e por outro lado estava saudosa e sofrendo por não vê-los. Chorava muito.

Naquele momento propus a ela que escrevêssemos uma carta para eles. Ela adorou a ideia. Foi uma forma que pensei em ajudá-la a sentir-se próxima de seus filhos ao mesmo tempo, em que também se acostumava com a sua aparência para então pensarmos, posteriormente, em um encontro.

Beatriz não conseguia escrever devido ao tempo que ficou sedada, sua musculatura ficou enfraquecida e suas mãos não a obedeciam. Então combinamos que ela ditava e eu escrevia e ao término da carta, eu descia até a minha sala, digitava a carta no computador para não mandar com a minha letra – pensei que isso pudesse ser invasivo demais. A mãe ausente durante dois meses e na sequência eles receberiam uma carta com a letra de outra pessoa. O melhor que pude pensar naquele momento foi utilizar do computador com um recurso "neutro". Beatriz concordou e ficou muito animada.

Segue abaixo a primeira carta que ela escreveu aos seus filhos.

Foi muito emocionante vivenciarmos aquele momento. Um mistura de alegria por termos encontrado uma saída para o seu conflito circunstancial e ao mesmo tempo de muita dor pela situação em si (gravidade de seu quadro clínico).

Inicia...

"*Filhos amados...*" Nesse momento chorou muito, na hora pensei que pudesse ter deparado realmente com o que estava lhe acontecendo: sua internação, sua situação de saúde e o afastamento obrigatório de seus meninos. Respirou e retomou.

Carta 1

"Filhos amados,
A mamãe está há muitos dias no hospital, mas em nenhum momento deixou de pensar em vocês.
Se Deus quiser logo eu me recupero e vou para casa.
G (nome do filho mais novo) não deixa de fazer as lições!
J (nome do filho mais velho) ajuda o papai a tomar conta dele! (referindo-se ao G)
Eu estou longe, mas meu coração está ai junto com vocês.
Amo vocês.
Mamãe
Data do dia."

Terminou a carta parecia mais serena e disse que estava feliz! Que agora os filhos saberiam que ela não os esqueceu.

Então desci até a minha sala digitei o que ela havia ditado e levei a carta de volta para Beatriz, leu novamente e sorri.

À noite quando o marido fosse visitá-la, levaria a carta para os filhos.

No dia seguinte, ao encontrá-la, pediu para que escrevêssemos outra carta. Nesse dia foi uma para cada filho.

Carta 2

"Amado filho (filho mais novo)
Eu sei que você está bem e todos estão cuidando muito bem de você, mas mesmo assim eu me preocupo muito com você.
O papai me falou que você melhorou na escola.
Não apronte muita arte no condomínio, porque eu não estou lá para te defender.
Estou com muitas saudades.
Mamãe
Data do dia."

Carta 3

"Amado filho (filho mais velho)
Está tudo bem com você?
Mais uns dias, o papai pode trazer vocês aqui no hospital para me ver.
Estou muito ansiosa para ver vocês dois.
Você continua comprando e gastando muito?
Mamãe
Data do dia."

Carta 4

Essa carta foi a mais emocionante, pois se tratava do aniversário do filho mais novo.

"Meu filho,
Desejo que você tenha muita saúde e que seu destino seja muito feliz e que você e seu irmão sejam unidos.
Um grande beijo.
Mamãe
Data."

Sabíamos pelo marido e pela irmã de Beatriz que os filhos adoravam receber as cartas. A partir da segunda é que começaram a responder. E era com muita alegria que a Beatriz recebia as respostas.

Junto da quarta carta, de aniversário do filho, Beatriz pediu que realizássemos um telefonema para os meninos, pois ela já tinha retirado a traqueostomia, o que lhe permitia uma comunicação verbal plena. Parecia sentir-se mais preparada para o encontro, mas ainda apresentava insegurança pela fantasia de ser rejeitada pelos filhos por estar com o olho deformado.

Ao mesmo tempo em que se sentia feliz e um tanto aliviada com as cartas, recebeu uma notícia que iniciaria radioterapia no olho. Sentiu-se desesperada com medo de ficar cega, além disso, disse que estava perdendo o controle do corpo, com muito medo de morrer, sentia raiva naquele momento.

Chorou muito até que adormeceu.

Voltei no outro dia.

Beatriz estava decidida a receber a visita dos filhos. Embora preocupada com a reação deles ao vê-la com a sonda que ainda estava usando e com o olho deformado, pediu para o marido trazê-los no dia seguinte.

Trabalhamos do ponto de vista emocional sobre a idealização desse encontro e pensando juntas, chegamos à ideia de que poderia ser chocante em um primeiro momento, mas que eles se acostumariam, pois o mais importante de tudo era vocês poderem se encontrar e deixar o sentimento vir na hora. E esclarecer as dúvidas caso eles a tivessem. Não haveria uma forma de anteciparmos como eles reagiriam.

Realizei contato por telefone com o marido para que pudesse viabilizar esse encontro, fiz algumas orientações a ele que concordou em trazer os filhos no dia seguinte.

Chegou o dia do encontro.

Combinei com Beatriz que eu não participaria desse encontro, pois se tratava de um momento muito especial que deveria ser vivido apenas entre a família. Coloquei-me a disposição caso necessitasse para me chamar.

E o encontro aconteceu.

No dia seguinte estava radiante, muito feliz, disse que os filhos não perguntaram nada sobre o olho, que o filho mais novo perguntou para que servia a sonda e ela explicou e ele não perguntou mais nada.

Disse que quando o filho mais novo entrou no quarto, correu em sua direção, pulou em cima de sua cama, *"me deu um abraço tão forte que nunca mais esquecerei"* (sic) disse emocionada e completou que *"foi à melhor sensação que já tive em minha vida e ele ficou o tempo todo agarrado em mim"* (sic). O mais velho *"abraçou-me fortemente e perguntou se eu iria embora para casa logo e permaneceu mais quieto"* (sic).

Disse-me que estava muito aliviada e que aquele encontro tinha dado muita força a ela para continuar viva.

Dias depois recebeu alta hospitalar, nos despedimos e então me disse que logo voltaria ao hospital, que estava indo para casa para deixar tudo arrumado para os filhos. Agradeceu-me pelos bons momentos e pela aproximação junto deles, mas que voltaria para o hospital em breve.

Sim, voltou 15 dias depois, mas não nos falamos mais.

Chegou ao hospital, mas já havia falecido.

Comentários...

Um relato de caso, por mais que nos esforcemos, nunca se aproxima da intensidade do ato vivenciado. Não tenho, com isso, a pretensão de alcançar com essa explanação grandes interpretações e muito menos concluir formas de lidar com pacientes próximos de sua morte.

Não espero contribuir com nenhuma área de atuação que envolva pacientes em cuidados paliativos.

Não quero enfocar as habilidades tecnicistas e nem sugerir que temos de entender o "outro incondicionalmente".

Sou avessa e me recuso a ter de adotar a postura da "humanização e do acolhimento" que podem remeter a um jargão teórico e simplório dentro de um psicologismo mecânico e sem vida.

A humanização e o acolhimento já devem ser parte constitutiva do ser. Não há como ensinar "formas de adquirir humanização e nem acolhimento".

Penso que o atendimento as pessoas que estão próximas da morte não deve ser realizado de maneira doente, covarde, arrogante ou com preconceitos. Há uma linha bastante tênue que nos separa da condição de profissional "saudável" do paciente "doente".

Pretendi partilhar um encontro em que busquei compreender a grandeza de uma relação. Vivenciando a cada instante a imprevisibilidade do que poderia acontecer pela própria vicissitude da vida e não pelo fato de não saber o que estava fazendo lá com a Beatriz. Com certeza, fiquei com marcas registradas em alguma parte do meu ser. E com relação à Beatriz guardo na lembrança um profundo respeito à sua existência.

3.15 Considerações finais

> O universo não é uma ideia minha
> A minha ideia de universo que é uma ideia minha
> A noite não anoitece pelos meus olhos
> A minha ideia da noite é que anoitece pelos meus olhos
> *Fernando Pessoa*

Chegamos até aqui, há muito a se fazer...

Apresentei aqui meus pensamentos e ações que me foram possíveis dentro da limitação do meu ser e de cada momento vivido em meu cotidiano no hospital, especialmente na oncologia.

Com certeza, outras pessoas poderão perceber outras formas de pensar e agir dentro desse contexto.

Outros olhares certamente perceberão outras maneiras de "fazer psicologia", levando em conta a sua formação pessoal, acadêmica e de seu referencial teórico.

Eu tentei me guiar por aqueles olhares dos corredores da sala de espera das consultas.

Olhares que vejo... olhares que não toco, mas olhares que apenas sinto. Olhos que olham a vida e expressam sofrimentos... sofrimentos que geram olhares e despertam sentimentos que gritam pela auscultação da alma de quem olha.

Agradecimentos

O meu profundo respeito a todos os pacientes e seus familiares.

Aos aprimorandos que colaboraram e colaboram com os atendimentos psicológicos do ambulatório de oncologia clínica e quimioterapia: Mayra, Juliana, Messias, Isabella, Natália, Clara e outros(as) que virão.

E a Equipe Multidisciplinar da Unidade Produtiva Oncologia Clínica.

Referências bibliográficas

ANGERAMI, V. A. *Tendências em psicologia hospitalar*. São Paulo: Thomson Learning, 2004.

_____. *O doente, a psicologia e o hospital*. São Paulo: Cengage Learning, 2010.

_____. *E a psicologia entrou no hospital*. São Paulo: Cengage Learning, 2010.

BOTEGA, N. J. Transtornos do humor em enfermarias de clínica médica, validação de escala (HAD) de ansiedade e depressão. *Rev. Saúde Pub.*, v. 29, n. 5, p. 355-363, 1995.

_____. *Prática psiquiátrica no hospital geral*: Interconsulta e emergência. Porto Alegre: Artmed, 2006.

BOTEGA, N. J. et al. Psychiatric morbidity among medical in patients: a standardized assessment (GHQ-12 and CIS-R) using "lay" interviewer in a Brazilian hospital. *Soc. Psychiatr. Epidemiol.*, v. 30, p. 127-131, 1995.

_____. Comportamento suicida na comunidade: prevalência e fatores associados à ideação suicida. *Rev. Bras. Psiquiatr.*, v. 27, n. 1, p. 45-53, 2005.

BION, W. R. *Aprendendo com a experiência*. Rio de Janeiro: Imago, 1962.

BOWLBY, J. As origens do apego. In: BOWLBY, J. *Uma base segura*: aplicações clínicas da teoria do apego. Porto Alegre: Artes Médicas, 1989.

BLEGER, J. *Psico-higiene e psicologia institucional*. Porto Alegre: Artmed, 1984.

CROYLE, R. T.; ROWLAND, J. H. Mood disorders and cancer: a National Cancer Institute. *Perspective. Biol. Psychiatry*, v. 54, p. 191-4, 2003.

DALGALARRONDO, P. *Psicopatologia e semiologia dos transtornos mentais*. Porto Alegre: Artmed, 2000.

EGGERS, S. A história do câncer em direção à cura. *Revista Hands.*, n. 10. jun.- jul., 2002.

ESTEVES, S. C. B.; OLIVEIRA, A. C. Z. Radioterapia em linfoma não-Hodgkin. In: GUIMARÃES, J. R. Q. *Manual de oncologia*. 3. ed. São Paulo: BBS, 2008.

FAPESP. *Pesquisa Fapesp*, n. 158. Abril de 2009.

FIORINI, H. J. *Teoria e técnica de psicoterapias*. São Paulo: Martins Fontes, 2004.

FRAGUAS JÚNIOR, R.; ALVES, T. C. de T. F. Depressão no Hospital Geral: Estudo de 136 casos. *ver. Assoc. Med. Bras.*, v. 48, n. 3, p. 225-230, 2002.

FUMIS, R. R. L. Comunicação das más notícias: um cuidado com a saúde. *Revista Brasileira de Medicina*, v. 67, ed. esp., abr. 2010.

FURLANETTO, L. M.; BRASIL, M. A. Diagnosticando e tratando depressão no paciente com doença clínica. *J. Bras. Psiquiatr.*, v. 55, n. 1, p. 8-19, 2006.

HANS-GEORG, G. *O caráter oculto da saúde*. Petrópolis: Vozes, 2006.

KATON, W. J. Clinical and health services relationships between major depression, depression symptoms, and general medical illness. *Biol. Psychiatry.*, v. 54, p. 216-26, 2003.

KUBLER-ROSS, E. *Morte. Estágio final da evolução.* Rio de Janeiro: Record, 1975.

LEVENSON, J. L.; HAMER R. M.; ROSSITER; L. F. A randomized controlled study of psychiatric consultation guided by screening in general medical inpatients. *Am. J. Psychiatry*, v. 149, n. 5, p. 631-7, maio 2000.

MARTINS, L. A. N. Residência médica: um estudo prospectivo sobre dificuldades na tarefa assistencial e fontes de estresse. São Paulo, 1994. Tese (Doutorado em Medicina) – Escola Paulista de Medicina.

MARTELLA, E.; MOLE, R. D.; MOUTINHO, K.; LARA, V. C. *Fundamentos da radioterapia.* 3. ed. São Paulo: BBS Editora, 2008.

MELLO FILHO, J. *Grupo e corpo:* psicoterapia de grupo com pacientes somáticos. Porto Alegre: Artmed, 2000.

OMC. Organização Mundial da Saúde. Prevenção do suicídio: um manual para profissionais da saúde em atenção primária. Genebra, 2000.

PARKES, C. M. *Luto. Estudos sobre a perda na vida adulta.* São Paulo: Summus, 1998.

PIMENTA, C. A. M.; MOTA, D. D. C. F.; CRUZ, D. A. L. M. *Dor e cuidados paliativos:* enfermagem, medicina e psicologia. Barueri, São Paulo: Manole, 2006

ROCHA, J. C. C. Oncogenética e medicina genômica. In: GUIMARÃES, J. R. *Manual de oncologia.* 3. ed. São Paulo: BBS Editora, 2008.

SILVA, R. L. Oncogenes e genes supressores de tumor. In: FERREIRA, G. G. *Oncologia molecular.* 1. ed. São Paulo: Atheneu, 2005.

ZIGMOND, A. S.; SNAITH, R. P. The Hospital Anxiety and Depression Scale. *Acta Psychiatrica Scandinavica*, v. 67, p. 361-370, 1983.

WALL, P. *Pain:* The science of suffering. Nova York: Columbia University Press, 2000. p. 46.

WULSIN, L. R.; VAILLANT, G. E.; WELLS, V. E. A systematic review of the mortality of depression. *Psychosomatic Medicine*, v. 61, p. 6-17, 1999.

WERLANG, B. G.; BOTEGA, N. J. *Comportamento suicida.* Porto Alegre: Artmed, 2004.

Sites

http://dtr2001.saude.gov.br/sas/PORTARIAS/Port2005/PT-741.htm. Acesso em 21/07/2010.

http://www.hc.unicamp.br/institucional/missao.shtml. Acesso em 21/07/2010.

http://www.hc.unicamp.br/consultas/consultas.shtml. Acesso em 21/07/2010.
http://www.fcm.unicamp.br/fcm/ensino/aprimoramento/apresentacao. Acesso em 24/07/2010.
http://www.inca.gov.br/estimativa/2010. Acesso em 25/07/2010.
http://www1.inca.gov.br/inca/Arquivos/Orientacoespacientes/orientacoes_quimioterapia.pdf. Acesso em 25/07/2010.
http://www.inca.gov.br/situacao/arquivos/acoes_pesquisa_cancerbrasil.pdf. Acesso em 26/07/2010.
http://pt.wikipedia.org/wiki/Música. Acesso em 28/07/2010.

Anexos

Aquarela

Composição: Toquinho / Vinicius de Moraes / G. Morra / M. Fabrizio

Numa folha qualquer
Eu desenho um sol amarelo
E com cinco ou seis retas
É fácil fazer um castelo...
Corro o lápis em torno
Da mão e me dou uma luva
E se faço chover
Com dois riscos
Tenho um guarda-chuva...
Se um pinguinho de tinta
Cai num pedacinho
Azul do papel
Num instante imagino
Uma linda gaivota
A voar no céu...
Vai voando
Contornando a imensa
Curva Norte e Sul
Vou com ela
Viajando Havaí
Pequim ou Istambul
Pinto um barco a vela
Brando navegando
É tanto céu e mar

Num beijo azul...
Entre as nuvens
Vem surgindo um lindo
Avião rosa e grená
Tudo em volta colorindo
Com suas luzes a piscar...
Basta imaginar e ele está
Partindo, sereno e lindo
Se a gente quiser
Ele vai pousar...
Numa folha qualquer
Eu desenho um navio
De partida
Com alguns bons amigos
Bebendo de bem com a vida...
De uma América a outra
Eu consigo passar num segundo
Giro um simples compasso
E num círculo eu faço o mundo...
Um menino caminha
E caminhando chega no muro
E ali logo em frente
A espera ela gente
O futuro está...
E o futuro é uma astronave
Que tentamos pilotar
Não tem tempo, nem piedade
Nem tem hora de chegar
Sem pedir licença
Muda a nossa vida
E depois convida
A rir ou chorar...
Nessa estrada não nos cabe
Conhecer ou ver o que virá
O fim dela ninguém sabe
Bem ao certo onde vai dar
Vamos todos
Numa linda passarela
De uma aquarela
Que um dia enfim
Descolorirá...
Numa folha qualquer
Eu desenho um sol amarelo

(Que descolorirá!)
E com cinco ou seis retas
É fácil fazer um castelo
(Que descolorirá!)
Giro um simples compasso
Num círculo eu faço
O mundo
(Que descolorirá!)

Tocando em frente

Composição: Almir Sater / Renato Teixeira

Ando devagar porque já tive pressa
E levo esse sorriso,
porque já chorei demais
Hoje me sinto mais forte,
mais feliz quem sabe
Eu só levo a certeza de que
muito pouco eu sei, eu nada sei
Conhecer as manhas e as manhãs,
O sabor das massas e das maçãs,
É preciso amor pra poder pulsar,
É preciso paz pra poder sorrir,
É preciso a chuva para florir
Todo mundo ama um dia
todo mundo chora
um dia a gente chega
no outro vai embora
cada um de nós compõe a sua história
e cada ser em si
carrega o dom de ser capaz
de ser feliz

Capítulo 4

Psiconeuroimunologia: Uma História para o Futuro

Esdras Guerreiro Vasconcellos

"*Os surdos ainda não estão preparados para atuar no mundo dos ouvintes.*" Essa afirmação causou, em 1988, uma grande revolução no mundo acadêmico norte-americano. Ela foi pronunciada por Jane Basset Spilman, presidente do corpo diretivo da única faculdade de ciências humanas para surdos do mundo. Estava sendo realizada ali a escolha do novo reitor, e desde sua fundação – há 124 anos –, aquela faculdade não havia tido um reitor surdo. Estudantes e professores reivindicavam, finalmente, a escolha de um não ouvinte para aquela posição. À revelia dessa campanha, foi escolhida a ouvinte dra. Elisabeth Ann Zinser, vice-reitora para assuntos acadêmicos da University of North Carolina. Seguiram-se, então, dias de intensa greve, protestos, passeatas, e o assunto chegou a ocupar até mesmo a primeira página do *The New York Times*.

Essa história contada por Oliver Sachs no seu mais recente livro *Vendo vozes* (1999) pode ilustrar a imensa dificuldade que temos quando deparamos com uma mudança de paradigma.

Mudar é pôr em risco as nossas certezas. É sair do território conhecido para aventurar-se por novos e desconhecidos caminhos. É transformar a realidade. Ao levantar interrogações e dúvidas, rompemos a coerência do óbvio para criar novas perspectivas e dinâmicas. Não obstante as descobertas científicas extraordinárias mudarem constantemente nossos conhecimentos, o ser humano demonstra ter uma forte tendência para buscar subsídios e argumentos que corroborem seus já estabilizados conceitos e preceitos. Isso nos empobrece sobremaneira. É necessário mudar da comodidade para a curiosidade. Só ela nos abre a possibilidade de conhecer novos mundos, realidades, ideias, verdades. Toda verdade é efêmera, daí então a necessidade de estarmos abertos a mudanças.

4.1 Mudanças são inevitáveis

"Mudem tudo, mas apenas o suficiente para manter tudo exatamente como está", diz o príncipe em *O Leopardo*, de Giuseppi Tomasi di Lampedusa (apud Harald Bloom, *O cânone ocidental*, 1995). E é isso o que muitos parecem dizer com suas posturas ambíguas e ambivalentes. A história está repleta de exemplos de pessoas que se arvoraram aconselhar aos reformadores que desistissem de suas ideias revolucionárias. Em 1600 e 1633, a Igreja Católica exigiu veementemente, sob pena de queimar-lhes vivo, que Giordano Bruno e Galileu Galilei rejeitassem suas convicções e que as retratassem publicamente. Giordano Bruno não cedeu e foi sacrificado, Galileu assinou sua abjuração.

Estamos vivendo um período em que um grupo, nada pequeno, de profissionais da saúde clamam por uma nova visão do paciente e da doença. No início do século XX, essa nova e revolucionária concepção denominou-se "Medicina Psicossomática" e na segunda metade desse mesmo século – que agora finda – ela foi chamada de "Medicina Holística".

Na verdade, trata-se aqui do mesmo princípio psicossomático, pois nasceu nele e dele, no entanto ampliado para uma moldura mais abrangente e intersistêmica.

Fundada no preceito descrito pela Organização Mundial de Saúde de que saúde deve ser definida como bem-estar biopsicossocial, os segmentos mais avançados desse movimento exigem que esse bem-estar seja também espiritual e ecológico. A abrangência de todas essas cinco dimensões constitui o conceito holístico no sentido amplo da expressão.

Adotar uma concepção dessa natureza traz sérios problemas para a ciência. Primeiramente, pelo fato de seus arcabouços epistemológicos não suportarem tanta plasticidade; em segundo lugar, porque isso significa socializar o território científico e, consequentemente, sua política hegemônica.

Numa memorável reunião da comissão científica do XII Congresso Brasileiro de Medicina Psicossomática, da qual participavam grandes expoentes dessa área – médicos e psicólogos[1] –, discutia-se se seria apropriado incluir no programa científico daquele evento a questão da espiritualidade. Graças à intervenção assertiva e à flexibilidade de seu presidente, dr. José Carlos Riechelmann, concordamos uníssonos em abrir, nesse primeiro instante, a possibilidade de, numa mesa-redonda, discutirmos essa pertinência.

Na curta discussão que tivemos ali, ficou evidente que o tema espiritualidade é polêmico, pelo fato de não pertencer hoje ao paradigma psicossomático vigente. No entanto, foi surpreendente a rapidez e facilidade com que se chegou ao consenso de inserir essa discussão no âmbito do fórum mais importante daquela associação, o Congresso.

---

[1] Estiveram presentes: Carlos Briganti, Denise Gimenez Ramos, José Carlos Riechelmann, José Júlio de Azevedo Tedesco, Luiz Miller de Paiva, Malú Losso, Maria Margarida de Carvalho (Magui), Mathilde Neder, Nelson Vitiello, Maria Rosa Spinelli, Sérgio Vieira Bettarello, Valdemar Augusto Angerami, Wilhelm Kenzler, Wilson Campos Vieira e Esdras Guerreiro Vasconcellos.

Essa flexibilidade paradigmática traduz a transformação pela qual o conceito biopsicossocial está passando. Lentamente, ele está transformando-se num conceito **biopsicossocioespiritual-ecológico**.

A dimensão ecológica ocupa-se da relação do homem com a natureza, e ela deve ser entendida como uma variável extremamente importante para o novo equilíbrio homeostático do organismo.

A teoria sistêmica tem difundido com grande ênfase a necessidade da compreensão da interação de todos os sistemas abertos, os quais, *per se*, são sistemas vivos e, como tal, exercem e recebem influência dos outros sistemas com os quais interagem. Na verdade, numa concepção sistêmica geral – que se estende, portanto, para muito além das fronteiras da área da saúde –, diríamos que todos os sistemas, sem exceção, não apenas estão interligados e interagem entre si, como também, e em virtude dessa interação, se encontram em permanente mutação.

Se consideramos válido o postulado que afirma que o estado físico se altera em consequência das emoções e das circunstâncias sociais, da mesma forma é permitido afirmar que todos esses estados são alterados pelo contexto ecológico em que o homem se encontra inserido.

Sendo assim, a saúde ou doença configura-se sempre de maneira diferente e terá não apenas uma etiologia, como também uma dinâmica totalmente diversa, caso o indivíduo viva na selva amazônica ou no centro urbano com altos índices de poluição, trânsito e densidade populacional.

O mesmo pode ser afirmado para e sobre as posturas, crenças e práticas espirituais, portanto a respeito da espiritualidade. Ressaltamos também que toda e qualquer ordem inversa e recíproca é também perfeitamente válida.

Saúde e doença têm sempre a ver com tudo isso. E como essa interação se influencia mútua e reciprocamente, a saúde e a enfermidade dos sistemas extracorporais também dependem do tipo, forma e qualidade dessa interação. Um organismo doente dissemina bactérias, vírus e outras substâncias, as quais tanto podem ser benéficas, necessárias, quanto tóxicas e prejudiciais ao meio ambiente.

Uma concepção de vida e mundo assim tão abrangente – adianto que esse é o paradigma com que a psiconeuroimunologia aqui no Brasil trabalha – requer uma revisão de nossos conceitos e métodos de pesquisar e atuar.

Thomas Kuhn, o inventor da questão dos paradigmas, no seu livro *A estrutura das revoluções científicas* (1978) descreveu às p. 9 e 10 como foi...

"Lançado da ciência para a sua história."

Ele desenvolvia um projeto de pós-graduação em Física Teórica, na Universidade de Harvard, e lá fez a experiência que resumiu nas seguintes palavras:

> (...) esta exposição a teorias e práticas científicas antiquadas minou radicalmente algumas das minhas concepções básicas a respeito da natureza da ciência (...)

Foi então que decidiu conhecer o contexto de trabalho das ciências humanas e, para tanto, passar um ano no Center for Advanced Studies in the Behavior Sciences. Após esse período, ele chegou à dúvida descartiana na medida em que constatou que

> (...) os praticantes das ciências naturais não possuem respostas mais firmes ou mais permanentes para tais questões do que seus colegas das ciências sociais. (Kuhn, p. 13)

Ele revela que esse foi o motivo que o levou a estudar como as revoluções científicas aconteceram. Após examinar inúmeros desses momentos, ele concluiu que

> (...) o fracasso das regras existentes é o prelúdio para uma busca de novas regras (...) A emergência de novas teorias é geralmente precedida por um período de insegurança profissional pronunciada, pois exige a destruição em larga escala de paradigmas e grandes alterações nos problemas e técnicas da ciência normal. (Kuhn, p. 95)

e também que

> (...) o significado das crises consiste exatamente no fato de que indicam que é chegada a ocasião para renovar os instrumentos. (Kuhn, p. 105)

A dificuldade que então se configura dentro e fora de cada profissional – quando ele chega a esse *insight* de que suas teorias, princípios, conceitos e paradigmas estão obsoletos e não são mais capazes de resolver eficientemente os problemas com que ele depara no seu cotidiano clínico e pessoal – desencadeia uma séria crise existencial e profissional.

> (...) indubitavelmente alguns homens foram levados a abandonar a ciência devido a sua inabilidade para tolerar crises. (Kuhn, p. 109)

Um exemplo dessa "tensão essencial" pode ser ilustrado com o que o físico teórico Wolfgang Pauli escreveu a um amigo:

> No momento, a Física está mais uma vez em terrível confusão. De qualquer modo, para mim é muito difícil. Gostaria de ter-me tornado um comediante de cinema ou algo do gênero e nunca ter ouvido falar de Física. (Kuhn, p. 115)

Nesse período que antecedeu ao aparecimento da Física Quântica, o próprio Albert Einstein revelou:

> Foi como se o solo debaixo de nossos pés tivesse sido retirado, sem que nenhum fundamento firme, sobre o qual se pudesse construir, estivesse à vista. (Kuhn, p. 115)

Todavia, mesmo quando novas alternativas surgem, muitos desses profissionais que se sentem em crise titubeiam em aceitá-las e mais frequentemente as rejeitam.

Até certo ponto, é compreensível tal reação, sobretudo diante de novas ideias e paradigmas, uma vez que revoluções paradigmáticas provocam uma mudança de concepção de mundo.

> É como se a comunidade profissional tivesse sido, subitamente, transportada para um novo planeta e (...) guiados por um novo paradigma, os cientistas adotam novos instrumentos e orientam seu olhar em novas direções (...)

e mesmo que permaneçam usando seus instrumentos habituais, familiares e

> (...) olhando para os mesmos pontos já estudados anteriormente (...) (Kuhn, p. 145),

eles verão coisas novas e diferentes.

Kuhn também afirma que, dependendo do paradigma que utilizamos veremos algo como pato ou coelho, alternadamente. Isso significa que utilizamos ora um, ora outro paradigma.

Nos períodos pré e pós-paradigmático, ocorrerá uma competição entre os dois paradigmas, o velho e o emergente, no entanto,

> (...) existem circunstâncias, embora eu pense que são raras, nas quais dois paradigmas podem coexistir pacificamente (...) (Kuhn, p. 14)

Se tal exemplo – pato ou coelho – pode parecer estranho a certos cientistas, não o será aos psicólogos que aceitem como verossímil o postulado da Gestalt sobre Figura e Fundo. Nele, dois objetos totalmente diferentes na sua natureza constituem partes integrantes e indissolúveis da mesma realidade.

Também aqueles que professam uma afinidade com a teoria quântica e/ou com os princípios orientais sobre a realidade dos fenômenos aceitarão com mais facilidade, e pacificamente, que algo possa ser pato e coelho ao mesmo tempo.

A Teoria da Relatividade nos ensina isso quando afirma que o que determina a verdade sobre um fenômeno é o lugar do observador. O olhar daquele que vê é que faz a realidade. Assim, algo será pato se eu assim o vir e também – e ao mesmo tempo – um coelho se alguém o vir como tal.

A física quântica tem como premissa que esse animal só existirá – como pato ou coelho e, portanto, como ambos – no instante em que for visto por alguém. No momento em que ele não esteja sendo observado, existe apenas uma relativa possibilidade de que ele exista.

A resposta ao dilema descartiano de Shakespeare "to be or not to be" seria atualmente, do ponto de vista da física quântica, "to be **and** not to be simultaneously".

4.2 De terno e de tênis

O filósofo austríaco-britânico Sir Karl Popper previu o beco sem saída em que nos iríamos encontrar neste final de século. No seu conhecido livro *A lógica da pesquisa científica* (1974) ele tem a *fairness* de, apesar de ser um veemente defensor do positivismo metodológico, declarar que

> (...) nestes tempos de crise, esse conflito a propósito dos objetivos da Ciência se tornará agudo. Nós e aqueles que partilham de nossa posição esperamos efetuar descobertas novas e esperamos ser auxiliados, neste trabalho, por um sistema científico que acaba de aparecer (...) Saudá-lo-emos como um êxito, por ele ter aberto horizontes novos num mundo de experiências novas. Saudá-lo-emos ainda que essas novas experiências nos forneçam argumentos novos contra as nossas mais recentes teorias. (Popper, p. 84)

Popper tinha plena consciência do perigo em admitir essa posição e expressa, logo a seguir, sua concordância com a afirmação do filósofo alemão Hugo Dingler sobre o possível efeito dessas "audaciosas concepções":

> Mas esta estrutura que surge, cuja audácia de concepção admiramos, é vista pelo convencionalismo como um monumento ao "total colapso da ciência" na expressão de Dingler. (Popper, p. 84-5)

Se no final do século passado a psicossomática de Georges Groddeck, Sigmund Freud, Alfred Adler, Max Schur, Sandór Ferenczi, Wilhelm Reich e, no início deste, Franz Alexander, Helga Dunbar, Alexander Mitscherlich, Joyce McDougall, Michel Ballint, Pierre Marty e muitos outros, sacudiu os alicerces da medicina clássica, organicista, introduzindo no conceito de enfermidade a dimensão psíquica com suas estruturas emocionais e mentais, neste final de século XX, a situação não é diferente. Um outro movimento "aterroriza" as muralhas da cidadela científica.

Como dissemos antes, é a psicossomática com roupa nova. O velho manto psicanalítico que nos serviu em toda essa longa quase secular trajetória precisa agora modernizar-se, adequar-se aos novos tempos, seus progressos e exigências. Embora muitos não gostem do termo, a verdade é que a psicossomática precisa ser uma psicossomática da pós-modernidade. E é nesse contexto que surge a psiconeuroimunologia. Ela tem, no Brasil, um forte vínculo com a psicossomática – pois que nasceu dela –, com a psicologia hospitalar e com a psico-oncologia, visto que essas duas cultivam uma plasticidade conceitual capaz de possibilitar suas respectivas inserções em qualquer linha intervencional.

Em 1991, nos EUA, o psiquiatra Robert Ader, o neurobiólogo e anatomista David L. Felten e o microbiólogo e imunologista Nicholas Cohen, todos da Universidade de Rochester, consolidaram o trabalho fundado 10 anos antes por Robert Ader, quando este, sozinho, publicou a primeira edição de *Psychoneuroimmunology* (1981). Na segunda edição dessa marcante obra, Ader (1991) associou-se aos outros dois colegas e solidificou assim o surgimento de uma nova ciência.

A psiconeuroimunologia americana segue os caminhos clássicos da medicina comportamental (*Behavior Medicine*) e não tem a menor preocupação com um conceito psicossomático integrado. Um indício disso pode ser comprovado ao analisarmos as 8.500 referências bibliográficas que aqueles autores fazem no livro acima mencionado. Com exceção de Franz Alexander – que é citado apenas rapidamente, entre parênteses, em uma das 1.218 páginas do livro, e assim mesmo para contestar suas afirmações –, nenhum outro nome da psicossomática psicanalítica foi considerado.

Essa psiconeuroimunologia nada tem a ver com a psicossomática que conhecemos e praticamos. Aqui no Brasil, temos desenvolvido um conceito que, no bom sentido kantiano do *Aufhebung*, não substitui, mas integra.

A inovação à qual nos referimos nesse texto e que, a meu ver, confere uma nova vestimenta à psicossomática clássica, é exatamente a da dilatação da moldura paradigmática do conceito de integração psicofísica ou psicobiológica, ou mesmo psicossomática, para um conceito **interciências**.

Na Europa, sobretudo na Alemanha, onde a psiconeuroimunologia está mais desenvolvida, segue-se o mesmo referencial americano, sendo seu interesse, portanto, pesquisar apenas a relação entre os três âmbitos clássicos: psicologia, neurologia e imunologia. É isso que nos mostra a obra de Kurt S. Zänker, *Kommunikationsnetzwerke im Körper – Psychoneuroimmunologie: Aspekte einer neuen Wissenschaftsdisziplin* (1991).

A psiconeuroimunologia brasileira pretende construir uma ponte metodologicamente confiável entre:

a. o conhecimento científico predominante, representado por suas diversas áreas;
b. as áreas marginalizadas pela ciência moderna, como, por exemplo, a filosofia, a religião e o conhecimento popular;
c. a filosofia e medicina oriental e seu riquíssimo espectro de conhecimento;
d. o conhecimento pós-moderno, caracterizado aqui pela cibernética, inteligência artificial, ciclos neurais, biotecnologia e outras.

Tudo isso dentro do conceito de saúde e doença. Tal propósito poderia ser interpretado como megalomaníaco, não fora a consciência de que isso é tarefa para muitas décadas, muitos colaboradores e incontáveis processos revisionários, e de que o que a trajetória de uma vida nos permite fazer é apenas lançar e rascunhar a ideia.

No seu recente livro *Psicossomática entre o bem e o mal – Reflexões sobre a identidade* (1999), o amigo Carlos Briganti dedica um capítulo ao "Sonho da Psicossomática". Nele, com palavras sinceras e afetuosas, ele descreve e confessa:

> Todos sabemos o quanto de transpiração é necessário para alguns poucos segundos de inspiração (...) dá-se um curso sobre aquilo que se busca e não sobre o que se sabe (...) recortamos aquilo que tínhamos vontade, desejo, o que

seria aproveitado para alguma coisa, mesmo que às vezes pareça distante de sua prática ou atividade diária. Construímos lentamente um sonho do devir psicossomático. (Briganti, p. 117)

O paradigma da integração praticado pela psiconeuroimunologia brasileira é, da mesma forma, um sonho quando pretende ser um paradigma interciências, biopsicossocioespiritual-ecológico, intersistêmico.

É provável que o leitor esteja agora se perguntando: Como fazemos isso na prática? Qual o resultado concreto desse esforço? Quais os benefícios de se tentar uma utopia?

4.3 Passos para o futuro

Acostumados e adaptados ao velho paradigma com suas formas típicas, academicamente estruturadas de pensar o ser humano, a realidade, a enfermidade, o diagnóstico, a intervenção, necessitamos primeiramente treinar a nova forma de pensar e olhar.

Condicionados pelo pensamento linear, iniciamos um caminho de educação de nossa percepção, com o objetivo consciente de conhecer dimensões diferentes das habituais. Este pensamento é ainda útil para muitas de nossas ações, assim como também a astronomia ptolomaica (Ptolomeu 87-165 a. C.) – não obstante considera a Terra o centro do Universo – ainda hoje é amplamente usada para cálculos aproximados. E aqui temos, mais uma vez, o princípio kantiano do *Aufhebung*, ao qual nos referimos, onde o conhecimento anterior não é desprezado mas integrado no novo.

Não é comum que um profissional de saúde, ao lado das matérias tradicionais – neurofisiologia, imunologia, história dos paradigmas, epistemologia, neurocirurgia, neuropsicologia, teoria de estresse, acupuntura, neuroimunologia, filosofia oriental, filosofia ocidental, os grandes sistemas psicológicos, síndromes autoimunes, síndromes alérgicas, reumatologia, medicina oriental, homeopatia, oncologia, psico-oncologia, psicologia hospitalar –, estude também, como disciplina regular, na sua formação de especialização, por exemplo:

- Teoria da relatividade.
- Física quântica.
- Inteligência artificial.
- Espiritualidade e cura.
- Medicina quântica.

- A Química da vida.
- Ressonância mórfica.
- Teoria do caos.
- Similaridades e divergências entre o pensamento científico ocidental e oriental.
- Ciclos neurais.
- Religião.
- Ciência.

No entanto, isso acontece ali.

Paralelo ao aprofundamento nas matérias das ciências naturais, iniciamo-nos no processo de alargamento do horizonte conceitual. Através de reuniões e encontros científicos concomitantes, discutimos as possibilidades de integração desse novo conhecimento no nosso fazer. É um fascinante trabalho, onde novas realidades e inimagináveis perspectivas se descortinam diante de nossos olhos, ouvidos, mentes e consciência, e um novo saber vai surgindo, assim como o sol crescendo dentro da aurora.

Um dos mais profícuos e proficientes autores de psicologia no Brasil é o estimado prof. dr. Antonio Gomes Penna. No seu livro *Percepção e realidade* (1993), ele afirma que "(...) perceber é conhecer (...)" e distingue entre percepção e imaginação:

> Objetos distantes no tempo não podem ser percebidos. Podem ser evocados ou imaginados. Podem ser, ainda, pensados (...) Também não podem ser percebidos objetos distantes no espaço quando ultrapassados os limites operacionais dos órgãos receptores ou quando obstruídos por barreiras. (Penna, p. 11)

Essas barreiras são estabelecidas pelos padrões de pensamento que as estruturas curriculares nos impõem no decorrer da nossa formação.

William Blake costumava dizer:

> Se a nossa percepção for purificada, então veremos as coisas como elas verdadeiramente são.

Estamos conscientes que ao tentar abrir os filtros, com certeza, criamos outros padrões de pensamentos. Fazemos votos que estes sejam, na sua essência, verdadeiramente novos, mais flexíveis, possibilitadores de uma visão mais livre, portanto menos condicionante, limitadora, rígida, dogmática da realidade do mundo que nos envolve, do nosso paciente, sua doença e, principalmente, de nós próprios e nosso lugar nesse universo. Lembra Penna, à p. 11:

> O ato de perceber ainda pode caracterizar-se pela limitação informativa. Percebe-se em função de uma perspectiva. (...) A percepção é assim, forma restrita de captação de conhecimentos. A possibilidade de maior enriquecimento informativo terá de ser atingida por uma multiplicação dos processos perceptuais, ou através de atos de pensamentos.

Por isso criamos os *Workshops Amarrações,* onde o conhecimento deixa de ser pura informação para ser vivido corporal, mental, emocional e socialmente.

Todas essas tentativas vão forjando uma identidade, que não pode ficar emoldurada em seu próprio contexto. A despeito de sua formação básica, incentivamos todos os profissionais que se especializam em psiconeuroimunologia a terem uma identidade própria, condizente com sua graduação e, ao mesmo tempo, a se sentirem maiores que ela. Cultivamos uma postura hierárquica horizontal, onde nenhum profissional é considerado mais ou menos competente para a arte de cuidar do que os seus outros colegas, por causa de sua formação básica.

No exercício da verdadeira transdisciplinaridade não existe hegemonia, apenas parcelas alternantes de responsabilidade. Se em algum momento de urgência a lei prescreve que o médico seja o principal responsável pela intervenção, em outros, dependendo do teor dessa urgência, poderá e deverá sê-lo o psicólogo.

Numa equipe verdadeiramente transdisciplinar, os profissionais arrolados saberão dividir suas parcelas de responsabilidade e sincronizar-se com a atuação do outro de forma adequada, conferindo-lhe igual porção de competência.

O que se busca nesse exercício de psiconeuroimunologia aplicada é a superação do déficit, da inferioridade que nos empurra para muito aquém dos limites de minhas possibilidades.

A questão da transdisciplinaridade será de vital importância para a área da saúde nas próximas décadas. Sem o seu exercício, nos tornamos fomentadores de uma profunda iatrogenia e responsáveis pelo descrédito e malefício não apenas do atendimento mas também de nossas profissões. O amigo e colega Carlos Laganá contou-me ter lido que a iatrogenia já é, atualmente, a terceira causa responsável pela morte de muitos pacientes.

Já trabalhamos numa ideia que, certamente, não será para os próximos, mas para **algum** tempo, para um dia, quando as nossas vaidades disciplinares não forem mais essência de nosso narcisismo profissional e quando tivermos verdadeiramente assimilado o significado da palavra transdisciplinaridade:

> (...) A divisão atualmente existente, entre ciências médicas e ciências psicológicas, não tem mais sentido. Não se justifica mais formar-se médicos e psicólogos separadamente. Essas duas profissões tratam da saúde e por isso se completam, se integram. Somente uma formação médico-psicológica ou psicomédica poderia, então, instrumentalizar o profissional tornando-o capaz de compreender o fenômeno saúde ou doença de uma forma integrada. Não mais se justifica que o paciente seja atendido fragmentadamente. Faz-se necessário, portanto, pensar um currículo que permita ao profissional do futuro formar-se em ambas as áreas.
>
> Que possam ambos exercer uma única profissão, atuando de uma forma unificada, tanto como médico, como psicólogo. Que possam fazer o mesmo uso da medicação, dos tratamentos clínicos típicos da medicina, e da psicoterapia, nos casos que acharem conveniente. Naturalmente que a condição *sine qua non* é a de que uma nova mentalidade se forme. Uma mentalidade não cendida descartianamente, mas com uma compreensão unificada do sistema psicofisiológico ou fisiopsíquico. Hoje em dia, os médicos que têm conhecimento psicoterápico ou, pelo menos, certos conhecimentos psicológicos, demonstram ter uma atuação muito mais satisfatória do que aqueles que se comportam classicamente, em termos clínicos. O mesmo ocorre com os psicólogos: aqueles que têm conhecimento da medicação ou que sabem o motivo pelo qual os médicos utilizam este ou aquele instrumento diagnóstico e são capazes de olhar para um raio-X e entender alguma coisa do que ali está revelado, ou olhar para um exame de sangue ou um exame laboratorial qualquer e entender os resultados ali descritos, têm a capacidade de estabelecer um nível de comunicação muito mais satisfatório com o seu paciente. O psicólogo que se limita única e exclusivamente à psicoterapia, ignorando, e não muito raramente, rejeitando a dimensão clínica-médica-biológica da doença, certamente que já é um profissional obsoleto.
>
> Uma reestruturação dessa natureza, a ponto de promover a abolição das duas profissões, necessita de um longo período de transição. (Vasconcellos, 1998, p. 34-5)

No livro *Urgências psicológicas no hospital* (1998), organizado pelo grande amigo Angerami e do qual participam importantes nomes da Psicologia Hospitalar, como o de Heloisa Benevides Chiattone, Maria Inês de Souza Gandra, Márcia Regina

Bartilotti, Eunice Moreira Miranda, Carlos Laganá de Andrade, Antônio Angelo Favaro Coppe, Ercílio Alberto e o igualmente querido amigo Ricardo Werner Sebastiani, Angerami escreve a respeito da postura do profissional de saúde com muita propriedade quando diz:

> A busca da identidade profissional esbarra no conceito que uma pessoa faz de si mesma a partir do enfeixamento de condições e signos existentes e que atribuem a determinados exercícios profissionais, determinadas conceituações. (Angerami, 1998, p. 46)

(Aliás, recomendamos a leitura do belo poema de Camon oferecido a Therese Du Soleil, *A Constelação de Pégaso é a Primavera no firmamento...*, em Algerami, V. A., *Temas existenciais em psicoterapia*. São Paulo: Cengage Learning, 2003. Uma obra de intenso lirismo e beleza poética.)

4.4 Estresse e imunologia

A psiconeuroimunologia fundamenta-se, preferencialmente, sobre a teoria de estresse, cujos conceitos são, a nosso ver, os que melhor explicam a interação mente-corpo; e por conterem em si uma grande dose de neutralidade conceitual, eles são utilizados tanto na biologia, fisiologia e medicina como na psicologia e, até mesmo, nas suas escolas mais abstratas, como a psicanálise. É difícil encontrar um livro sobre psicossomática que não dedique um capítulo aos conhecimentos da teoria de estresse e seus processos no eixo neuroendócrino hipotálamo-hipofisário-suprarrenal.

Limitando-se a explicar exclusivamente os processos biológicos, a teoria de estresse não interfere e muito menos impede que um profissional de outra área, como, por exemplo, o psicólogo, utilize sua teoria terapêutica preferida para tratar de seu paciente. Se existencialista, rogeriano, corporal, psicanalista, comportamental, gestaltista, até mesmo espiritualista, certamente que terá como axioma básico que todo e qualquer processo psíquico – melhor, psicossomático – ocorre neste corpo físico que temos e como resultado de seu funcionamento normal ou alterado.

É comum constatarmos que a maior parte das pessoas que falam de estresse e também a grande maioria das que o pesquisam permanecem utilizando um conceito extremamente arcaico do fenômeno. Em todos esses trabalhos, são fartas as citações ao seu descobridor: o incansável pesquisador, endocrinologista austríaco-

-canadense Hans Selye. No entanto, tanta coisa se fez, o seu conceito já passou por tantas outras ampliações e aperfeiçoamentos que não vejo mais sentido continuar usando o modelo original como se ele fosse o único. A literatura americana tem produzido muito a esse respeito, e recomendamos a todos que queiram trabalhar ou pesquisar nessa área que examinem as últimas, e portanto mais modernas, publicações sobre estresse.

Um dos conceitos que necessitamos rever e que está em função do pensamento linear é o de homeostase.

> (...) O conceito de homeostase com o qual as ciências biológicas, psicológicas e sociológicas desenvolvem suas pesquisas e técnicas, parte do pressuposto do equilíbrio. O equilíbrio entre os fenômenos biológicos, psicológicos e sociais é denominado portanto de saúde. O desequilíbrio, ou seja, a alteração da homeostase é considerado então fator desencadeante da doença.
>
> Não é bem assim que ocorre na natureza. Na verdade, dificilmente a homeostase natural poderia ser caracterizada pelo equilíbrio. Se observarmos cuidadosamente, nunca temos um dia com as mesmas condições climáticas que o outro. Durante uma estação, temos no máximo uma relativa estabilidade. Temperaturas semelhantes, porém nunca iguais. Nunca um ano é igual ao anterior, nem um toque será sentido com a mesma sensação anterior. Nosso humor muda a cada instante, nosso nível de concentração oscila constantemente; o fluxo do trânsito, o saldo ou débito de nossa conta bancária, as decisões dos nossos políticos mudam todo dia; a quantidade de alimentos que ingerimos, de ar cada vez que respiramos e expiramos; todos os processos metabólicos de nosso organismo, a bolsa de valores, os acordes da música, o canto dos pássaros; a hora do "nascimento" e do pôr do sol muda a cada dia. Nossos desejos, o tamanho dos nossos filhos, as notícias na televisão, o ciclo das flores, os títulos dos livros, as pessoas que nos telefonam, os níveis de nossa consciência, a intensidade da força gravitacional sobre os objetos, a amplitude das ondas do mar, sonoras e magnéticas. Toda vida animada e "inanimada" é profundamente dinâmica.
>
> Também é assim na nossa vida, também é assim com a doença. Ainda que tenhamos a mesma doença, nunca adoecemos da mesma forma. Portanto, o desequilíbrio é o estado natural das coisas. Talvez devêssemos falar de um estado de relativo equilíbrio, ou seja, de um estado com oscilações, com variações menores. Estados semelhantes entre si, que caracterizem um período, um processo, um fenômeno, uma situação.
>
> Habita cada um dos estados apenas uma probabilidade relativa de que permaneça assim com pequenas oscilações. E se o desequilíbrio é o estado natural das coisas, a imprevisibilidade é uma característica muito mais genuína do fenômeno do que a certeza de sua ocorrência.

O conceito de homeostase precisa ser portanto revisto, se ele se propõe, ou quando ele se propõe sugerir um estado de equilíbrio ou de repouso, uma vez que, conforme vimos antes, nenhum corpo consegue viver permanentemente em repouso. Nosso organismo, com os seus diversos sistemas, é alta e profundamente alternante. Ele reage, não apenas a todos os estímulos captáveis com os nossos órgãos do sentido, como também a cada um dos nossos pensamentos, sentimentos conscientes e inconscientes, a toda e qualquer estimulação, mesmo às chamadas subliminares.

Toda reação implica na alteração de um estado anterior, em qualquer uma das direções: seja na direção da fuga ou do ataque, da reatividade ou da não reatividade. A comparação da organização e do funcionamento biológico com a partitura musical talvez seja a mais simples e a que melhor ilustra o que queremos dizer. Não existe nenhuma partitura musical onde uma mesma nota seja repetida permanentemente, no mesmo local, com a mesma intensidade, com o mesmo valor e na mesma linha da partitura. O "Sambinha-de-uma-nota-só" é, portanto, uma metáfora que não pode ser entendida ao pé da letra. Ao olharmos uma partitura, o que percebemos é uma variação constante de notas, tempos, valores, tonalidades e movimentos. Assim também são todos os processos naturais, tanto os físicos, químicos, como os biológicos, psicológicos, mentais, emocionais ou sociais. No obstante porém, existe melodia. (Vasconcellos, 1998, p. 5, 6, 9 e 10)

Os hormônios de estresse mais conhecidos como as catecolaminas (adrenalina e noradrenalina), os corticoides (cortisol, aldoesterona) e muitos outros são, por si só, responsáveis por uma significativa parte da imunossupressão. Eles atuam sobre glândulas específicas do sistema neuroendócrino, sobretudo a timo e a suprarrenal. Semelhante ao que já apontei sobre a "fixação" no conceito selyano de estresse, também aqui ocorre um fato interessante: na verdade, são muitos os hormônios de estresse; porém, só ouvimos falar de adrenalina, noradrenalina e cortisol. Sabemos que a glândula hipófise secreta um espectro muito grande de hormônios de estresse, os quais, por sua vez, ativarão todas as glândulas do organismo e não apenas a suprarrenal. Cabe aqui mencionar também os pré-hormônios de estresse que são secretados pelos núcleos hipotalâmicos.

Um outro aspecto que me parece importante salientar é que o termo imunologia não diz respeito apenas àqueles temas descritos classicamente como imunológicos. Por isso é que não estudamos apenas cânceres, alergias, doenças autoimunes, vírus, bactérias e similares. O sistema imunológico está, atualmente, tão intimamente ligado ao sistema nervoso que não podemos mais nos referirmos a apenas um ou outro. Na mesma medida em que não existe um espaço separado

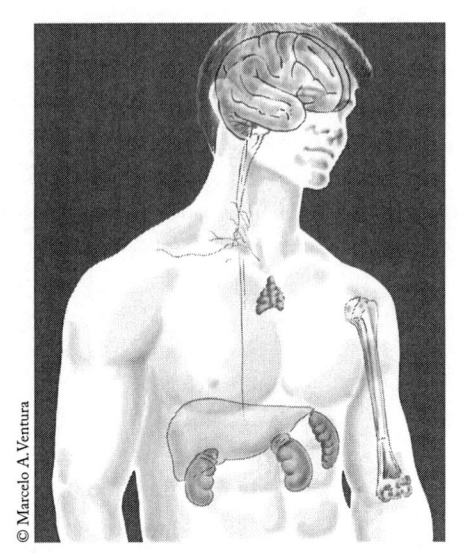

Adaptado de *Anatomy of the Stess and Immune Systems* (Sternberg and Gold, 1997).

do tempo –, daí ser mais correto utilizar a expressão espaço-tempo –, da mesma forma é mais prudente denominar esse sistema neuroimunológico.

Diz respeito ao sistema imunológico hoje, na expressão plástica da palavra, tudo que penetra, toca ou interage com nosso corpo. Do oxigênio que produz radicais livres às substâncias alimentares, ao feto que é gerado no útero materno; do toque da pessoa amada na pele ao vírus que penetra a célula, tudo aciona o sistema imunológico e, com ele, o sistema nervoso. Semelhantemente, tudo que ativar o sistema nervoso – e o que não o aciona – estimula inexoravelmente o sistema imunológico. Esther Sternberg e Phillip Gold (1997, p. 10), denominaram esse fenômeno de *cross communication*.

Uma descoberta surpreendente da neurociência moderna que transformou profundamente essa nossa concepção dos aparelhos nervoso e imunológico é a de que células imunológicas produzem neurotransmissores e que neurônios, por sua vez, também secretam imunopeptídios. Isso permite que ambos os sistemas possuam dispositivos para estabelecer uma comunicação e linguagem específica entre si, usando, para tanto, os elementos codificadores de mensagens que sejam típicos de seu parceiro de ação.

Portanto, sabemos hoje que os hormônios produzidos pela glândula suprarrenal, como por exemplo os glicocorticoides, atuam sobre os linfócitos T e B e produzem neles e através deles uma significativa redução na produção de anticorpos; inibem a atividade das células *natural-killers* e diminuem a produção de substâncias citotóxicas, indispensáveis para o combate a vírus, bactérias, fungos, protozoários, ou mesmo no processo de extermínio das células tumorais.

Em contrapartida, os linfócitos T e B produzem ACTH – o hormônio da hipófise essencial para a estimulação neuroendócrina de estresse –, endorfinas hipotalâmicas, o hormônio do crescimento e a IGF-1.

Os macrófagos também secretam esses neuropeptídios enquanto são estimulados por neurotransmissores e neuropeptídios específicos.

Cortisol, por exemplo, é um potente imunorregulador e um excelente anti-inflamatório. Ele tem um papel crucial na prevenção de reações exacerbadas do sistema imunológico ou casos de lesões de tecido, segundo Sternberg e Gold.

A figura a seguir tem apenas um caráter ilustrativo de resumo das relações que alinhamos acima.

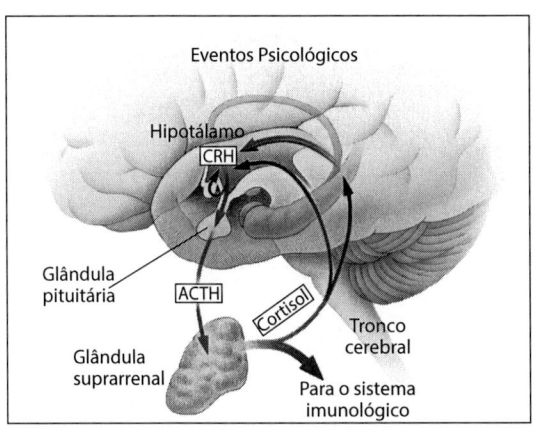

Stress and Immunology (Sternberg e Gold, 1997. Adaptado por Vasconcellos, 2000)

A descoberta do funcionamento sincronizado desses sistemas vem corroborar a hipótese de que tanto no microcosmo do organismo humano como no ecossistema do macrocosmo os sistemas que o compõem trabalham integrados e numa saudável interdependência.

Aquilo que acima observamos a respeito do sistema neuroimunológico vale, de igual forma e em igual proporção, para os grandes sistemas biológicos, psicológicos, físicos, químicos, ecológicos, sociológicos e outros. Não podemos falar de emoções sem considerar o sistema cognitivo; de fenômenos físicos sem reações químicas; de processos políticos sem influências econômicas; de fé sem um corpo que a abrigue; da melodia de um instrumento sem o ar que a difunda; de flores sem estação; de cultura sem a expressão; de sociedade sem inconsciente coletivo; de medo sem instinto de sobrevivência; de razão sem paixão; de revolução sem amor.

A interdependência torna real aquilo que os antigos diziam ser *"Unum, Bonum, Verum"*.

Aliás, sabem em que aquela greve e passeata dos surdos resultou? Numa importante discussão acerca da possibilidade de uma pessoa participar de uma organização para surdos, sem ser ela própria surda. Oliver Sachs concluiu que no caso dos filhos dos surdos, isso é viável, pois dominam a linguagem de sinais tão bem como seus pais.

Contudo, existem raríssimas exceções também, por exemplo, o prof. dr. Henry Klopping, da California School for the Deaf, de quem os próprios alunos afirmam: "Ele é surdo, apesar de ouvinte." Essa frase contém em si a ambiguidade que encontramos em quase tudo e até mesmo em nós próprios em tantas situações na vida: "surdo, apesar de ouvinte".

Referências bibliográficas

ADER, R. *Psychoneuroimmunology*. 1. ed. Califórnia: Academic Press, Inc., 1981.

ADER, R.; FELTEN, D. L.; COHEN, N. *Psychoneuroimmunology*. 2. ed. Califórnia: Academic Press, Inc., 1991.

ANGERAMI, V. A. *Urgências psicológicas no hospital*. São Paulo: Pioneira, 1998.

BLOOM, H. *O cânone ocidental.* Rio de Janeiro: Objetiva, 1995.

BRIGANTI, C. R. *Psicossomática, entre o bem e o mal*. São Paulo: Summus, 1999.

KUHN, T. S. *A estrutura das revoluções científicas.* São Paulo: Perspectiva, 1978.

PENNA, A. G. *Percepção e realidade.* Rio de Janeiro: Imago, 1993.

POPPER, K. *A lógica da pesquisa científica*. São Paulo: Editora Cultrix, 1972.

SACHS, O. *Vendo vozes*. São Paulo: Companhia das Letras, 1999.

STERNBERG, E. M.; GOLD, P. W. The mind-body interaction in disease. *Scientific American*, n. esp., 1997.

VASCONCELLOS, E. G. *Tópicos de psiconeuroimunologia*. São Paulo: Ipê Editorial, 1998.

ZÄNKER, K. S. *Kommunikationsnetzwerke im Körper – Psychoneuroimmunologie: Aspekte einer neuen Wissenschaftsdisziplin*. Heidelberg: Spektrum Akad, 1991.

Capítulo 5

A Significação da Psicologia no Contexto Hospitalar

Heloisa Benevides de Carvalho Chiattone

Concretizar um saber é tarefa vagarosa.
Pressupõe o desejo dos resultados, o preparo do campo,
o "plantio" das sementes, o cuidado com o crescimento,
a colheita segura, a tranquilidade de recomeçar e de aperfeiçoar.
As pragas, as reações ameaçadoras da natureza,
os resultados incondizentes são sinais para o repensar,
para o exercício ético de respeito às divergências,
para o humilde reconhecimento da ignorância.

5.1 Apresentação

Atos com o tempo se diluem.
As palavras permanecem,
ficam, se perpetuam.

Ao longo dos últimos anos, vários estudos têm apontado algumas questões fundamentais que envolvem a prática, o ensino e a pesquisa do psicólogo que atua em instituições de saúde, especificamente em hospitais (Angerami e col., 1984, 1988, 1992, 1994 e 1996; Amorim, 1984; Lamosa, 1987; Campos, 1988 e 1995; Santos, 1988; Lamosa e col., 1990; Miguel Filho, 1990; Chiattone e Sebastiani, 1991; Neder, 1991; Mello Filho e col., 1992; Sólon, 1992; Campos, 1992; Penna, 1992; Spink, 1992; Silva, 1992; Campos, 1992 e 1995; Kovács, 1992; Leitão, 1993; Botega e Dalgalarrondo, 1993; Romano, 1994; Muylaert, 1995; Oliveira e Ismael (Orgs.), 1995; Giannotti, 1995 e 1996; Sebastiani e Fongaro, 1996; Chiattone e Sebastiani, 1997; Leite, 1997; Carvalho, 1997; Romano, 1999 e Ogden, 1999, entre outros).

Porém, muitas questões permanecem nebulosas, pouco esclarecidas, gerando falsas ou pseudoconcepções, dificultando a atuação do psicólogo, o ensino da prática no hospital, a inserção desse profissional nas equipes de saúde, a realização de pesquisas e, o mais grave, a consideração real da especialidade.

Para Spink,

> (...) mudanças recentes na forma de inserção dos psicólogos na saúde e a abertura de novos campos de atuação têm introduzido transformações qualitativas na prática que requerem, por sua vez, novas perspectivas teóricas. (1992, p. 11)

É importante ressaltar que o fato está posto e fascina uma quantidade enorme de estudiosos. Para Giannotti,

> (...) o trabalho do psicólogo no contexto das instituições médicas e hospitalares, pode-se dizer, vem delineando uma nova especialidade em Psicologia, que não é inovadora em sua concepção filosófica, mas que vem sendo abordada de forma mais sistemática, nos tempos atuais, no âmbito da investigação científica. (1996, p. 14)

Entretanto, ainda são claras as lacunas teóricas nas áreas que determinam dificuldades na tarefa profissional diária do psicólogo no hospital e também na inter-relação com outros profissionais de saúde (Angerami, 1984, 1988, 1992, 1994, 1996; Amorim, 1984; Lamosa, 1987; Campos, 1988 e 1995; Miguel Filho, 1990; Chiattone e Sebastiani, 1991; Mello Filho, 1992; Sólon, 1992; Spink, 1992; Penna, 1992; Silva, 1992; Campos, 1992; Kovács, 1992; Eksterman, 1992; Mello Filho, 1992; Muylaert, 1995; Oliveira e Ismael, 1995; Giannotti, 1995; Giannotti, 1996; Sebastiani e Fongaro, 1996; Sebastiani e Santos, 1996 e Chiattone e Sebastiani, 1997).

Assim, é possível destacar alguns aspectos, que parecem interferir na constatação desses problemas.

Segundo Sebastiani e Fongaro,

> (...) durante muito tempo, a psicologia hospitalar utilizou-se, e ainda utiliza, de recursos técnicos e metodológicos "emprestados" das mais diversas áreas do saber psicológico. Esse fato, de certa forma, a enquadra numa prática que não pertence só ao ramo da clínica, mas também da organizacional, social e educacional; enfim, uma prática, que não obstante seu viés aparentemente clínico – dada a sua realidade acontecer nos hospitais –, tem se mostrado voltada a questões ligadas à qualidade e dignidade de vida, onde o *momentum* em que tais temas são abordados é o da doença e/ou internação hospitalar. (1996, p. 6)

Contudo, ao emprestar recursos técnicos e metodológicos de outras áreas da psicologia, a psicologia no contexto hospitalar – mesmo em tentativa de delimitação de sua identidade – esbarrou em dificuldades estruturais, pois nem sempre o conhecimento emprestado mostrou-se adequado ao contexto em si, onde o psicólogo buscava exercer sua prática. Dessa forma, a inexistência de um paradigma claro que pudesse definir estratégias levou-o a buscar alternativas na tarefa muitas vezes distanciadas das necessidades dos pacientes e da instituição.

Então, ao lançar mão do saber emprestado, o psicólogo hospitalar passou a confundir teoria e prática, isolando-se do contexto onde deveria inserir-se, em exercício de legitimação de um saber, às vezes distanciado da realidade. Nesse contexto, a tentativa de delimitação de objetivos na tarefa diluiu-se, reforçando-se as diversidades e as lacunas. E ao confundir exaustivas teorizações sem a precisa avaliação epistemológica e metodológica, não raro, a subjetividade do psicólogo passou a ser confundida com incapacidade, dificultando a oportunidade de legitimação do espaço psicológico nas instituições de saúde.

Por outro lado, as tentativas de demarcação dessa nova estratégia – a psicologia no contexto hospitalar –, ao esbarrarem nas dificuldades no âmbito da teoria, enveredaram para o exercício descritivo de tarefas, tendência quase generalizada nas publicações existentes na área.

O paradoxo evidencia-se pela impossibilidade de se contextualizar a psicologia no contexto hospitalar, dentro de um paradigma científico, ou buscar as raízes desse conhecimento, dado que os pressupostos, as leis em psicologia hospitalar, ainda não estão firmemente estabelecidos. Então, como comprovar ou rejeitar hipóteses estabelecendo um estatuto de verdade – a arquitetura do conhecimento – se não se tem como partir de um paradigma, de uma teoria clara e consistente na área?

Um cientista pode investigar diretamente o problema que enfrenta e penetrar em uma estrutura organizada, no cerne da questão. Para tal, conta com a existência de um paradigma, de doutrinas científicas já existentes e aceitas e com situações-problema, hipóteses que são reconhecidas e podem ser investigadas, comprovadas ou negadas.

Em psicologia hospitalar, o pesquisador vê-se em posição diversa. Ele ainda não pode colocar-se diante de uma estrutura organizada, pois ela ainda não foi estabelecida universalmente. Portanto, como garantir o estatuto de cientificidade dos conhecimentos psicológicos no hospital? "Faz-se" psicologia de forma distinta nos diferentes hospitais e instituições de saúde do Brasil. Parte-se de parâmetros e objetivos diversos e as publicações refletem essa questão, apesar de se empenharem no sentido de crescimento científico e da universalização das leis que norteiam a especialidade.

> O que os psicólogos têm feito é resolver, cada um, o problema à sua maneira, enfrentando o desafio de forma isolada (...) (Giannotti, 1996, p. 33)

Então, como definir a especificidade da atuação do psicólogo hospitalar?

Reflete-se aqui a constatação da pluralidade evidenciada no exercício da psicologia no contexto hospitalar. Porém, a reflexão não tem sentido somente em nível de enunciação, mas sim em buscar o entendimento, os desdobramentos dessa pluralidade para, definitivamente, entrar em contato direto com o problema. A constatação da pluralidade na área, antes de tornar seus participantes impotentes e/ou digladiadores, deve encaminhar-se para soluções ou saídas coerentes que redimensionem o conhecimento de seus membros. Por outro lado, a admissão dessa pluralidade em psicologia hospitalar deve conter a consideração de que não se trata este fato de situação casual, mas sim do reflexo das contradições inerentes à criação da psicologia como ciência independente (Lupo, 1995).

É consenso que a psicologia ainda se encontra em estágio pré-paradigmático, onde seus membros não conseguem estabelecer uma conciliação sobre questões teóricas e metodológicas (Figueiredo, 1986, 1991, 1992, 1993, 1995; Macedo, 1986; Schultz e Schultz, 1992; Silva, 1992; Mendonça Filho, 1993; Japiassu, 1995; Lupo, 1995; Giannotti, 1995; Vigotski, 1996; Penna, 1997; Carvalho e Sampaio, 1997; Chiattone e Sebastiani, 1997 e Mancebo, 1997). Nessa medida, o conhecimento em psicologia permanece especializado e cada grupo adere à sua própria orientação.

> Um aspecto incômodo, mas de absoluta pertinência ao *momentum* por que a Psicologia passa (enquanto sua história e tempo de inserção no campo das ciências e, em particular, enquanto sua específica inserção nas ciências da saúde), deve ser abordado: nós ainda não possuímos o que poderíamos chamar de identidade profissional. Estamos ainda engatinhando, nestes 36 anos de profissão reconhecida legalmente, em direção a um rascunho dessa identidade. (Chiattone e Sebastiani, 1997, p. 136)

Acresce-se a questão de que a psicologia no contexto hospitalar – que se encontra, em tese, teoricamente fundamentada no saber biopsicossocial e que pressupõe uma atuação interdisciplinar, em resposta à tendência integrativa ou holística em saúde – é exercida nas instituições hospitalares, onde o modelo biomédico está cristalizado, marcado por saberes precisos e delineados, fortemente verticalizados, fundamentados em paradigma da medicina científica,

> (...) ou seja, no corpo de conhecimentos derivados empiricamente e que é compartilhado como "verdade" pelo conjunto dos profissionais médicos.

Em meio a esse impasse, resta então questionar:

- O que é psicologia hospitalar?
- Estamos diante de uma subespecialidade da psicologia clínica ou da psicologia social?
- Então, como reproduzir os fundamentos da psicologia nas instituições de saúde?
- Qual é o papel do psicólogo no hospital?
- Quais são os seus objetivos?
- Quais são os limites de sua prática?
- E como se dá essa prática?
- Onde está inserida a psicologia hospitalar no contexto de saúde?
- Como diferenciar linhas e abordagens tão distintas em prática tão específica?

A tentativa de refletir e contextualizar esses aspectos, através de adequadas avaliações epistemológica e metodológica, parece oferecer uma pista para a minimização das lacunas teóricas que prejudicam a tarefa do psicólogo que atua no contexto hospitalar. Além disso, essa reflexão talvez possa facilitar o fortalecimento gradual de uma identidade seguramente melhor definida à psicologia, no contexto hospitalar, ao visar ordenar e buscar algumas justificativas sobre esse novo saber.

É fundamental destacar que qualquer tentativa de significação da psicologia no contexto hospitalar não deve partir da recusa dos procedimentos de sua fundação, nem recusar os juízos aprioristicos de verdade que compõem esse saber. Deve tentar, sim, reencontrar o fio condutor dos problemas e das conceituações já consideradas, tornando mais compreensíveis os rumos que essa nova área da psicologia vem tomando, através de sua realização histórica e do sentido de suas funções e práticas sociais.

Ao longo do texto, com frequência, o leitor encontrará referências à psicologia hospitalar e à psicologia no contexto hospitalar. Essa mescla de termos não é aleatória. A utilização do termo **psicologia hospitalar** se dá por constituir-se em denominação consagrada pelo uso, há anos, tanto na rotina diária de trabalho, como nas denominações dos serviços e divisões nas instituições hospitalares, nas reuniões científicas, simpósios, congressos, encontros nacionais, cursos e nas publicações científicas. Contudo, ela caracteriza a psicologia pela natureza do *locus* que se utiliza, o que é bastante simplista.

Seguindo um maior rigor epistemológico, o termo **psicologia no contexto hospitalar** será utilizado constantemente por fundamentar, de maneira mais adequada, uma estratégia de atuação da psicologia em instituições hospitalares.

Para seguir adiante, é preciso demarcar um caminho...

5.2 O campo epistêmico da psicologia e seus impasses

> Uma coisa parece certa: se queremos avaliar a situação real da Psicologia contemporânea, não podemos ignorar a existência de uma fragmentação de seu domínio de investigação (...) Quer do ponto de vista de seus métodos, quer do ponto de vista de seu objeto, não pode ser considerada uma disciplina una nem tampouco unificada.
> (Japiassu, 1995)

Ao redimensionar a psicologia como um campo de saber, são evidentes os sinais ou signos de multiplicidade ou pluralidade, seja referente aos locais de atuação do profissional, seja com relação às teorias que embasam a prática, seja no tocante às metodologias utilizadas, seja quanto à própria pluralidade implícita em cada profissional que interfere diretamente em sua atuação.

> (...) A Psicologia não é um saber, mas é um plural. O que se organiza nesse campo não é a unidade e o homogêneo, mas sim, a diversidade e o heterogêneo, a diferença. (Mendonça Filho, 1993, p. 68)

A diversidade de enfoques metodológicos, de tentativas de fundamentação epistemológica e de doutrinas é um fato reconhecido por todos que se dedicam ao estudo da psicologia; e nela, podem-se destacar dois aspectos: desde o nascimento e consolidação do projeto de uma psicologia como ciência independente, durante este século, não se observou um processo de diferenciação interna da psicologia. Dessa forma, a diversidade, ao não se acentuar, afastou a possibilidade de interpretação desse fenômeno como uma crise transitória de crescimento. Além disso, outro aspecto relevante refere-se à persistência dessa diversidade, apesar da consideração otimista de alguns autores (Lagache, 1949; Brunswik, 1952; Harré e Secord, 1972) do reconhecimento de possibilidades futuras de uma unificação (Figueiredo, 1991).

Segundo Lupo (1995, p. 11),

> (...) a especificidade profissional de cada psicólogo particular é, no entanto, menos perceptível: refere-se ao uso pessoal que cada um de nós faz da teoria. Ao declararmos nossa posição favorável a uma determinada escola de pensamento, pouco estamos afirmando acerca de nossa efetiva atuação prática. Grande parte do que efetivamente fazemos como profissionais tem origem em um conhecimento de ofício, entranhado em nós, produto da incorporação pessoal da teoria que embasa nosso trabalho.

Mas se essa teoria estiver inserida em uma ciência como a psicologia, que apresenta uma diversificada gama de tendências ou escolas particulares, a amplitude dessa pluralidade aumenta sobremaneira, tornando muito difícil o estabelecimento de uma tendência ou identidade profissional. Múltiplas escolas ou tendências em psicologia podem ser identificadas: a psicologia calcada em empirismo sem estruturalismo; a psicologia organicista, com suas teorias sobre percepção; as psicologias psicossociológicas, que estabelecem relações de interação entre o geral e o social; as psicologias psicanalíticas; a psicologia behaviorista; a psicologia fenomenológica etc. Essa pluralidade também é real no âmbito dos domínios e métodos de investigação, canalizando as pesquisas para as mais diversas direções: psicometria; psicologia animal; reflexologia; behaviorismo; gestalt; psicologia genética; caracterológica etc.

Em psicologia hospitalar, a herança dessa pluralidade torna-se plenamente visível na constatação da especificidade dos relatos das práticas dos psicólogos no hospital, tendência generalizada nas publicações da área, definindo múltiplas demandas, diferentes níveis de populações atingidas, variados recursos técnicos ou teóricos, fragmentos em torno de um mesmo problema.

> As diferentes interfaces da Psicologia geram profissionais com saberes, práticas, destinações, linguagens, alianças e limites muito específicos. Creio que

já seja hoje perfeitamente lícito perguntar: trata-se de um único ser psicólogo que se apresenta em diferentes versões, ou já caberia mais falar numa diversidade constitutiva? (Figueiredo, 1993, p. 90)

A diversidade constitutiva, portanto, parece mais coerente para explicar-se a abrangência implícita na prática do psicólogo que atua no hospital, principalmente porque, na tentativa de se compor ou unificar os conhecimentos em uma única vertente em psicologia, apresentaram resultados insignificantes, pela impossibilidade de mensuração dos paradigmas,

(...) o que torna impossível a aproximação entre diferentes matrizes teóricas. (Lupo, 1995, p. 11)

Assim, novamente pode-se questionar tratar-se de

(...) uma psicologia com diferentes versões ou trata-se efetivamente de múltiplas psicologias? (Figueiredo, 1993, p. 90)

Entretanto, se é real a pluralidade da psicologia, seja no que diz respeito às metodologias utilizadas ou concretamente ao seu objeto de estudo, é evidente que ao se considerá-la no contexto hospitalar, no que diz respeito à sua prática, os efeitos dessa pluralidade podem ser preocupantes; isso porque, em exercício pela busca do saber, muitos psicólogos que atuam nas instituições hospitalares podem perder seus objetivos, diluindo a assistência psicológica aos doentes, aumentando-se as lacunas.

Por outro lado, como o campo de atuação do psicólogo que atua em instituições de saúde, ou seja, o terreno do exercício profissional, continua mal definido em virtude dessa complexidade ou pluralidade epistemológica que ampliou e diversificou os diferentes campos de ação em psicologia e em saúde, é fundamental o diálogo inter e transdisciplinar com outras categorias, constituídas por saberes precisos e objetivos; a subjetividade do psicólogo, não raro, passa a ser confundida com incapacidade, com imprecisão, reforçando-se o modelo biomédico.

Nessa medida, qualquer tentativa de avaliação ou de contextualização de um novo campo de saber dentro da psicologia, como no caso da psicologia hospitalar, deve considerar a coexistência dessa fragmentação de métodos e do objeto em si da própria psicologia.

Talvez a forma de se buscar um eixo de referência nessa pluralidade seja o conhecimento das origens da psicologia, pois

> (...) o conhecimento da história pode trazer ordem à desordem e produzir sentido a partir do caos; permitindo enxergar o passado com mais clareza e explicar o presente. (Schultz e Schultz, 1992, p. 20)

No Brasil, as práticas psicológicas já eram exercidas desde o início do século passado, incluindo o ensino de "Psychologia" (Massimi, 1990; Penna, 1992). Com perfil fragmentado e adaptado a saberes de outras áreas do conhecimento (Filosofia, Teologia, Medicina, Pedagogia etc.), ocorria o repasse e a construção do pensamento psicológico.

Nesse contexto, ocorre a regulamentação da Psicologia no Brasil, em 1962, através da Lei nº 4.119 que

> (...) definiu para o profissional duas grandes funções: a de ensinar psicologia e o exercício da profissão de psicólogo, cujas atividades privativas, como enunciadas, demarcaram três grandes áreas de atuação além do ensino: a clínica, a escolar e a industrial. (Bastos, 1988, p. 165)

Nos primeiros anos, enquanto profissão, a psicologia no Brasil viveu uma fase de consolidação de seus limites em relação, principalmente, aos campos médico, filosófico e aos "saberes leigos" sobre o comportamento e as "faculdades mentais". Porém, a delimitação do novo campo do saber foi demarcada por lutas corporativas referentes à ocupação de espaços institucionais e de mercado de trabalho, não operando, verdadeiramente, recortes no sentido da construção de um novo saber (Massimi, 1990; Penna, 1992; Mancebo, 1997).

> Sem maiores problematizações ou conflitos, os conhecimentos psicológicos acumulados por profissionais médicos, educadores, engenheiros, filósofos, desenvolvidos dentro ou fora do espaço acadêmico, foram assimilados acriticamente. (Mancebo, 1997, p. 21)

Da mesma forma, muitas práticas foram trazidas para a nova profissão. E a sobreposição de técnicas, não raro dissociadas de um corpo teórico, dificultou a possibilidade de se submeter a uma problematização e confronto com outras matrizes teóricas, encaminhando-se (de forma errônea) para critérios avaliativos de senso comum, criando-se uma aura "mística" em torno dos fenômenos ou estudos psicológicos.

Outra marca profunda na evolução da profissão é definida pelo fato de que

> (...) se sabe que os necessários embates no campo epistemológico não foram tratados com a devida atenção, na medida em que a corporação, em seus momentos definitórios, optou pela busca de soluções acomodatícias, à justificação de projetos de grupos, que visavam muito mais à manutenção do *status* já atingido, por alguns de seus membros, do que propriamente pelo enfrentamento teórico. (Mancebo, 1997, p. 21)

Assim, com o desenvolvimento da profissão, muitas áreas começaram a ser desmembradas:

> (...) clínica ou saúde?, escolar ou educacional?, industrial, organizacional ou do trabalho? (...) É interessante como os novos nomes associam-se a um conceito ampliado de atuação psicológica e trazem, em comum, o rompimento com uma intervenção apenas em nível individual; rompe-se também a noção restrita do psicólogo como mero aplicador de instrumentos de mensuração. Inserindo-se em equipes multiprofissionais de saúde, com intervenção em nível primário, secundário e terciário ou trabalhando junto a outros profissionais da área de recursos humanos, tem-se um perfil do profissional que não cabe nas definições restritas das áreas que apresentamos anteriormente. (Bastos, 1988, p. 166)

Atualmente, pode-se verificar enorme diversidade de "especialidades", como psicologia forense, psicologia do consumidor, hospitalar, esportiva, do trânsito etc., utilizando-se como critérios de definição a área de atuação, os objetivos, o vínculo empregatício ou a relação com o paciente e/ou instituição, os alvos de intervenção e os procedimentos realizados.

Apesar de a Lei nº 4.119, de agosto de 1962, ao regulamentar a formação e a profissão do psicólogo, inspirar-se em uma formação generalista, habilitando o profissional a atuar em qualquer área da psicologia, 23 anos após essa regulamentação, o Conselho Regional de Psicologia elaborou documento integrante do Catálogo Brasileiro de Ocupações do Ministério do Trabalho, identificando várias áreas de atuação do psicólogo:

> (...) psicólogo clínico (onde já se veem descrições de atividades típicas do que se vem denominando psicologia hospitalar ou psicologia da saúde), psicólogo do trabalho (e não mais portanto psicólogo industrial ou industrialista), psicólogo do trânsito, psicólogo educacional, psicólogo jurídico (ainda sem as atividades típicas do que se está denominando psicologia militar), psicólogo do esporte, psicólogo social e professor de psicologia (nível de segundo grau e nível superior). Uma leitura detida nas atribuições destes muitos profissionais com uma mesma

> habilitação leva-nos a concluir, sem medo, que a prática da psicologia vem consolidando-se e ampliando-se em nossa sociedade com o passar das décadas. Ao lado das áreas de atuação do psicólogo que podemos chamar de "tradicionais", quais sejam, a clínica, a escolar, a do trabalho e a social, começam a configurar-se "áreas emergentes" no mercado de trabalho. (Carvalho e Sampaio, 1997, p. 14)

Assim, os discursos e as práticas em torno dos fenômenos psíquicos ou subjetivos têm ampliado de modo progressivo o raio de ação do psicólogo no universo social contemporâneo. O profissional é instado a responder pela especificidade do seu conhecimento na saúde mental, na saúde pública, na escola, na empresa e na fábrica (Bezerra Jr., 1992, p. 9).

Todavia, duas posições divergentes podem ser identificadas em nível dessa diferenciação das áreas. A primeira, voltada ao objeto de intervenção (o ser humano), tornando irrelevante a área de atuação em si e enfatizando as atividades desempenhadas. A segunda negaria a unidade do objeto de atuação, ampliando a diferenciação das áreas e de novos campos do conhecimento a cada uma delas, que funcionariam através de ações próprias.

Acresce-se, então, mais uma especificidade complicadora ao profissional. Ao receber formação "generalista", seguindo o espírito da lei que regulamenta a profissão, o psicólogo exibe conhecimento genérico em temas psicológicos, que lhe proporcionam uma formação científico-metodológica e o desenvolvimento de habilidades técnicas gerais, sem a delimitação de áreas de atuação específicas. Ao ser instado a responder por novas áreas (áreas emergentes), o psicólogo defronta-se com a desintegração entre a prática profissional e sua própria formação e, principalmente, entre a multiplicidade de escolas de pensamento dentro da própria psicologia.

O caráter fragmentado dos conhecimentos teóricos exibidos refletem a própria situação da psicologia. Seria difícil uma certa harmonia teórica, pois a própria disciplina psicológica não é constituída por um campo estruturado de conhecimentos, como frequentemente se identifica nas ciências naturais.

> É reconhecida a diversidade, e mesmo antagonismo, entre as diferentes abordagens psicológicas, bem como o caráter particular com que esta disciplina tenta se constituir como ciência. (Mancebo, 1997, p. 22)

Segundo Figueiredo (1995, p. 96), sequer

> (...) temos uma delimitação unívoca do campo, uma compreensão partilhada do que é fundamentalmente nosso objeto.

É consenso que a psicologia ainda não atingiu o estágio paradigmático, pois dividida em escolas de pensamento, se mantém em estágio pré-paradigmático, onde a maioria de seus membros não consegue estabelecer um consenso acerca de questões teóricas e metodológicas, apesar de tentarem buscar, acolher e rejeitar diferentes definições, sem conseguir unificar as várias posições. Nessa medida, o conhecimento permanece especializado e cada grupo adere à sua própria orientação teórica e metodológica.

Para Lupo (1995, p. 5),

> (...) a Psicologia é, da forma como se nos apresenta hoje, uma ciência multiparadigmática. Os vários arraiais teóricos estabeleceram-se com suas linguagens particulares, suas problemáticas específicas, suas maneiras próprias de teorizar, seus métodos, seus conceitos, suas comunidades. A coexistência desses paradigmas alternativos implica a dificuldade de diálogo. Não há como traduzir o conhecimento desenvolvido dentro de uma matriz disciplinar para uma outra matriz; não há correspondência nos métodos de acesso ao objeto; não há nem mesmo concordância quanto ao que é este objeto.

Portanto, será que o paradigma da psicologia no contexto hospitalar, seu modelo ou padrão comum definindo todo o campo somente ocorrerão quando deixarem de existir facções concorrentes dentro da própria psicologia? Ou será que a posse de conhecimento verdadeiro sobre um projeto específico e delimitado no hospital (como fundamento epistêmico inabalável) apontaria a utilização de metodologia adequada e produção de conhecimentos pertinentes medidos pela conformidade ou incongruência diante dos princípios da teoria?

> Muitos dos que estão nas escolas, nas instituições de saúde e nos locais de trabalho orientam assim a sua prática, ciosos do seu lugar, da sua teoria. Acreditam que esta lhes dê a chave para desvendar a essência, ou a verdadeira natureza dos fenômenos que se põem a examinar (...) (Bezerra Jr., 1992, p. 10)

Outra versão apontaria como objetivo da teoria o esclarecimento e a descrição das coisas e estados de coisas, visando tornar o mundo inteligível e a ação dos indivíduos mais apta a alcançar esses fins, dispensando as questões epistemológicas.

Então, diante de que campo do conhecimento inserir-se?

Para Capra, existem dois tipos de conhecimento ou de consciência que foram reconhecidos, através dos tempos, como propriedades características da mente humana, os quais

> (...) são usualmente denominados de método intuitivo e método racional, e têm sido tradicionalmente associados à religião ou ao misticismo e à ciência. (1982, p. 35)

A sociedade, ao longo dos anos, tem favorecido o conhecimento racional em detrimento do conhecimento intuitivo, da mesma forma que impõe a ciência sobre a religião, a competição sobre a cooperação, a exploração indiscriminada de recursos naturais. Em consequência dessa tendência, tem-se o desequilíbrio de pensamentos, sentimentos, valores, atitudes e estruturas sociais e políticas. É a dominação do científico, sendo o pensamento racional considerado quase que exclusivamente como a única espécie de conhecimento aceitável.

Na verdade, os pensamentos racional e intuitivo seriam formas complementares de funcionamento da mente humana, pois o racional é linear, concentrado, analítico, pertencente ao domínio do intelecto, com a função de discriminar, medir e classificar, tendendo a ser fragmentado, e o intuitivo está baseado na experiência direta, não intelectual da realidade, sendo sintetizador, holístico e não linear.

Figueiredo (1992) diferencia os conceitos de conhecimentos tácito e explícito e os conceitos de conhecimentos focal e subsidiário. O tácito envolveria o saber pré-reflexivo, vinculado aos hábitos pessoais afetivos, cognitivos, motores e verbais, que dificilmente podem se transformar em representações ou em conhecimento explícito.

> O conhecimento focal é aquele que se destaca nitidamente como um aspecto particular do mundo – como figura – mas que se torna compreensível apenas na medida em que envolve o conhecimento subsidiário, isto é, o fundo que permanece fora do foco, dando visibilidade à figura. (Lupo, 1995, p. 11)

Assim, a busca é pela explicitação do conhecimento, num movimento de as próprias teorias se constituírem em conhecimentos subsidiários.

> Compreender uma teoria é incorporá-la como instrumento, é dela dispor sem fazer dela o alvo de um conhecimento focal, é apreendê-la não tematicamente como condição para compreender e para agir no mundo assim compreendido. (Figueiredo, 1992, p. 8)

Apesar disso, é fundamental destacar a dimensão histórica na questão das origens do conhecimento válido, ou seja, conhecimentos fundados em origens confiáveis.

Segundo Lupo (1995, p. 3),

> (...) o que há subjacente ao projeto moderno é a fé na possibilidade de construção de um conhecimento universal do mundo, idêntico para todos e imutável ao longo do tempo, numa recusa à infinita variedade das coisas. A busca que o conhecimento deve empreender é de uma pretendida unidade que, para além da aparente diversidade, coloque o homem diante de uma realidade estável e objetiva: "verdadeira".

Assim, se na psicologia hospitalar o conhecimento estivesse ao lado do objeto de estudo (o ser doente, o paciente, a doença etc.), a posição empirista estaria clarificada – os objetos preexistindo ao conhecimento que se tem deles. Numa posição construtivista, o conhecimento seria constituído pelos métodos, procedimentos e conceitos da psicologia hospitalar. A sobreposição das duas vertentes facilitaria também a validação desse conhecimento.

Corroborando estas idéias, Figueiredo (1986, p. 5) cita que se tem

> (...) duas alternativas extremadas: alguns projetos de psicologia tentaram situar-se no plano da experiência imediata, descrevendo-a, elucidando-a, com a esperança de fortalecer, assim, a subjetividade individualizada com seus plenos poderes e em seus plenos direitos; nesta vertente encontramos o que passaremos a chamar, genericamente, de "fenomenologia psicológica". Em contraposição, há os projetos que, assumindo integralmente o espírito da ciência moderna, dispõem-se a negar a experiência imediata, seja como objeto de estudo, seja como forma de produção do conhecimento.

Então, ao retomar as conceituações sobre a fragmentação das psicologias, a heterogeneidade no campo dos conhecimentos científicos aponta para a necessidade de epistemologias regionais, onde estaria inserido o conhecimento da psicologia no contexto hospitalar.

Nesse sentido, Piaget (1967, p. 6) afirma que

> (...) poderíamos definir a epistemologia, numa primeira aproximação, como o estudo da constituição dos conhecimentos válidos, o termo "constituição" abrangendo simultaneamente as condições de acesso e as condições propriamente constitutivas.

Então, a tentativa de demarcação se o conhecimento da psicologia no contexto hospitalar for criticável, refutável sobre a realidade do psiquismo humano parece coerente com o movimento – intenso – de se conhecer essa realidade ou de se adentrar a essa nova área.

Ressalta-se, dessa forma, o compromisso entre o conhecimento da psicologia hospitalar e a verdade, pois não se trata de discutir ciência e pseudociência, ciência e visão de mundo, mas sim de desvendar a verdade sobre a realidade da atuação do psicólogo no contexto hospitalar, sem a prerrogativa de se alcançar a verdade absoluta, mas sem prescindir, a seu lado, da ideia em si – regulativa, do ideal que orienta a prática e que, principalmente, dá sentido a essa prática; enfim, o ideal de estar buscando referenciais sobre a psicologia hospitalar.

Assim, da busca pelo conhecimento de si mesmo, elaboração de uma psicologia separada de suas raízes filosóficas e investida no rigor científico, ao desenvolvimento de novas ciências psicológicas, considerando-se a diversidade dos campos de investigação e dos métodos, a ocorrência de profundas mudanças são evidentes, mudanças estas que convergiram para o estudo do homem em sua totalidade. Desde Wundt – que ao refletir a mentalidade positivista da época enfatizava, em suas pesquisas elementares, o estudo abstrato dos fenômenos psíquicos e de suas funções – às revoluções refletidas pela psicanálise e pela gestalt – que apontaram para uma visão holística do homem, passando pelo behaviorismo americano e sua tentativa de reduzir a psicologia a uma ciência do comportamento objetiva e excludente de toda referência direta –, a vida psíquica e o conhecimento da psicologia parecem convergir para caminhos que esclareçam, apreendam, expliquem a dinâmica e a multidimensionalidade do homem enquanto ser.

E essa preocupação do homem com o homem nos tempos atuais aponta o caminho de unir o objetivo ao subjetivo, o racional ao intuitivo, a síntese em si, sem que as ciências humanas percam seu *status* de verdade para a herança secular de pesquisas bem compartimentadas, do conhecimento objetivo, da objetividade científica.

> Dentro dessa perspectiva ampliada, o tempo vem assinalando alguns sinais de mudanças, onde o homem tem procurado autodefinir-se como um ser biopsicossociocultural que interatua nessas esferas da existência, que interdependem-se e só podem ser compreendidas uma em função da outra (...) Nessa estrutura dialética é que se detém a essência dos fundamentos em psicologia hospitalar, buscando uma nova síntese, na proposição de uma visão do homem menos dicotomizada. (Chiattone e Sebastiani, 1991)

No entanto, segundo Lupo (1995, p. 7),

> (...) conviver com a diversidade coloca-nos numa posição problemática. O outro, o diferente, ameaça a definição que tomamos para nós como "verdade", desestrutura o arcabouço teórico que laboriosamente construímos e que nos dá uma "identidade". Se a diversidade fosse encontrada apenas fora de nós, poderíamos com alguma facilidade recorrer ao expurgo e à aniquilação pela completa desqualificação do saber e do fazer alheios. Mas, frequentemente, descobrimos este estranho dentro de nós, na medida em que transitamos inevitavelmente por teorias e por práticas. Esta constatação joga-nos de chofre de volta ao terreno das incertezas: quem afinal somos? Vemo-nos, pois, repetidamente envolvidos na tentativa de alinhavar pedaços.

É essencial destacar que para a instituição de saúde, arcaicamente sedimentada dentro dos princípios do saber biomédico, "o outro", "o diferente" é o profissional de saúde mental que adentra ao hospital com um saber distinto e uma prática quase sempre estranha à rotina hospitalar.

Além disso, é real que se lançar em uma teoria pressupõe um movimento de metabolização anterior dos conceitos, para que individualmente essa teoria possa fazer parte de cada profissional que a utiliza. Dado que essa metabolização envolve o profissional num processo de transformação – ao utilizar-se de saberes anteriores, ligando-os aos conteúdos adquiridos –, tem-se um conhecimento dotado de sentido próprio, pessoal. E, nesse sentido, o saber se reveste de toda a sua força ao se transformar individualmente na busca da sintetização do conhecimento e ao considerar permanentemente a transformação, que impõe mudanças na trajetória do profissional, em constante processo de elaboração de seu conhecimento tácito. Nesse particular, o conceito toma novos sentidos. O sentido de coexistência e enfrentamento entre teses opostas, o sentido de divisão ou pluralidade das posições em psicologia e o sentido das divergências e contradições dos conhecimentos na área.

Do contrário, retoma-se postura essencialmente positivista, onde o conhecimento somente é produzido pela razão, passando a ser definido em termos das próprias realizações da ciência. Assim, qualquer epistemologia que transcenda a análise metodológica dos procedimentos científicos imposta pelo positivismo passaria a ser julgada como extravagante e sem significado (Martins e Bicudo, 1989, p. 11).

Então, questionamentos como: quem é o psicólogo hospitalar, para que serve a psicologia no contexto hospitalar e como garantir o estatuto de cientificidade dos conhecimentos psicológicos em psicologia hospitalar, por exemplo, necessitam ser repensados em universo que evidencia que não há conhecimento sem interesse e muito menos prática sem pressupostos.

Ter uma teoria é possuir uma ferramenta, que se presta a certos fins. É possuir um determinado vocabulário que permite fazer descrições do mundo adequadas a certos propósitos. O que significa dizer que toda pretensão epistêmica é uma tomada de posição ética. (Bezerra Jr., 1992, p. 9)

E essa tomada de posição ética deveria conduzir os psicólogos a um exercício constante de questionamentos de aspectos fundamentais:

> (...) como se conduzir 'adequadamente' diante dos outros e diante de si? Como e sobre que condutas exercer um autodomínio? Como moderar-se, como conter sua natureza, na convivência com os outros e consigo mesmo? Como educar-se e trabalhar-se na construção de uma subjetividade plenamente realizada e bem-sucedida? Como cuidar de si? E com que finalidades se efetuam todas essas reflexões e todas essas práticas éticas? (Figueiredo, 1995, p. 51)

Mesmo assim, o lastro da insegurança permanece. A psicologia como ciência multiparadigmática reflete diretamente o saber (lacunar) e o fazer em psicologia hospitalar (pouco instrumentalizado pela pluralidade deste saber).

Assim, a pretensão de contextualizar a psicologia no contexto hospitalar deve, fundamentalmente, se transformar em tarefa ética para, enfim, eliminar-se a prática do digladio, da exclusão, da desqualificação de saberes como não científicos ou não psicológicos entre os próprios profissionais da área. Do contrário, o psicólogo que atua nas instituições de saúde poderá assemelhar-se a um adolescente que, ao sintetizar o mundo através da visão de seu grupo, não troca, não soma e, o mais grave, não respeita visões diferentes.

> A ética das e nas relações começa sempre com aquilo que aprendemos "dentro de casa" e que passará a refletir o que somos para os outros, a partir do que mostramos ser para nós mesmos. Então precisamos atenuar nossos narcisismos e onipotências! Talvez, só assim, possamos iniciar um processo real de edificação de uma identidade profissional que tem como pressuposto de qualquer de seus paradigmas o respeito ao humano, começando esse humano a ser reconhecido e respeitado dentro de cada um de nós para, então (e só então), estender-se às outras relações e interações. (Chiattone e Sebastiani, 1997, p. 136)

De forma mais coerente e atual, o caminho talvez seja o da integração entre a prática profissional, a formação do psicólogo e a pesquisa.

Um ponto de partida para integrar a contribuição de cientistas, profissionais e educadores parece residir na crescente consciência acerca da complexidade dos fenômenos psicológicos, da sua multideterminação e da possibilidade de múltiplos níveis de descrição e intervenção. Tal consciência demanda, ao contrário do isolamento, uma postura de parceria entre todos. (Francisco e Bastos, 1992, p. 220).

Assim, sem perder de vista a "especificidade do psicológico", o psicólogo deve, além de ser um agente de promoção da saúde mental dos indivíduos, ser estimulado a exercitar-se como um agente de mudanças, não se limitando apenas a ser um mero reprodutor do conhecimento científico e técnico. Para isso, é necessária a ampliação do conceito de ciência (superando o paradigma positivista) e que o profissional seja reinserido no papel de produtor e elaborador de teorias e conhecimentos.

O difícil, o sumamente difícil, é conservar-se na proximidade do estranho, dando-lhe a visibilidade do estrangeiro neste espaço potencial – que já não é mais o da proximidade absoluta, pois inclui a diferença como princípio de estruturação; nesta proximidade do estranho, acolhendo-o e hospedando-o como estrangeiro, podemos nos fazer e refazer a partir de uma experiência que é sempre mais ou menos incômoda: ao acolhê-lo em nossa própria morada somos por ele moderada ou intensamente desalojados. (Figueiredo, 1998)

5.3 O impasse e a construção de caminhos autônomos
5.3.1 A psicologia e o transporte do método clínico para o hospital

Mesmo nas áreas de atuação mais tradicionais, como é o caso da área clínica, verifica-se a necessidade de atender a novas demandas. Mudanças sociais, econômicas, de valores, transformam os indivíduos e as relações que mantêm entre si, o que traz claras implicações para as solicitações de serviços psicológicos (...) Há necessidade de acréscimos. Em alguns momentos, o que se impõe é a criação de novas formas de atendimento, quando os modelos tradicionais não podem ser reproduzidos em outras situações.

> Outras vezes, o problema que se coloca é o da especificidade de uma dada parcela da população, que vai exigir o desenvolvimento de novas estratégias. Ora, os arcabouços teóricos disponíveis, desenvolvidos dentro de modelos tradicionais de atuação devem ser adaptados para poderem ajudar na compreensão destas novas formas de relação.
>
> (Lupo, 1995)

Apesar de assemelhar-se às outras áreas da psicologia em vários aspectos, a psicologia clínica é distinta das demais áreas pela maneira de pensar e atuar, pois o estudo do comportamento, personalidade, normas de ação e seus desvios, relações interpessoais, processos grupais, evolutivos e de aprendizagem constituem-se objeto de estudo de muitos campos da psicologia e também das ciências humanas em geral.

Contudo, a psicologia clínica pressupõe o estudo do comportamento dos indivíduos através de observação direta nos mais variados contextos, distinguindo a observação, a compreensão e a intervenção, em razão das contínuas transformações inerentes ao equilíbrio psicológico dos indivíduos. Portanto, o essencial no fazer do psicólogo clínico refere-se à preocupação com o comportamento, necessidades atuais, interesses e problemas da vida diária das pessoas em questão, enfatizando a experiência nos níveis afetivo e cognitivo e, primordialmente, considerando a diversidade de experiências, mudanças e evolução no autoconhecimento, a qualidade do pensamento e a significação dada a essas experiências (Wyatt, 1968).

Segundo Macedo, ao psicólogo clínico

> (...) diz respeito, sobretudo, o bem-estar das pessoas em sua singularidade e complexidade. Do ponto de vista clínico, o psicológico é resultante da interação do indivíduo com seu ambiente e, portanto, da influência de outros que são relevantes para o desenvolvimento de uma personalidade: os pequenos grupos nos quais as pessoas vivem, bem como as instituições sociais cujo impacto sobre elas são fundamentais para a compreensão de seu modo de ser e agir. (1986, p. 10)

Ressalta-se que a natureza da psicologia clínica relaciona-se com a capacidade de compreensão e intervenção diante dos problemas do homem, objetivando seu bem-estar individual e social. Nesse sentido, a psicoterapia vincula-se ao fazer do psicólogo clínico, tarefa que tem se expandido consideravelmente nos últimos anos.

Porém, essa expansão tem ocorrido de forma irregular em nível social; enquanto as classes mais privilegiadas têm acesso ao tratamento psicoterápico, classes menos favorecidas sequer podem almejar esse tratamento por configurar-se em tarefa onerosa e distanciada de seu poder aquisitivo. Além disso, o tratamento clínico gratuito, em instituições públicas, ainda é limitado no nível das necessidades de grande parcela da população. Esta constatação fica muito evidente quando são abertos novos ambulatórios de psicologia em instituições públicas que rapidamente esgotam sua taxa de ocupação, exibindo longas filas de espera. Esta também é a situação das clínicas-escola ligadas às faculdades de psicologia que atendem gratuitamente.

Dessa forma, é real que a disseminação da prática da psicologia clínica ocorreu atendendo às necessidades de classes mais privilegiadas, utilizando técnicas a partir do referencial dessa clientela, o que aponta as relações de reciprocidade entre uma área do conhecimento com sua práxis e as características do meio em que se desenvolve. A própria evolução da psicologia no Brasil mostra que as características do modelo psicológico introduzido – essencialmente clínico e terapêutico – influenciaram a estruturação dos cursos de psicologia e, portanto, a formação do psicólogo. Em consequência, essa tendência fortaleceu a disseminação das clínicas psicológicas e consultórios particulares, que ainda hoje absorvem a maioria dos psicólogos.

Com a regulamentação do exercício da profissão do psicólogo no Brasil, evidenciou-se a ampliação do mercado de trabalho do psicólogo. Contudo, privilegiou-se a atuação clínica do profissional, na medida em que, neste setor, o desempenho independente do profissional estaria supostamente assegurado (Angelini, 1975).

É fato que desde a década de 1960, com a regulamentação da profissão de psicólogo, o modelo clínico permanece como predominante entre os profissionais da área, sendo que aproximadamente 52% destes profissionais atuam em consultórios particulares, realizando psicodiagnóstico, psicoterapia e aconselhamento, segundo levantamento realizado até 1970 (Mello, 1975).

Ressalta-se que no levantamento realizado por Mello (1975), os psicólogos que atuam em hospitais são classificados como clínicos, pela sua pequena demanda na época.

> Incluem-se nessa área de trabalho todas as atividades de diagnóstico de terapia dos psicólogos, quando realizados em clínicas e consultórios particulares, hospitais, serviços públicos e serviços assistenciais. (Pereira, 1975, p. 47)

Entretanto, ser psicólogo clínico ou fazer psicologia clínica parece transcender, em muito, questões que envolvem o local de atuação. Os psicólogos não podem se considerar clínicos somente porque exercem atividades em clínicas ou consultórios particulares.

Assim, torna-se imprescindível a análise da natureza das atividades exercidas, bem como os objetivos de sua atuação para a consideração adequada da área em que está inserido o profissional.

Para Van Kolck, o psicólogo clínico tem variadas atuações, seja em clínicas particulares ou empresariais, seja em hospitais ou clínicas de repouso e reabilitação, onde integra equipes formadas por assistentes sociais, médicos, terapeutas ocupacionais com o objetivo de dar ao paciente um atendimento completo. Segundo o autor, as experiências em psicologia hospitalar que não deram certo se devem muito ao fato de o psicólogo tentar usar no hospital o modelo clínico tradicional que ele aprendeu.

Segundo Penna,

> (...) o atendimento psicoterápico a pacientes hospitalizados devido a doenças orgânicas está sujeito a peculiaridades que exigem, mesmo de psicoterapeutas experientes, conhecimentos mais específicos e técnicas mais adequadas a esta situação. As condições absolutamente únicas e originais do tipo de pessoas a serem atendidas, das relações interpessoais que se desenvolvem e do ambiente onde se faz o atendimento merecem uma reflexão mais detalhada. (1992, p. 362)

Antes de relativizar a questão apenas em nível ético ou de inadequação pessoal, torna-se necessário destacar que a formação em psicologia tem privilegiado a preparação para o serviço profissional autônomo, através de seguimentos psicoterápicos, independentemente de linhas de embasamento teórico.

Além disso, a manutenção de um modelo de atuação em clínica é constantemente retroalimentado pelas instituições responsáveis pela formação dos psicólogos; o aluno já procura a graduação em psicologia com uma imagem social do psicólogo como clínico especializado e a faculdade incrementa esses anseios, reforçando essa imagem.

A psicologia clínica continua sendo a área de atuação de maior preferência dos graduandos em psicologia e psicólogos em geral. Esta constatação vem confirmar os achados de Mello (1983), do Conselho Federal de Psicologia (1988), Silva (1992), Francisco e Bastos (1992) e Mancebo (1997), que demonstram o maciço encaminhamento de estudantes e psicólogos recém-formados para a área clínica, com preferência pela orientação psicanalítica.

Todavia, ao transpor esse modelo para as instituições de saúde, o psicólogo defronta-se com dificuldades inerentes à própria demanda institucional e à própria limitação de sua formação; mas, mesmo assim, nem sempre busca ampliar sua tarefa, mantendo a tendência de atividades individuais de consultas em consultórios, desprezando a participação em ações integradas às equipes.

> Observamos, por exemplo, o psicólogo que, contratado junto a um hospital geral para prestar serviços em várias clínicas, não responde às demandas específicas da população atendida nesse nível de serviço, que requisitam atuações pontuais (...) (Silva, 1993, p. 32)

nas enfermarias, unidades, junto aos pacientes internados, familiares e à própria equipe de saúde. Ressalta-se, assim, um modelo de retirada da clientela do contexto de internação para uma intervenção do tipo psicoterápica em consultório, muitas vezes impraticável.

Outra questão essencial é referente à compreensão global do atendimento psicológico em saúde para o profissional da área de psicologia, que muitas vezes, ao ser obrigado a transpor o modelo clínico cristalizado pela formação acadêmica, passa a não dar crédito à sua atuação. "Eu ou a faxineira... tanto faz. O paciente falará de seus problemas da mesma forma", dizia uma aluna estagiando em psicologia hospitalar.

Não é incomum constatar que, ao atuar em instituições hospitalares que necessitam de serviços para os quais os modelos tradicionais conhecidos de atuação são dificilmente aplicáveis, os psicólogos cheguem a duvidar da eficiência e cientificidade de sua tarefa, desqualificando-a por não se enquadrar em qualquer das atividades aprendidas nos cursos de formação acadêmica.

Parece interessante diferenciar a atuação clínica da prática psicoterapêutica porque, do contrário, ao se considerar como sinônimas, o modelo clínico único aprendido impõe-se nos diversos níveis de atuação em saúde, sejam eles primários, secundários ou terciários. A atuação psicoterápica que se constitui como um dos braços da psicologia clínica é, muitas vezes, vivenciada pelos psicólogos da área como sinônimo dela.

Assim, quando isso ocorre, o psicólogo desconsidera o tipo de serviço e suas necessidades, exercendo um único modelo (aprendido) de atuação através de seguimentos contínuos e/ou prolongados. É fato que tal modelo pode ser extremamente adequado às clínicas autônomas ou em instituições meramente ambulatoriais; mas são altamente inadequados em hospitais e instituições de saúde por não atenderem às necessidades da instituição e ao tipo de serviço esperado do profissional.

Para Macedo,

> (...) se do ponto de vista do profissional, a identificação com o modelo de atuação clínica tradicional aprendido lhe traz segurança, não tem trazido, no entanto, muito sucesso à aplicação desse modelo em instituições que atendem a população menos privilegiada do ponto de vista sócio-educacional e econômico, pois suas técnicas têm-se mostrado ineficientes fora do contexto dos consultórios particulares (...) Assim, esse modelo tem levado a uma relação patronal, psicólogo-cliente, calcada no modelo de relação médico-paciente, que foge à essência da atitude clínica. (1986, p. 14)

Assim, é consenso que o psicólogo hospitalar deve possuir características próprias, adequadas e específicas ao hospital que, por sua vez, interfere diretamente na inserção e no desempenho técnico do profissional (Angerami e col., 1984, 1988, 1992, 1994, 1996; Lamosa, 1987; Campos, 1987, 1995; Sebastiani e Chiattone, 1991; Neder, 1991; Sólon, 1992; Penna, 1992; Silva, 1992; Campos, 1992; Kovács, 1992; Botega e Dalgalarrondo, 1993; Giannotti, 1995; Sebastiani e Fongaro, 1996; Sebastiani e Santos, 1996; Giannotti, 1996; Chiattone e Sebastiani, 1997). Deve, ainda, seguir requisitos mínimos – teóricos e práticos – para a atuação, orientação e supervisão, formação específica nas áreas clínica e hospitalar, em nível de graduação, especialização ou pós-graduação e experiência pertinente e adequada na área. Nesse sentido, Neder (1991, p. 14) realça que

> (...) nos tempos atuais, dada a abertura dos hospitais ao profissional psicólogo, uma especialização em psicologia hospitalar é esperada acontecer, ao final do curso e/ou depois da graduação.

Sólon (1992), em significativo estudo sobre a caracterização da psicologia hospitalar, verificou que parte dos psicólogos em atuação no hospital avaliados cursavam mestrado, aprimoramento ou especialização em psicologia hospitalar, sugerindo a necessidade de formação específica para a atuação. Neste estudo, 90% dos 100 psicólogos entrevistados asseguraram que a formação em psicologia oferecida pelas faculdades não os preparou suficientemente para a atuação em psicologia hospitalar, denunciando a falta de contato com a área ainda em graduação. Esta lacuna também foi constatada por Lamosa (1987, p. 37) em sua tese de doutorado sobre o psicólogo clínico em hospitais, onde relacionou que a busca de cursos complementares à formação em psicologia asseguraria conhecimentos para o exercício profissional

> (...) em uma nova área de trabalho que carece de estrutura de graduação, isto é, subsídios teóricos e práticos compatíveis com o desempenho na área hospitalar.

Uma das principais críticas à formação do psicólogo reside na questão do privilégio de uma formação individualista e egocêntrica, onde ele permanece fechado, na maior parte das vezes, aos problemas referentes à sua classe e à sociedade como um todo. Mas a questão da formação do psicólogo vem sendo repensada, derivando em trabalhos, pesquisas e discussões que envolvem a reforma curricular (visando adaptar o currículo mínimo aos progressos da ciência psicológica) e o acompanhamento dos cursos de graduação, entre outros temas. Infelizmente, na área de psicologia hospitalar, essas modificações têm sido muito limitadas.

Todavia, ressalta-se que, além de formação específica em psicologia hospitalar, o aluno ou psicólogo que procura a área de saúde tem de ser sensibilizado para apreender a área de psicologia como prática socialmente articulada nas instituições de saúde, em atuação comprometida e centrada nas realidades sociais. Além disso, é preciso que os psicólogos hospitalares aceitem que são profissionais da saúde, inseridos num contexto maior, a instituição em si, a saúde como bem da coletividade, em amplitude bem maior do que a consideração dos fatores patógenos que incidem no plano individual. É necessário atuar a partir da análise do que se apresenta como necessidade de trabalho e das demandas e não como mera transposição de modelos previamente aprendidos.

Unem-se aqui a necessidade de transformação dos modelos de atuação nos vários segmentos profissionais e acadêmicos e a indefinição pautada pela crise de identidade da psicologia clínica, que ressalta o conflito entre a concepção clássica dessa área e as novas solicitações de trabalho – as áreas emergentes.

Mesmo em áreas tradicionais, como a área clínica, atualmente constata-se a necessidade de atender a novas demandas advindas de transformações sociais, econômicas, de valores e relacionais entre os indivíduos, o que define especificidades nas solicitações de serviços psicológicos, novas formas de atendimento, novas estratégias, exigindo adaptação dos modelos tradicionais de atuação.

Estas questões são fundamentais principalmente porque a psicologia hospitalar diferencia-se da psicologia clínica em alguns pontos fundamentais, baseada

> (...) na premissa de que há uma dinâmica própria da área hospitalar (e *lato sensu*, na área da saúde) que interfere na inserção e no desempenho técnico do psicólogo, e que gera, obrigatoriamente, a revisão dos referenciais teóricos, acadêmicos e até mesmo práticos da psicologia. (Lamosa, 1987, p. 30)

5.3.2 As referências da especificidade da psicologia no contexto hospitalar

5.3.2.1 A institucionalidade: limites e resistência

A atuação do psicólogo hospitalar está diretamente determinada por limites institucionais, pela instituição em si – o hospital – caracterizada por regras, rotinas, condutas específicas, dinâmicas que devem ser respeitadas e seguidas, limitando as possibilidades de atuação do profissional. No hospital, o psicólogo deve, então, redefinir seus limites no próprio espaço institucional e juntamente com outros profissionais. Assim, no hospital, é importante que ele perceba a necessidade, segundo Silva (1992), de estar alerta ao constante aprendizado que suas práticas oferecem. Além disso, que compartilhe com o grupo suas práticas de atuação transmitindo a ideia de trabalho socialmente articulado, ou seja, que incorpore o trabalhar em equipe interprofissional.

O psicólogo no hospital deve, portanto, inserir-se nas equipes de saúde, não em um movimento de simplesmente incluir-se, mas sim de fixar-se, afirmar-se, interagir. Há, nessa medida, urgente necessidade de delimitação e readequação das ações do psicólogo, bem como de estabelecimento de novos fluxos de comunicação. O ambiente hospitalar interfere no desempenho técnico e na definição da tarefa psicológica. A nova tarefa, exercitada em rotina diária, nem sempre está alicerçada em modelo teórico específico. Assim, é necessária avaliação dessa nova dimensão e contextualização de referencial teórico-prático próprio que discrimine atividades exercidas em hospitais das demais atividades dos psicólogos.

Contudo, é preciso apontar que essa entrada do profissional da área de psicologia no hospital, ao pressupor adaptações teórico-práticas, pode induzir o profissional a correr o risco, para ser "aceito" (por ser minoria), de moldar-se ao modelo médico tradicional. Para Botega e Dalgalarrondo

> (...) a nova convivência entre as especialidades médicas e profissionais de saúde mental implica redefinição de papéis e procura de identidade. Isso numa época em que a própria assistência médica encontra-se em crise, uma crise que também atinge seus profissionais. (1993, p. 59)

Além disso, muitas vezes ainda não estão bem delimitados, pela instituição de saúde e pelo próprio profissional que adentra ao hospital, os papéis, as atividades e atitudes esperadas desse novo profissional, pois ainda é nebulosa a relação entre as necessidades do saber psicológico e a demanda da instituição de saúde. Assim, por exemplo, em muitos hospitais, a função de psicólogo hospitalar inexiste ou necessita ser criada e fundamentada.

Em 1975, Lamosa, ao elaborar o primeiro perfil para o preenchimento de cargo e desempenho de funções do psicólogo no hospital, apontou que, apesar de existente, o psicólogo ainda não se mostrava reconhecido, não havendo planos de trabalho a serem desenvolvidos, metas a serem alcançadas e muito menos expectativas de ambos os lados.

> Parece que estão ambos perplexos, observadores expectantes, nesta relação psicólogo-hospital. (Lamosa, 1987, p. 69)

Se é real que os papéis – tanto para o próprio psicólogo que adentra ao hospital, como para a instituição de saúde – não estão bem definidos, este movimento de inserção pode tornar-se completamente anômalo; se para o psicólogo, a expectativa é prestar assistência psicológica a pacientes com problemas orgânicos, para o hospital, a expectativa gira em torno de que o psicólogo seja o especialista de problemas exclusivamente psicológicos, sem qualquer visão integrativa.

Mas não é esta a expectativa do psicólogo que atua em instituições de saúde. Em geral, ele ingressa na instituição fortemente imbuído de uma ideologia integradora e holística em saúde, baseada nas concepções psicossomáticas e de não exclusão dos aspectos psicológicos, ambientais, familiares e institucionais que definem o processo de doença.

Para Anency Giannotti,

> (...) estamos diante de um importante paradoxo: a expectativa que o corpo médico tem do trabalho do psicólogo é diferente da expectativa que o psicólogo tem de sua tarefa junto à instituição médica (...) Os psicólogos estão ingressando nas instituições médicas muito antes que o corpo médico e os profissionais de saúde tenham reconhecido ou sentido sua necessidade e muito antes que a instituição, como cliente, tenha solicitado seus serviços, para abordar seus conflitos e suas contradições. (1996, p. 32)

E nessa medida, o psicólogo encontra um espaço institucional resistente – segunda característica peculiar da psicologia hospitalar, na medida em que o psicólogo no hospital não era elemento previsto, dada a valorização do aspecto orgânico das doenças e dos doentes, em detrimento do aspecto psíquico, refletindo a força do modelo biomédico, em detrimento do modelo biopsicossocial. Assim,

> (...) mesmo no caso de instituições que conferem um valor positivo ao atendimento psicológico, a possibilidade de realização de um trabalho melhor ou pior sofre a influência da "cultura psicológica" de cada serviço. Esta dependerá da equipe médica, de seu grau de conhecimento sobre psicologia e psiquiatria e de reações inconscientes de aceitação ou de rejeição de fatores emocionais. (Penna, 1992, p. 363)

Assim, apesar de a presença do psicólogo nos hospitais gerais ter trazido evidentes benefícios para pacientes, familiares e para as equipes de saúde, no sentido de atenção aos aspectos psicológicos das doenças orgânicas e do apoio específico à tríade paciente-família-equipe de saúde, como preconizam Greenhill (1979), Cohen-Cole et al. (1986), Lipowski (1986), Barros e Santos (1990), Miguel Filho e col. (1990) e Spink (1992), entre outros, essa mudança fundamental não ocorreu sem obstáculos.

Anteriormente, as equipes de saúde podiam compartilhar de determinado referencial assistencial, baseado em paradigma predominantemente biológico, calcado no saber biomédico. Com a entrada do profissional de saúde mental no hospital, os profissionais de saúde passaram a atuar em contextos comuns, mas com modelos divergentes (Ferrari et al., 1977; Giannotti, 1996). Enquanto um grupo exercita o saber biomédico, os profissionais de saúde mental baseiam-se no modelo biopsicossocial na execução de sua tarefa. Dessa forma, a entrada de profissionais e da prática da saúde mental no hospital geral pode resultar em relação tensa, onde, apesar de os modelos assistenciais poderem enriquecer, também poderão entrar em conflito ao competir pela hegemonia teórica e prática das ações de saúde.

É real que o hospital, enquanto estrutura institucional, possui mecanismos que reforçam um modelo fortemente verticalizado, pautado no modelo biomédico anteriormente citado. Por outro lado, o saber médico e o saber psicológico podem e devem ser complementares dentro do modelo biopsicossocial.

Ressalta-se que a referência à horizontalização da tarefa não nega a necessidade institucional de hierarquia dentro dos conceitos éticos de organização e métodos. Ao contrário, considera-se que o processo de atenção ao doente seja dinâmico, permeado por momentos emergentes específicos que pressupõem a liderança de um ou outro profissional de saúde de forma articulada. É certo que a cultura institucional calcada no modelo biomédico reforça um modelo fortemente verticalizado. Entretanto, se os objetivos da tarefa para o psicólogo não estiverem claros e, principalmente, se ele se afastar das expectativas institucionais, o saber, facilmente, torna-se excludente, a disputa pueril se instala, a postura radicalmente verticalizada se reforça, perdendo-se a oportunidade de crescimento científico e de contribuição para o exercício da visão holística em saúde.

Hoirisch (1984) refere-se à metáfora "corpo estranho" para definir a entrada de profissionais da área de saúde mental no hospital, incluindo as dificuldades de relação desses profissionais nas instituições. Além disso, ser visto como intruso pode criar rivalidades, competição e hostilidade na luta pelo espaço institucional (Botega e Dalgalarrondo, 1993).

Assim, é necessário repensar a mentalidade ainda vigente nos conceitos de atenção à saúde que, não raro, influenciam o profissional. O poder que muitos experimentam é, às vezes, sedutor, podendo gerar disputas entre a equipe imatura em torno de temas subjetivos como "quem é o dono do paciente?", "quem manda na equipe?", ou, ainda, melindres como sentir-se invadido em sua área por outro colega.

Então, o que se torna evidente é que podem levar o psicólogo ao exercício de uma subpsicologia:

- a sua entrada indiscriminada em hospitais sem formação específica na área de psicologia hospitalar;
- a coexistência de modelos tão díspares dentro do mesmo local de atuação (modelo biomédico × modelo biopsicossocial);
- a inexistência de um paradigma claro da especialidade refletindo a pluralidade teórica e metodológica da própria psicologia e determinando a ausência de expectativas coerentes e objetivos claros na tarefa, tanto por parte dos psicólogos, como da instituição de saúde;
- principalmente a ausência de crítica dessas questões.

O psicólogo se converte em auxiliar da tarefa médica. E nesta posição – de aspirante nos serviços de saúde mental –, a sua tarefa não é percebida como essencial.

Nesse sentido, pode levar autores como Naffah Neto (1995) a questionarem a serventia do psicólogo hospitalar, senão como aplicador de testes e auxiliar da equipe médica em diagnósticos diferenciais que envolvam o psíquico. Ou, pior, um recém-formado em busca de ganha-pão que fica, geralmente, aliviado que lhe deem algo que sabe para fazer – mesmo que muitas vezes o saiba de forma insipiente.

A seu lado, Abram Eksterman (1992) critica a participação de psicólogos no hospital geral, ressaltando os "defeitos estruturais" da tarefa que, em sua opinião, visa ao ajustamento de pacientes a modelos assistenciais, como um agente dos interesses da instituição hospitalar, menosprezando as reais necessidades dos pacientes. A crítica também se estende à heterogeneidade teórico-prática do psicólogo hospitalar que, muitas vezes, confunde ao invés de esclarecer os profissionais de saúde. Para Eksterman, psicólogos com sólida formação psicodinâmica conseguem estabelecer estratégias de atendimento próximas ao modelo da psicologia médica.

Estão envolvidos nessas críticas alguns fatores significativos. Embora contundentes, expressos por consideráveis profissionais, merecem cuidadosa reflexão. É real que a ausência de uma linha uniforme e homogênea que fundamente a atuação do psicólogo no hospital, realçada pela pluralidade inerente à própria psicologia, associada ao despreparo profissional, em decorrência de formação falha na área, pode resultar em trabalhos insipientes, dirigidos erroneamente aos anseios da instituição e não dos pacientes. Ocorre que muitos psicólogos, no início do desenvolvimento da psicologia no contexto hospitalar, realmente adentraram ao hospital como "aplicadores de testes", como auxiliares nas equipes de saúde mental. Portanto, é mister diferenciar que nessa interface encontram-se contextualizações diferentes, que não condizem com a tarefa do psicólogo no hospital. O fator definitório não é o local de trabalho e sim a definição da tarefa.

Assim, um psicólogo que atua subordinado a um serviço de saúde mental em um hospital geral, realizando e complementando diagnósticos psicológicos ou psiquiátricos, realizando consultoria, **não é um psicólogo hospitalar,** não exerce uma prática de ligação entre a psicologia e a medicina, não é presença constante nas enfermarias, unidades e ambulatórios, não abrange a tríade paciente, familiares e equipe de saúde em modalidade definida como de assistência, ensino e pesquisa. Ressalta-se que muitos deles se incluem nessa categoria, inclusive em importantes centros hospitalares do país, mas sua tarefa se define como essencialmente clínica, psicodiagnóstica, delineada por uma chefia médica (em geral, psiquiátrica). Dessa forma, os contornos teórico-práticos estão contextualizados em outro sentido. Não se trata de psicólogos hospitalares. Igualmente, muitos se incluem em equipes de recrutamento, seleção e treinamento nos hospitais gerais e exercem prática distinta, fundamentada na psicologia organizacional.

Outro aspecto relevante refere-se ao posicionamento do psicólogo hospitalar como auxiliar dos médicos em diagnósticos diferenciais. Aqui novamente é preciso relembrar que se inclui na assistência psicológica exercitada no hospital geral a função de realização de diagnósticos diferenciais. Antes de caracterizar esse aspecto como pejorativo, retoma-se a definição de ligação entre a psicologia e a medicina, onde, ao lidar com doentes orgânicos, os psicólogos defrontam-se com a sobreposição de alterações psicológicas decorrentes das doenças. O diagnóstico diferencial é primordial no tratamento psicológico, pois, através dele, o psicólogo hospitalar tem condições mais precisas de estabelecer uma hipótese diagnóstica e definir os focos de atendimento psicológico.

Os aspectos psicológicos podem, portanto, estar subjacentes às doenças orgânicas, configurarem-se como fatores desencadeantes ou se apresentarem como consequências do próprio tratamento, internação ou da doença em si. Além disso, várias doenças exibem rica sintomatologia psicológica, como é comum se verificar em pacientes com insuficiência renal crônica, lupus, diabetes, tumores cerebrais, traumatismos cranianos, encefalopatias, hepatopatias, pneumopatias, cardiopatias e endocrinopatias, entre tantos outros.

Realizar um diagnóstico diferencial nesses casos transcende, em muito, o auxílio da equipe médica em seu diagnóstico. Define com precisão a avaliação e a evolução do tratamento psicólogico. Mas é preciso reconhecer que ainda hoje alguns psicólogos, no afã de se sentirem aceitos e considerados no hospital, aceitam a tarefa de "auxiliares", "ajudantes", "assistentes", como reflexo de despreparo, insegurança, que podem estar subjacentes à própria indefinição dos paradigmas que definem a psicologia hospitalar. Ainda é possível reconhecer psicólogos "ajudantes" no centro cirúrgico, nos ambulatórios ou nas visitas médicas, em tarefa de busca de prontuários, exames, material dos pacientes etc. Ocorre que esses colegas estão muito distanciados da psicologia hospitalar. Quando muito, exercem atividades como "agentes administrativos". Em geral, duram muito pouco tempo nas instituições... (como psicólogos).

É possível ainda refletir-se sobre a crítica de que a tarefa do psicólogo hospitalar pressupõe o ajustamento de pacientes a modelos assistenciais, sendo o profissional um agente dos interesses da instituição. Novamente, tem de se ressaltar a discordância entre os verdadeiros objetivos da psicologia hospitalar e o despreparo profissional. Durante algum tempo, ao adentrar ao hospital, o psicólogo buscou, através de sua práxis, aprofundar-se e se preparar teoricamente para a nova área de atuação. Mas, para a instituição, a situação também se configurava dessa forma.

O hospital não tinha claro o verdadeiro papel do psicólogo, assim como suas equipes de saúde. Como a demanda psicológica nas instituições era significativa, os pedidos muitas vezes refletiam situações de emergência, o que fez, durante muito tempo, os psicólogos se autodenominarem de "bombeiros" pela quantidade de pedidos para "apagar o fogo" em situações críticas no hospital.

Com a evolução da especialidade e melhor reconhecimento da tarefa psicológica no contexto hospitalar, as práticas tornaram-se rotineiras, com enfoque preventivo e não mais curativas e agudas, como anteriormente. Pedidos urgentes para "acalmar o paciente que se nega a realizar a cirurgia", "estimular a administração de medicamentos", "convencer os familiares a desistir de uma alta a pedido" dificilmente são recebidos em instituições atualmente. Nesse aspecto, talvez alguns psicólogos, por inexperiência, podem ter exercitado prática conivente com os interesses da instituição hospitalar. Todavia, essa delimitação é incrivelmente sutil; ao ser um agente de humanização no hospital, o psicólogo hospitalar amplia seu modelo assistencial ao paciente, aos familiares, às equipes de saúde e à própria instituição. Naturalmente, os interesses dessa instituição estão envolvidos na amplitude dessa tarefa. O que é necessário definir é que essa humanização pressupõe sempre, em primeira instância, o bem-estar biopsicossocial do paciente. Assim, a ampliação da tarefa aos familiares, à equipe de saúde e à própria instituição são consequência dessa delimitação. E nesse sentido, o psicólogo não é um agente dos interesses da instituição.

Por fim, como última crítica ao posicionamento teórico-prático do psicólogo que atua no hospital, é evidente que a pressão do mercado de trabalho fez com que uma grande quantidade de profissionais adentrassem ao hospital sem o devido preparo advindo da formação e sem a preocupação de um aperfeiçoamento ou especialização. A pressão do mercado de trabalho não pode ser uma crítica negativa. Na verdade, é o mercado que define áreas emergentes em diferentes profissões, delineando novos campos de aplicação, como no caso da psicologia hospitalar. Dessa visão a sugerir que os psicólogos, sem campo de atuação, adentrem no hospital, tem-se uma grande distância.

Nessa medida, talvez seja interessante posicionar o alicerce da práxis do profissional de saúde. Ao estar diante de um paciente, o profissional, independentemente de sua formação, está diante do sofrimento humano, pela vivência da situação de ser e estar doente. A complementaridade, nesse sentido, transcenderia a mera diferença estrutural do saber, pois aponta, ou deveria apontar, para a completude do ser doente. A ética da existência humana é única e permanece, independentemente do contexto, do profissional, da ação, do saber.

Assim, a discussão em torno do espaço institucional resistente vai além da complexidade inerente ao conhecimento dos profissionais atuantes em instituições de saúde. Reflete a interface dos questionamentos atuais sobre as conceituações de saúde. Se a instituição de saúde apresentar-se voltada essencialmente para os aspectos orgânicos da doença ou do doente, exibirá o saber médico, ou biomédico, em sua plenitude. E nela, evidentemente, a ordem psicológica ou o saber biopsicossocial em saúde será excludente. Mas, se oferece saúde nessas instituições?

Um hospital geral é campo fértil para esses questionamentos, pois traz em seu bojo as especialidades ou as divisões inerentes ao ser doente. Mas, mesmo assim, a discussão deve girar em torno das características próprias concernentes a cada contexto institucional, evitando-se a generalização de conceituações.

5.3.2.2 A multiplicidade de enfoques e solicitações

> No Hospital, o profissional de saúde mental deve atuar com flexibilidade, num 'estilo' que só o tempo e a experiência vão delineando (...)
> Tanto quanto possível, a atuação profissional precisa ser objetiva, numa relação simétrica com os outros integrantes da equipe de saúde.
> Adivinhações inspiradas ou elegantes formulações teóricas, repletas de jargão, são cacoetes da especialidade. Bloqueiam a comunicação e a tarefa assistencial.
> (Botega e Dalgalarrondo, 1993)

Definindo-se como diferença significativa entre a psicologia no contexto hospitalar e a psicologia clínica tradicionalmente definida como disciplina, no hospital, o psicólogo deve transpor os limites de seu consultório, mantendo contato obrigatório com outras profissões, o que determina multiplicidade de enfoques ao mesmo problema e, em consequência, ações diversas.

Para Anency Giannotti (1996, p. 15),

> (...) entende-se atualmente que o que se pretende em relação à saúde não seria de competência de um único profissional, mas uma tarefa multidisciplinar. Profissionais de áreas diversas, representantes de várias ciências, agregar-se-iam

em equipes de saúde, tendo como objetivos comuns: estudar as interações somatopsicossociais e encontrar métodos adequados que propiciem uma prática integradora, tendo como enfoque a totalidade dos aspectos inter-relacionados à saúde e à doença.

Partindo do pressuposto de que o ser doente deve ser considerado nas três esferas (biopsicossocial), onde uma esfera interdepende e se inter-relaciona à outra, mantendo o ser doente, intercâmbios contínuos com o meio em que vive, num constante esforço de adaptação à sua nova condição de doente (Olivieri, 1985; Chiattone e Sebastiani, 1991), define-se a abrangência multidisciplinar e estratégica da atuação do psicólogo hospitalar pelo reconhecimento do campo de saúde como uma realidade complexa que necessita de conhecimentos distintos integrados e que define o problema da intervenção de forma imediata. Estas ações deveriam envolver profissionais de diferentes áreas em uma rede de complementaridade, onde são mantidas as exigências organizacionais unitárias.

Fortalecendo a premissa de que saúde é um assunto para muitos profissionais, a abordagem em equipe deve ser comum a toda a assistência à saúde. O principal aspecto positivo da atuação em equipe é a possibilidade de colaboração de várias especialidades que denotam conhecimentos e qualificações distintas. Esse mesmo aspecto pode dificultar a compreensão mútua e a possibilidade de uma tarefa uniforme, pelas diferenças próprias de cada área, tanto no nível do conhecimento em si, como da própria tarefa.

Ainda que a constatação da importância do trabalho em equipe seja real para os psicólogos que atuam em instituições hospitalares, não existem análises sistemáticas referentes à sua eficácia.

A identificação da importância dessa abordagem passa pela própria definição de equipe que abrange uma ampla gama semântica – **interdisciplinar, multidisciplinar, intradisciplinar, transdisciplinar, intraprofissional** e **interprofissional**, embora possam ser apontadas algumas tentativas de distinção entre si.

De uma forma geral, a equipe multidisciplinar pode ser definida como um grupo de profissionais que atuam de forma independente em um mesmo ambiente de trabalho, utilizando-se de comunicações informais. Ao distinguir a equipe como grupo de trabalho, do trabalho de colaboração em equipe, é possível verificar que os grupos de trabalho correspondem às equipes multidisciplinares, onde os profissionais de saúde se unem pelo fato de a tarefa ocorrer em um mesmo ambiente, não necessariamente partilhando suas tarefas, constatações e responsabilidades que visariam aprimorar o serviço.

O trabalho de colaboração em equipe distingue-se pela uniformidade dos objetivos a serem atingidos, realçando as relações de troca entre os diferentes membros. Assim, o trabalho em colaboração da equipe corresponderia ao trabalho em equipe interdisciplinar, que é definida como um grupo de profissionais com formações diversificadas que atuam de maneira interdependente, inter-relacionando-se num mesmo ambiente de trabalho, através de comunicações formais e informais.

Uma avaliação genérica pode demonstrar que, na prática, a maioria das equipes se encaixa entre a definição da equipe como grupo de trabalho e do trabalho em colaboração da equipe.

Nas instituições de saúde, por exemplo, as equipes assumem uma rica variedade de tipos e subtipos, normalmente definidos pelo contexto institucional em que estão inseridas. Enquanto algumas seguem uma rígida hierarquia, delimitada por um chefe da área médica e, em linha decrescente, assistentes, residentes, internos e outros profissionais de saúde – onde se inclui o psicólogo –, outras equipes funcionam alternando posições de destaque e liderança, conforme o momento e a situação, como na década de 1960, funcionando algumas equipes de assistência à saúde mental.

É possível também discriminar equipes mais estruturadas, onde inicialmente um dos elementos assume a direção na assistência, seguindo-se uma alternância entre outros membros que possuem habilidades básicas comuns e qualificações mais específicas, seguindo sua determinada formação. Em equipes menos estruturadas, seus membros podem ocupar posições mais ou menos fixas, mas, em contrapartida, podem atuar, conforme as circunstâncias, em qualquer posição.

Seguindo três premissas básicas, as equipes de assistência à saúde, em um enfoque interdisciplinar, definem, primeiramente, que seus membros devem ter a mesma noção de papéis, normas e valores. Além disso, a equipe tem de funcionar de maneira uniforme e colaboradora e o resultado advindo dessa relação deve atingir sempre o paciente.

A compreensão e a definição clara dos papéis profissionais associados a determinada tarefa são indispensáveis nas instituições de saúde, principalmente porque a indefinição ou a ambiguidade relativa ao papel profissional pode gerar conflitos na equipe, ao serem acumuladas expectativas inadequadas ou mal delimitadas entre seus membros. A delimitação do papel profissional acompanha as expectativas dos outros membros da equipe quanto ao papel que o profissional em questão deve exercer, acrescidas das próprias expectativas do profissional sobre sua capacidade de realização e de interpretação das expectativas dos outros. Em geral, no hospital geral, é muito comum ocorrerem conflitos em equipes compostas por profissionais com distintos graus de instrução e conhecimentos sobre as outras especialidades, sendo que o potencial conflitivo torna-se aumentado: se não houver compreensão das capacidades dos membros, se o profissional visualizar a tarefa como invasão de terreno dos outros profissionais, se assumir um comportamento defensivo em prol das prerrogativas profissionais e se acreditar na falha de utilização plena das qualificações dos outros membros.

As normas também exercem uma importante função para a execução das tarefas e para a manutenção do trabalho em equipe no hospital. Referem-se às regras implícitas, à noção coletiva que definem o funcionamento da equipe e a resolução de problemas, aumentando a probabilidade de reações previsíveis que, ao lado das normas de flexibilidade, apoio e comunicação aberta, evitam disfunções da equipe.

O período da manhã em um hospital geral – considerado como "horário nobre", pela presença de todos os membros das equipes, além da realização de atividades como visitas médicas, discussão de casos, reuniões científicas etc. – pode ser apontado como um exemplo da necessidade de delimitação de normas na execução das tarefas na equipe. Como é neste horário que ocorrem as definições da evolução diária, com determinação terapêutica a ser seguida, é também o momento de avaliação rigorosa de todos os membros das diferentes equipes que cuidam dos pacientes. Além disso, o período da manhã também inclui o horário de higiene pessoal dos doentes, a troca dos leitos, de curativos e, em enfermarias cirúrgicas, a rotina de envio dos pacientes ao centro cirúrgico. Todas essas atividades, portanto, devem funcionar em perfeita harmonia. Nessa intensa dinâmica, o psicólogo deve inserir suas avaliações e seus atendimentos, respeitando e sendo respeitado por outros membros, mas, principalmente, deve estar muito atento às regras implícitas e às normas que regem um bom funcionamento da enfermaria.

Paralelamente às normas, os valores da equipe referem-se às justificativas ideológicas e às aspirações gerais de seus membros. São eles os responsáveis pela organização da equipe no contexto institucional, além de definirem os valores individuais de cada membro. Para um bom funcionamento da equipe, seus membros devem possuir os mesmos valores básicos.

Uma excelente configuração de equipe pode estruturar-se quando seus membros se juntam em torno da humanização do atendimento a pacientes doentes e hospitalizados. Os valores embutidos na tarefa diária podem se transformar em importantes mecanismos por melhora na qualidade de vida dos pacientes, estendendo-se aos familiares e aos próprios colegas de trabalho.

Pequenas modificações podem incluir-se, como a perfeita harmonização de horários entre os profissionais, maior tolerância nas rotinas diárias (permanência de familiares acompanhantes, por exemplo), respeito primordial às necessidades dos pacientes, preparo para condutas diagnósticas e terapêuticas, afetividade e sensibilidade nas relações com doentes e familiares, grupos interdisciplinares para uniformização da tarefa, em prol das necessidades dos pacientes etc.

Para um bom funcionamento das equipes no hospital geral, elas devem mesclar objetivos relacionados aos pacientes com as metas de manutenção da equipe, discutindo abertamente os conflitos e problemas de comunicação. No hospital geral, essa conjunção de propósitos é primordial pelo estresse da tarefa.

Se teoricamente é possível discriminar a eficácia do trabalho em equipe na assistência à saúde, na prática o é verificar muitos problemas em nível de relações, que quase sempre se referem a uma conjunção de fatores externos e internos.

Quanto aos fatores externos que afetam o funcionamento das equipes, pode-se destacar que estas recebem influências advindas de vários níveis: desde fatores referentes ao ambiente em si, onde as equipes estão inseridas, às questões que envolvem a organização dessas equipes, até o tipo de trabalho, as características da clientela e a tecnologia utilizada na assistência.

Nas instituições hospitalares, os psicólogos que compõem as equipes coexistem com uma determinada organização que sempre segue regras, influências políticas e sociais que delineiam os objetivos e as prioridades. Toda organização coexiste em um determinado ambiente físico, tecnológico, cultural e social, ao qual deve se adaptar para um bom funcionamento.

Esse ambiente é um fator definitório dos recursos acessíveis à organização, da amplitude e natureza dos problemas e das necessidades humanas com as quais se defronta. É a partir do ambiente que também se define o sistema de valores, onde se padronizará o funcionamento do grupo, as restrições políticas e legais às quais ele necessita se adaptar e a tecnologia de serviços humanos acessível.

Nessa organização hierarquizada, a equipe pode estar sujeita a influências definidas "de cima para baixo", a partir das autoridades administrativas, e de "baixo para cima", a partir dos pacientes e familiares.

Também deve ser levada em consideração a estrutura da própria organização. Uma instituição hospitalar abrange grande número de profissionais, distribuídos em departamentos, serviços e unidades e que atuam em equipe rotineiramente. As relações entre os seus membros podem ocorrer a partir de um referencial administrativo, no qual elas refletem o modelo hierarquizado estrutural, ou a partir de um referencial clínico, onde se sobressai a hierarquia médica. Tem-se então, ao mesmo tempo, definido essa relação como uma convivência (às vezes conflitante) entre os objetivos da própria equipe, os objetivos administrativos e os objetivos clínicos.

A ampliação da aplicação de programas em saúde nas instituições médicas e hospitalares tem, mais recentemente, transformado essa estrutura tradicional das equipes. Através de programas em saúde, as equipes têm existência própria, independentemente dos departamentos profissionais, com metas e tarefas específicas, definidas pela demanda do programa em questão.

A categoria profissional de cada membro da equipe de saúde não é o único fator responsável pelas diferenças relacionadas ao *status* nas relações em equipe. A categoria profissional, onde se incluem as características teórico-práticas, afeta a noção que os membros de um grupo possuem relativa à atuação em equipe. Assim, médicos, enfermeiros, psicólogos, assistentes sociais, nutricionistas, fisioterapeutas, biomédicos etc. concordam com o trabalho em equipe, mas cada grupo segue razões diferentes. Enquanto a equipe médica, em geral, considera os profissionais paramédicos como "ajudantes" e como extensão do próprio papel, acreditando e exercitando atuação em equipe onde esses profissionais exercem papel subordinado, os profissionais paramédicos acreditam e buscam exercitar o trabalho em equipe como um mecanismo que lhes confere a possibilidade de acesso direto ao tratamento do paciente; com isso, garantem a melhora de seu próprio *status*, além de buscar uma forma de trabalho em equipe que favorece relações cordiais recíprocas com a equipe médica.

Nessa medida, a contextualização da atuação em equipe inicia-se pelos valores individuais de cada membro, é reforçada pela formação e objetivos profissionais em cada área, para só então unir-se em reflexões integrativas ao paciente.

Assim, é evidente que a essência em psicologia hospitalar segue a óptica do trabalho em equipe, onde visões e enfoques diferentes de um determinado problema fazem crescer as possibilidades de intervenção sobre ele. A viabilidade desta proposta não implicaria a obrigatoriedade de todos os profissionais de saúde estarem sempre envolvidos em todos os tipos de atendimento: individual ou de grupo; mas é preciso que existam momentos de preparo, elaboração e discussão destas composições grupais e seus conteúdos visando à integração e à troca de conhecimentos.

Entretanto, ocorre que, apesar da evidente necessidade de evolução da concepção de saúde como modelo de integração, considerando-se saúde como um assunto para muitos profissionais, a visão biopsicossocial em saúde ainda permanece, na maioria das instituições de saúde, contextualizada como um ideal.

Ao relembrar que a atuação do psicólogo no contexto hospitalar não está somente limitada à atenção direta aos pacientes, estando a tríade paciente-família-equipe de saúde sempre fundamentando a atuação do profissional, cabe ao psicólogo participar de equipes multi ou interdisciplinares, onde o seu saber será compartilhado com outros membros, com formações e práticas distintas.

Talvez seja mais honesto ainda considerar-se o termo multidisciplinar ou multiprofissional, pois ele, em síntese, traduz a realidade, ou seja, vários profissionais atendendo o mesmo paciente, mas não necessariamente de forma integrada e complementar nas instituições de saúde. Mesmo reconhecendo que essa situação acaba por fragmentar ainda mais o paciente, através da falta de comunicação entre os diferentes profissionais, agravado pela ausência de experiência e de formação para o trabalho integrado, acrescido das próprias circunstâncias do trabalho institucional, o ideal de uma prática interdisciplinar, defendido como primordial no atendimento em saúde, sugere ainda permanecer como um desafio de integração, coparticipação e horizontalização dos saberes e das tarefas.

Diante desse impasse, uma alternativa coerente aos profissionais que almejam participar de verdadeiras equipes interdisciplinares talvez seja a própria busca de posturas mais atualizadas, e principalmente éticas, em relação ao trabalho em equipe e à própria visão integral do paciente.

A complicar ou reforçar esse aspecto, a atuação do psicólogo hospitalar é permeada pela multiplicidade de solicitações. Assim, ora ele atende um paciente em pré-operatório, ora um surto psicótico na UTI, ora uma tentativa de suicídio no pronto-socorro, ora um paciente terminal, ora um paciente que não aceita tomar a medicação, ora um familiar desestruturado ou, ainda, um membro da equipe de saúde "estressado".

Essa amplitude abrange desde distúrbios de comportamento, influência de fatores psicológicos sobre o funcionamento orgânico, reações de não aderência ao tratamento, distúrbios de personalidade afetando as relações, manifestações depressivas e de ansiedade, casos de dor crônica ou aguda, distúrbios de sono, quadros de *delirium*, demência e outras síndromes organocerebrais, disfunções sexuais com etiologia orgânica e/ou psíquica, manifestações decorrentes de efeitos de medicamentos, distúrbios psiquiátricos, estados terminais, casos de abuso sexual e maus-tratos, entre tantos outros. À multiplicidade de solicitações segue a consistente e rápida capacidade de ação emergencial do profissional.

No hospital, o psicólogo possui uma extensa área de ação, muitas vezes não se circunscrevendo apenas àquelas que envolvem os conhecimentos aprendidos durante sua formação. Assim, o alcance, as limitações ou o tipo de atendimento realizado estarão intimamente ligados à situação em si, ao contexto, às necessidades do paciente assistido ou da população-alvo.

É preciso, então, atuar com flexibilidade, pois a atuação profissional necessita ser objetiva, em relação simétrica com os outros integrantes da equipe de saúde. Adivinhações inspiradas, formulações teóricas repletas de jargão são cacoetes da psicologia e quase sempre bloqueiam a comunicação e a tarefa assistencial.

No hospital, a multiplicidade de solicitações ao psicólogo está intimamente ligada à intensa variabilidade de transtornos psicológicos ou psiquiátricos presentes em pacientes internados em hospitais gerais. Assim, enquanto para Mayou e Hawton (1986) essa diversidade também está presente no estabelecimento de múltiplas categorias diagnósticas, para Lipowski (1967) a multiplicidade de solicitações é real, pois de 30% a 60% dos pacientes internados em hospitais gerais e de 50% a 60% dos que estão em tratamentos ambulatoriais apresentam transtornos psicológicos e psiquiátricos que merecem atenção de profissional especializado. Estima-se que cerca de 60% dos pacientes com transtornos mentais procurem preferencialmente um profissional da área médica em geral e não um especialista na área de saúde mental (cerca de duas vezes mais do que a incidência de outros pacientes, segundo Kaplan e Sadock (1993). Estudos epidemiológicos revelam que entre 30% a 60% dos pacientes internados em hospitais gerais e entre 50% a 80% dos pacientes ambulatoriais apresentam relevantes sintomas psicológicos ou psiquiátricos (Fortes e col., 1988). Além disso, estados depressivos associados a condições médicas possuem apresentações clínicas de difícil identificação. Segundo dados do Grupo de Interconsultas do Instituto de Psiquiatria do Hospital das Clínicas da Faculdade de Medicina da Universidade de São Paulo, a depressão maior, no contexto médico, ocorre em até 67% dos pacientes, sendo que 80% dos depressivos não são diagnosticados adequadamente pelo médico, o que agrava o prognóstico da condição médica de base e a própria evolução da doença.

São inúmeras as solicitações a que os profissionais da área de saúde mental estão expostos no hospital geral: apresentações psicológicas de doenças orgânicas (por exemplo, transtornos de ansiedade causados por epilepsia temporal ou hipertireoidismo); complicações psiquiátricas de doença orgânica (por exemplo, síndrome organocerebral devida ao uso de corticoides ou quimioterápicos); reações psicológicas a doenças orgânicas (por exemplo, reações de depressão ao diagnóstico de câncer ou a necessidade de realização de tratamento hemodialítico); apresentação somática de distúrbios psiquiátricos ou psicológicos (por exemplo, casos de dor psicogênica, doenças fictícias, hipocondria); complicações somáticas de distúrbios psicológicos ou psiquiátricos (por exemplo, síndrome de abstinência alcoólica, anorexia nervosa, tentativas de suicídio); distúrbios psicossomáticos (por exemplo, asma brônquica, retocolite ulcerativa).

No hospital geral, portanto, são amplamente reconhecidos os transtornos mentais orgânicos, tanto de *delirium* quanto de demência, não raro causados por drogas utilizadas no tratamento de doenças primárias ou quadros concorrentes. Descreve-se a incidência de *delirium* nas enfermarias clínicas e cirúrgicas entre 5% a 15%, sendo que em UTIs de pós-operatório, a incidência aumenta 18% a 30%. Enquanto que nas UTIs coronarianas essa incidência varia de 2% a 20%, pacientes em pós-operatório de cirurgias de grande porte apresentam *delirium* em 30% dos casos. Nas unidades geriátricas, essa incidência cresce 30% a 50% (Fortes e col., 1988).

Acresce-se o fato de que uma vez doente, o indivíduo passa a debater-se entre sentimentos ambivalentes decorrentes do choque de seu mundo de valores e sua realidade atual. Assim, torna-se psicologicamente frágil, pois se defronta com uma das questões mais angustiantes da existência humana revelada nos conflitos entre a vida e a morte.

Assim, o medo frente à doença e à morte estimula a produção de fantasias irracionais que delimitam o comportamento do ser doente. Ao ser hospitalizado, o paciente interrompe sua forma habitual de vida, vivenciando uma ruptura em sua história, configurando-se um estado de crise agravado por algumas características específicas determinadas pela hospitalização que interferem diretamente sobre o seu estado emocional: clima de "estresse" constante, isolamento frente às figuras que geram segurança e conforto, relação com aparelhos intra e extracorpóreos, clima de morte iminente, perda da noção de tempo e espaço, perda da privacidade e da liberdade, despessoalização, perda da identidade e participação direta ou indireta no sofrimento alheio.

A agravar todo esse estado do ponto de vista sociocultural, a partir da deflagração da doença orgânica, o paciente em geral é afastado de seu meio, de suas atividades produtivas, de seus familiares e de seu cotidiano. A essas perdas somam-se aquelas previsíveis à situação de adoecimento e hospitalização: perda do sentimento de invulnerabilidade que compromete, sobremaneira, o equilíbrio psicológico do paciente pelo desencadeamento de intensa angústia de morte; perda da conexão com o mundo habitual, determinando ao paciente uma situação caótica no nível existencial; perda da aptidão e plenitude de raciocínio, que determina o fracasso da razão, pois a situação em si, de doença e hospitalização, altamente ameaçadora, é intensamente marcada por questões sem respostas ("por que isso aconteceu comigo?", "quais são minhas verdadeiras chances?", "conseguirei suportar?"); perda do controle de si mesmo, marcada pelo próprio tratamento, internações, condutas terapêuticas, evolução e intercorrências clínicas a que o paciente deve se submeter, no verdadeiro sentido da palavra.

Complementando esses aspectos, é possível enumerar vários fatores biológicos e psicossociais que podem desencadear alterações psicológicas e/ou psiquiátricas nos pacientes com doenças orgânicas: frustração na realização de desejos e necessidades, agravamento de conflitos intrapsíquicos, inadequação dos mecanismos de defesa, perda do sentimento de autoestima, alteração na imagem corporal, ruptura do ciclo sono-vigília, uso de medicamentos coadjuvantes, procedimentos invasivos e isolamento social.

Portanto, responder a toda essa enorme amplitude de situações e solicitações pressupõe disponibilidade e preparo do psicólogo hospitalar, formação específica, objetividade e coerência que abrangem, necessariamente, reformulações teóricas e metodológicas.

5.3.2.3 A nova espacialidade e a nova temporalidade refletindo o fim da privacidade e a imposição do ritmo temporal do paciente

O local de trabalho do psicólogo hospitalar também é consideravelmente específico e diverso dos padrões anteriormente aprendidos em psicologia. Isso porque o hospital desmobiliza a segurança e a tranquilidade do consultório tradicional, levando o profissional a realizar seus atendimentos entre macas no pronto-socorro ou no centro cirúrgico, ao lado dos leitos dos pacientes nas enfermarias, muitas vezes, conjuntamente com procedimentos terapêuticos e rotinas hospitalares.

Esta tarefa pressupõe uma reformulação interna do profissional, coerente com uma adaptação à nova forma de atuação, na medida em que, sabidamente, o psicólogo em sua formação recebe outro tipo de orientação. O ambiente físico onde ocorrerá o atendimento psicológico, além de ser considerado um elemento de muita importância (Craig, 1991), pressupõe tranquilidade, espaço suficiente para a acomodação dos participantes de forma confortável (Kaplan e Sadock, 1990), com garantias de adequação em nível de silêncio e luminosidade. Além disso, propõe-se que o paciente só falará livremente em ambiente que garanta a privacidade e os atendimentos devem ocorrer sem interrupções (Craig, 1991).

No hospital, estas questões são altamente questionáveis, ou melhor, dificilmente conseguem ser seguidas. À exceção dos atendimentos psicológicos no hospital realizados em consultórios e nos ambulatórios, o psicólogo no contexto hospitalar realizará seus atendimentos nas enfermarias e unidades, em pé, ao lado do leito, com privacidade questionável, por vezes sem garantia de espaço e silêncio adequados.

> Quase sempre o paciente é atendido em seu leito. Quando está em um quarto particular é mais fácil obter um clima de privacidade, mesmo levando em conta que a maioria das portas não tem tranca. Nas enfermarias onde existem "boxes", estes apresentam condições de vedação acústica precárias, e doentes de leitos vizinhos ou profissionais que trabalham por perto podem, eventualmente, ouvir o que está sendo dito entre paciente e terapeuta. Para pessoas com dificuldade de expor sentimentos, com características esquizoides ou paranoides, esta falta de privacidade pode ser um obstáculo difícil de ser vencido. (Penna, 1992, p. 364)

Porém, atendimentos psicológicos em salas de quimioterapia, unidades de diálise e de terapia intensiva que não possuam boxe separando os leitos, nos prontos-socorros ou mesmo em enfermarias lotadas são exemplos do cotidiano do psicólogo hospitalar, que não impedem a realização de atendimentos consistentes e fundamentados em prática de apoio às vivências psicológicas na situação de doença e hospitalização.

Assim, o psicólogo que exerce suas funções no hospital deve "estar onde estão os acontecimentos" (Lamosa, 1987), libertando-se do modelo de consultório, constrito a uma sala e andar pelo hospital.

A nova espacialidade, além de definir características específicas aos atendimentos psicológicos e de pressupor reformulações internas aos profissionais, que na formação recebem orientações distintas, pressupõe a premissa de inserção à instituição, visando essencialmente o paciente. O espaço do paciente no hospital define-se por seu leito, em determinada enfermaria, individualmente ou em conjunto a outros pacientes.

Este novo critério espacial não pode estar a serviço de impedir atividades ou projetos nas instituições de saúde. Faz parte da dinâmica de inserção, do levantamento das estruturas dinâmicas e estáticas das diferentes unidades, clínicas e departamentos, para que o psicólogo possa objetivar seus trabalhos de forma coerente e, principalmente, conjunta às outras atividades dos profissionais de saúde.

O psicólogo, ao desconhecer essas novas possibilidades ou especificidades próprias da psicologia no contexto hospitalar pode dificultar não somente o desenvolvimento de suas tarefas assistenciais, como também induzir a instituição a uma visão de inadequação e incapacidade profissional. Não são raras as supervisões onde psicólogos, recém-contratados em hospitais, vêm buscar subsídios para um universo totalmente desconhecido. Permanecem em suas salas, adequadamente estruturadas para atendimentos clínicos, à espera de pacientes. Alguns realizam reuniões com as equipes de saúde, no sentido de sensibilizá-las ao encaminhamento de pacientes. Mas eles não chegam. Os poucos pedidos referem-se a atendimentos emergenciais, em casos críticos, configurando-se o chamado atendimento "para apagar o fogo". As supervisões em psicologia hospitalar configuram-se em excelentes momentos para reflexão dos objetivos teórico-práticos do psicólogo no contexto hospitalar. Referenciais como "deixar a sala da psicologia" e implantar-se em determinada enfermaria, realizando tarefa definida como de ligação entre a psicologia e a medicina, podem ser o início do reconhecimento institucional e facilitar ao psicólogo o reconhecimento das necessidades dos pacientes, familiares e das equipes de saúde para melhor posicionamento e estruturação de tarefas.

Assim, a nova espacialidade define a tarefa profissional, seus contornos e características em enfermarias individuais ou coletivas, em unidades ou em ambulatórios. Cada um desses espaços delimita a tarefa, caracteriza o atendimento e a amplitude da atuação. Enfermarias individuais podem facilitar os atendimentos psicológicos pela tranquilidade, privacidade e possibilidades diminuídas de interrupção, mas, quase sempre, são espaços iatrogênicos nas instituições, pelo desencadeamento de sentimentos de solidão, desamparo e depressão. Enfermarias coletivas podem definir significativos padrões de inter-relacionamento no hospital, garantindo aos pacientes a troca, a manutenção de relações sociais, a vivência comparativa da situação de doença e tratamento. O espaço no hospital amplia-se do espaço vital ao espaço social, favorecendo a criação de uma microssociedade formada por pacientes e familiares, com relações específicas em nível de comunicação e funcionamento, em um período determinado pela internação. O novo espaço – o da doença – passa a definir as atividades, as regras, as novas amizades, novas trocas, novas descobertas, novos sentimentos em relação a pessoas, novas rotinas, novas vivências. O espaço da doença define entre os pacientes envolvidos solidariedade, compreensão e definição de novos papéis.

Importantes aprendizados podem ser adquiridos por psicólogos atentos a essa questão. A estimulação dessas relações, o incentivo à troca de sentimentos entre o grupo e o desenvolvimento de grupos informais nas enfermarias coletivas são interessantes alternativas para a manutenção da saúde mental dos pacientes e familiares envolvidos.

Por outro lado, em enfermarias coletivas, assim como em unidades de diálise ou de quimioterapia, os atendimentos individuais podem estar dificultados pela proximidade de leitos, levando os pacientes a participarem dos atendimentos alheios. Não é incomum que os pacientes ou familiares interfiram no atendimento de um outro, compartilhando as dificuldades expostas.

Nessa nova espacialidade, onde a enfermaria ou a unidade pode se transformar em grande consultório, o caminho mais preciso deve visar a demanda, ampliando-se o atendimento, definindo-se um grupo, abrindo-se espaço para as diferentes manifestações.

Os ambulatórios dos hospitais, constituídos por consultórios, traduzem referencial mais próximo do tradicional atendimento clínico aos psicólogos que atuam em instituições hospitalares. Mesmo assim, os ambulatórios podem se transformar em ricos espaços informativos de encontro ou terapêuticos, contextualizados em grupos de espera, grupos informativos e grupos de encontro.

Além da nova espacialidade, a existência do elemento tempo interferindo no tratamento psicoterápico, delimitando a intervenção do psicólogo hospitalar, dada a rotatividade de leitos, a gravidade das doenças e a ação sempre emergencial da tarefa, é outro elemento específico da psicologia hospitalar.

Essa nova temporalidade, ao ganhar *status* terapêutico na instituição hospitalar, merece algumas considerações. Um primeiro aspecto fundamental refere-se à ambiguidade do conceito e seu relativismo, que abrangem o tempo existencial (o tempo em si, o fenômeno do transcorrer e do ser), vivencial ou experencial (baseado na vivência pessoal do tempo, segundo as próprias necessidades, experiências, expectativas, idade e circunstâncias) e o conceitual (cronológico, como medida e parâmetro objetivo).

Um segundo aspecto define que nessa nova temporalidade, definida pelo tempo da doença e da hospitalização, a utilização de psicoterapia breve e/ou de emergência torna-se coerente com as necessidades emergentes de pacientes e familiares.

> Na psicoterapia de emergência, a dor ou o perigo a que o paciente está exposto requerem que a intervenção seja imediata, com algum grau de alívio obtido tão rapidamente quanto possível, mais frequentemente na primeira sessão terapêutica. (Bellak e Small, 1980, p. 26)

O fator tempo é predeterminado nos atendimentos ou tratamentos psicológicos em psicologia clínica. Craig (1991) e Schreiber (1992) concordam que é necessário o estabelecimento de um tempo determinado para o atendimento ao paciente. Enquanto Kaplan e Sadock (1990) propõem atendimentos de 30 a 50 minutos, Mackinnon e Michels (1981) e ainda Mackinnon e Yudofsky (1988) consideram 45 a 50 minutos como adequado, Schreiber (1992) determina um período variável entre 45 minutos a uma hora e meia, dependendo das características do paciente.

No hospital, ao contrário, o psicólogo seguirá o tempo do paciente, em exercício de apreensão de suas necessidades psicológicas aliadas à situação de doença e hospitalização. Assim, por exemplo, pacientes em pré-operatório podem exigir atendimentos prolongados para uma adequada preparação que visa, essencialmente, à manutenção de equilíbrio psicológico necessário para o enfrentamento da situação. Não raro, muitos pacientes, durante a administração do quimioterápico em sala de quimioterapia, requisitam a presença do psicólogo como elemento de alívio. No mesmo sentido, longos atendimentos de apoio podem ser realizados em unidades de diálise durante o tratamento dialítico. Em contrapartida, pacientes com dores, sonolentos por medicação ou apresentando efeitos colaterais da doença ou tratamento podem suportar breves atendimentos.

Enfim, o fator tempo interferindo no tratamento psicoterápico no hospital geral deve ser constantemente exercitado pelo psicólogo.

> No hospital geral, muitas vezes, o que está em jogo é a sobrevivência – vida *versus* morte real ou fantasiada. As emoções se depuram. O pudor emocional reforça-se diante da inutilidade de um pudor físico. O estoicismo prepondera sobre a fraqueza. E a coragem, necessária nas pequenas e grandes coisas, não é visível a não ser àqueles que saibam olhar. Quando um paciente precisa de uma intervenção psicoterápica, não há tempo a perder em divagações teóricas. A situação deve ser compreendida dentro de um critério de estresse – adaptação – resolução. As intervenções podem ser brevíssimas, de um encontro, conquanto que sejam precisas; ou podem decorrer durante um longo tempo de internação. (Penna, 1992, p. 366)

Mais do que qualquer outro fator, as pressões do tempo no hospital definem abordagens, métodos e estilos que reconhecem as necessidades dos pacientes e familiares, melhorando os cuidados em saúde e os relacionamentos neles envolvidos. Mas, se as pressões do tempo são reais no hospital, o que talvez não esteja tão claro para um sem-número de profissionais de saúde

> (...) é a suposição de que a pressão do tempo seja totalmente responsável pelas limitações nos cuidados da saúde e de que, se houvesse mais tempo, as limitações desapareceriam. (Remen, 1993, p. 129)

No hospital, o tempo do paciente é distinto e específico. Pela própria situação de doença e internação, o tempo cronológico habitual se modifica, definindo-se em tempo da doença, dos exames, das condutas terapêuticas, da visita médica, do horário de visitas ou de alimentação. Vive-se um outro tempo que demanda um outro ritmo – o ritmo da doença e do tratamento.

Dizia um paciente na sala de recuperação pós-anestésica:

> *"Não sei que horas são agora. Sei que faz muito tempo que estou nessa sala, sem poder me mexer, olhando para esses aparelhos. Tentei contar os minutos utilizando o som dos aparelhos; desisti. Estou confuso... Quando acordei, já estava aqui... E este não é meu quarto... Mas me lembro bem que era de manhã quando saí da enfermaria para fazer minha cirurgia."*

Um outro paciente na clínica de cirurgia geral relatava:

> *"Acho que faz 13 dias que estou internado... Isso mesmo! Seis dias antes da cirurgia, sete dias depois da cirurgia."*

Os relatos dos pacientes denotam que no hospital, o fator tempo não só é delimitado pela situação de doença e tratamento, definindo a atuação dos profissionais de saúde, como as pressões do tempo são instransponíveis; o profissional está limitado por ela e não pode agir livremente. A premência de um ato cirúrgico, a atuação de emergência em um pronto-socorro, a rapidez diagnóstica em um serviço de pronto-atendimento, o apoio inconteste diante da iminência da morte, a resposta imediata a um pedido de parecer psicológico devem levar o profissional a internalizar esse novo ritmo.

Entretanto, todas essas premências, muitas vezes, desconcertam o psicólogo desacostumado ao trabalho em um ambiente hospitalar. Afirmava surpresa uma psicóloga:

> *"O pedido de parecer chegou ontem mas quando fui avaliar o paciente, ele havia recebido alta!"*

Uma outra colega reclamava:

> *"O paciente vai subir daqui a duas horas ao centro cirúrgico para amputação do antebraço e o residente só avisou-me agora!"*

É interessante ressaltar nesses relatos o distanciamento ou incompreensão do psicólogo das verdadeiras necessidades da tarefa. Um pedido de parecer psicológico, por exemplo, pode delimitar um diagnóstico diferencial, posicionando o tratamento em outro sentido. Estados de ansiedade ou depressão, agitação psicomotora, confusão mental, alucinações visuais e auditivas, estados de hipomania ou demenciais, por exemplo, podem ser sinais de distúrbios psicológicos concorrentes em várias doenças. Para tal, a avaliação psicológica torna-se fundamental e, então, parece óbvio que estas devem ser realizadas com muita urgência, para que também se realize prontamente o tratamento adequado. Por outro lado, é muito comum que decisões sobre amputações, condutas terapêuticas agressivas e/ou invasivas sejam decididas abruptamente, por exemplo, durante a visita médica. É interessante refletir sobre a onipotência (e despreparo profissional) de um psicólogo ao questionar a emergência de atendimento a um paciente cujo membro deva ser amputado de urgência, sob risco de vida ou necrose...

É evidente que todo esse ritmo, esse padrão invertido com relação ao tempo, pode resultar em estresse na tarefa, ao definir, de forma inquestionável, a necessidade de servir o paciente.

> Essas noções profissionais comuns a respeito do tempo, se consideradas coletivamente, são chamadas de "mito do serviço", pois em geral, se originam do reconhecimento da necessidade dos outros e da escolha real de utilizar a vida tão plenamente quanto possível para atender a essa necessidade. (Renem, 1993, p. 132)

No entanto, parece claro que essa escolha é apenas parte de um conjunto de características da própria tarefa que deve ser exercitada de forma responsável. Em contrapartida ao mito do serviço, a assistência humanizada ao paciente também deve envolver a seleção cuidadosa de prioridades, o momento certo e a forma de atender a essas prioridades.

Nesse sentido, ao desconsiderar o elemento tempo na atuação profissional, o psicólogo hospitalar diminui sua capacidade de perceber a importância e o significado de sua tarefa. Impede também a realização de uma total avaliação sobre a natureza da saúde e da doença.

> O tempo humano é abrangente: ele é imediato e de longo alcance, e a melhora da saúde frequentemente constitui uma das funções de uma percepção flexível e acurada dos dois tipos de tempo. (Renem, 1993, p. 133)

Para o doente, a perda ou diminuição da saúde abrange total e literalmente o seu tempo imediato e de longo alcance. Com sintomas anteriores à própria internação, o paciente vivencia em tempo integral o seu problema. O atendimento do psicólogo hospitalar, portanto, vai de encontro diretamente à amplitude desse tempo. Quinze, 20, 50 minutos nada significam diante da completude da vivência da doença. Além disso, não raro, esses minutos de encontro podem afetar definitivamente toda uma vida.

5.3.2.4 A precariedade existencial do paciente: sofrimento, alienação, crise e letalidade

Ao lidar com o paciente enfermo, o psicólogo hospitalar lida com o sofrimento físico sobreposto ao sofrimento psíquico, tendo sua tarefa definida pela sobreposição entre o sofrimento físico e o conflito em si. Assim, evidencia-se a consideração do conflito determinado pela situação de doença e hospitalização, o sofrimento físico, a dor, o mal-estar, as sequelas do tratamento na compreensão do sujeito em sua integridade.

No entanto, segundo Spink (1995a), os profissionais de saúde mental ficam muitas vezes chocado quando deparam com as manifestações físicas das doenças.

No confronto direto com o sofrimento físico sobreposto ao sofrimento psíquico do paciente, o psicólogo pode sentir-se sem referencial, fora de seu campo de atuação. Elitista de formação, o psicólogo hospitalar vê-se muitas vezes perdido diante das demandas sociais que lhe são impostas. Habilitado por técnicas distanciadas da realidade brasileira, no hospital o psicólogo defronta-se com a crueldade da fome, da violência, da miséria, da injustiça social, muitas vezes respondendo com falso saber, obtido em teorias incompatíveis com estas demandas.

Assim, a adoção de alguns referenciais teóricos ou mesmo a sutil alternância de tarefas distanciadas das necessidades da instituição, como atuação somente no nível ambulatorial, deslocamento para tarefas de avaliação das equipes de saúde etc., podem estar acobertando os conflitos inerentes a essa demanda. Uma psicóloga, em visita a uma enfermaria de câncer ginecológico, dizia:

> *"Que horror! Como cheiram mal essas pacientes... É impossível atendê-las!".*

Outra psicóloga, recém-contratada em um hospital geral, ao ser chamada para avaliar uma paciente em sala de quimioterapia justificou o não atendimento a uma colega:

> *"Sala de quimioterapia? O que fazer em meio a pacientes que vomitam e estão tão desfiguradas?"*

Muitas vezes, o psicólogo deve conviver com um

> (...) ambiente inóspito, cheio de gente doente, com caras macilentas, cheiros nauseabundos, corpos arrebentados e sangrentos. (Naffah Neto, 1995, p. 13)

É interessante ressaltar as expectativas de acadêmicos de psicologia ao se defrontarem com a rotina do psicólogo hospitalar. As fantasias, ansiedades, os falsos conceitos, o temor ao início da atividade profissional, do primeiro contato com um paciente situam-se entre a frustração de se ver em espaço institucional público, carente de recursos, com a incapacidade de buscar recursos aprendidos para se defrontar com a situação que se apresenta. Muitos, desejosos de seguir a carreira médica, mas agora diante da formatura em psicologia, escolhem a disciplina de psicologia hospitalar para exercitar uma prática que, na fantasia, assemelha-se à antiga ambição. As expectativas, em sua maioria, giram em torno do saber médico, do ambiente de trabalho (também creditado como rico em conhecimentos, descobertas, alta tecnologia, rica hotelaria). Ao adentrar ao hospital público, o aluno vê-se diante de outra realidade. Difícil imaginá-la na graduação. Dor, morte, pobreza, doenças incuráveis, sofrimento, pedidos de ajuda.

Perguntava um aluno em seu primeiro dia de estágio:

> *"Morre muita gente nesse hospital?"*

Constatava o outro:

> *"Como são feias as enfermarias e os banheiros!"*

Triste constatação? Despreparo profissional? Descuido na formação?

Anualmente, nas entrevistas de seleção para curso de especialização livre em psicologia hospitalar, no Hospital Brigadeiro, uma significativa parte dos alunos concorrentes (cerca de 60%, aproximadamente), questionados sobre suas expectativas diante da atuação como psicólogos no hospital, referem-se a vivências importantes de perdas, doenças na família, longas e sofridas vivências em ambiente hospitalar. Ao aprofundar esse aspecto, percebe-se claramente a tentativa de resolução do luto, através da prática profissional. Mais contundente ainda é a constatação de que muitos alunos, ao buscar a psicologia hospitalar como campo de treinamento profissional, visam uma forma de controle e domínio sobre a morte que tanto temem.

Dizia uma aluna:

> *"Eu tenho horror só de pensar que posso ver um paciente terminal."*

Uma aluna em supervisão afirmava:

> *"Tudo o que eu mais temo é que A fale de sua perspectiva de morte no atendimento psicológico. Acho que eu peço licença e saio correndo. Como eu posso falar de uma coisa de que eu tenho verdadeiro pavor..."*

Segundo Kovács, 1992, p. 226,

> Uma das formas mais usadas pelo profissional é a formação reativa, a conquista da doença, o desafio da morte e a tentativa de tomar medidas heroicas para salvar o paciente a todo custo (...),

pois no contato com a morte em tarefa diária, o profissional pode

> (...) reexperimentar medos infantis de separação, abandono e o medo de sua própria mortalidade.

É interessante constatar que a psicologia que pressupõe o estudo da relação do homem com o mundo praticamente desconsidere, na formação acadêmica, o estudo da morte, reflexo também evidenciado nos trabalhos e publicações na área. Assim, apesar de a morte configurar-se como preocupação universal do homem, a psicologia ainda se mantém distanciada, paradoxalmente, desse importante aspecto. A falácia amplia-se ao se constatar que diariamente, em sua tarefa profissional, o psicólogo defronta-se com as mais diferentes situações, onde a morte faz parte do cotidiano; na escola, na indústria, no fórum, no consultório. A morte do colega, a separação, a morte do filho, o temor à morte, o pânico, as fobias, as tentativas de suicídio, as drogas, o alcoolismo, as perdas, a velhice etc.

O que parece essencial é que a psicologia acorde para a realidade e possa oferecer formação adequada, condizente e abrangente para a população e não somente para um pequeno grupo que pode se dirigir aos consultórios. Além disso, conceitos como a ética da dimensão humana não deveriam permanecer como um mero acessório na formação profissional. Aí está a essência da tarefa. Sem essa dimensão, o psicólogo se transforma no ajudante, no aprendiz do médico, no aplicador de testes no hospital.

Outra especificidade da tarefa do psicólogo no hospital refere-se à situação de indicação *versus* opção ao tratamento psicológico, na medida em que, na instituição hospitalar, ao contrário do tratamento clínico tradicional, não é o paciente que vai em busca de ajuda psicoterápica. Muitas vezes, a equipe de saúde lhe determina a necessidade de atendimento psicológico e faz a indicação através de pedidos formais ou informais ao psicólogo. Em geral, este pedido de ajuda é dirigido ao médico ou à enfermagem e, em algumas situações especiais, ao profissional de saúde mental.

O encaminhamento de pacientes para avaliação ou acompanhamento psicológico geralmente é feito pelo médico que tem contato com a maioria da população que frequenta o hospital e é o responsável pelos primeiros diagnósticos. Mas, a responsabilidade pelo encaminhamento do paciente para assistência psicológica também é realizada pela equipe de enfermagem atenta às necessidades dos pacientes, pelas outras equipes de saúde (serviço social, nutrição, fisioterapia etc.) e pelos próprios familiares, visando minimizar o sofrimento inerente ao processo de doença e hospitalização.

Essa mudança na indicação somente por parte dos médicos, da necessidade de assistência psicológica, torna-se fundamental. Primeiramente porque quase um terço dos pacientes com transtornos psicológicos e/ou psiquiátricos não é reconhecido como tal pelos médicos, conforme estudos realizados por Goldberg e Blackwell (1970), Knights e Folstein (1977), Bridges e Goldberg (1984), Roca et al. (1984) em hospitais gerais. Os mesmos resultados foram alcançados por Mari et al. (1987) em dois centros de saúde e em um ambulatório na cidade de São Paulo.

Em análise realizada na Santa Casa de São Paulo, em 1994, sobre o perfil psicossocial de mil pacientes atendidos em serviço de pronto-atendimento, Chiattone e col. (1994) verificaram que apesar de o encaminhamento médico de pacientes ao serviço de psicologia hospitalar mostrar-se eficiente, o diagnóstico realizado pelo médico – razão do encaminhamento – não é preciso, o que pode dificultar o encaminhamento adequado do paciente ou, pior, justificar a sua dispensa.

Assim, a indicação para o atendimento psicológico também deve ocorrer quando o próprio psicólogo verifica essa necessidade através de avaliação psicológica geral dos pacientes internados, visando à eleição de casos mais urgentes. Fundamentando-se na demanda de avaliação breve e emergencial de pacientes e familiares, na alta rotatividade de pacientes, na realidade de internações, muitas vezes às vésperas de eventos cirúrgicos, no significativo número de pacientes internados, de ambos os sexos e faixa etária heterogênea, uma eficiente forma de eleição de casos mais urgentes refere-se à prática de "visita psicológica" a todos os leitos da enfermaria, utilizando-se de protocolo específico para levantamento de dados primordiais para a definição das tarefas diárias e semanais. Em breve contato, a partir das informações dos pacientes, são levantados dados de identificação, tempo e razão da internação, tratamento indicado, estado psicológico geral e exame psíquico resumido. A partir dessa "visita", são triados os casos emergenciais, definidas as prioridades em nível de atendimento e técnicas a serem utilizadas, possibilitando melhor acompanhamento psicológico a todos os pacientes e familiares. Tarefa essencialmente simples e objetiva, pode configurar-se em excelente recurso de ampliação da tarefa psicológica pela melhor otimização da tarefa do psicólogo no contexto hospitalar, pela triagem adequada de casos emergenciais, pela rapidez e eficiência em diagnósticos diferenciais, definindo-se como mais coerente com a própria atuação do psicólogo, que vai de encontro ao paciente e não espera que alguém seja o seu triador na medida em que o psicólogo é o profissional preparado para detectar essa necessidade; além disso, desenvolve nos profissionais da equipe de saúde a capacidade de percepção e de refinamento dessa indicação, seus alcances e limitações.

De qualquer forma, considerando as várias situações, a não opção anterior ao tratamento psicológico pode configurar-se como invasiva ao paciente no contexto hospitalar. É preciso destacar que a necessidade de atendimento psicológico ao paciente hospitalizado nem sempre é percebida pelo próprio paciente, pois, diante da situação em si, desestruturante no nível físico, todas as preocupações do paciente estão voltadas para o corpo doente.

> As catexias muito fortes dirigidas para o corpo impedem o acesso às vertentes inconscientes da situação. Os pacientes atribuem seu mal-estar emocional às vivências oriundas deste corpo doente (...) São as pessoas em torno do enfermo, familiares e amigos, ou mesmo outros pacientes, que são capazes de detectar o desajuste emocional do doente e de tomar a iniciativa de requerer uma ajuda. (Penna, 1992, p. 362).

Dessa forma, ressalta-se aqui a necessidade reflexiva do caráter promocional ou preventivo da prática do psicólogo no hospital. Se tradicionalmente, na atuação clínica do psicólogo, é o paciente que busca ajuda psicológica por reconhecer essa necessidade ou por ter sido indicado por alguém que reconheceu essa demanda, no hospital, a capacidade de antecipação do psicólogo hospitalar ao paciente reflete a coerência dessa prática, dentro de uma lógica pautada pela prevenção do sofrimento psíquico. Além disso, seguindo as normas fundamentais da prevenção, quanto mais precoce a intervenção, menores as possibilidades de agravamento e melhoram as expectativas de recuperação psíquica dos pacientes.

Sem desconsiderar os riscos dessa antecipação do psicólogo ao paciente no hospital e da normatização ou moralização associada a esta prática, é preciso ressaltar que

> (...) o trabalho preventivo exige sobretudo o desvendamento dos significados pessoais que a experiência da doença em qualquer nível tem para o indivíduo. (Spink, 1995b, p. 23)

Destaca-se aqui a significância da psicologia preventiva, que teria como finalidade, no contexto hospitalar, melhorar a eficácia adaptativa dos pacientes e também de seus familiares. A atuação preventiva no contexto hospitalar tem como principal objetivo o oferecimento de ajuda para que os pacientes possam alcançar o reconhecimento das motivações que estão subjacentes a seus problemas diante da situação de doença e hospitalização, visando facilitar a resolução desses problemas, da forma mais adequada e breve possível. Portanto, para atingir plenamente sua função preventiva, o psicólogo no contexto hospitalar deve dedicar particular importância ao diagnóstico precoce de transtornos psicológicos de pacientes e familiares. Em prevenção, ele não deve esperar pelo encaminhamento dos pacientes internados, mas sim "estar junto deles", em trabalho diário de decodificação de suas dificuldades.

E, nesse sentido, essa prática se torna plenamente coerente, principalmente se forem consideradas as especificidades dos recursos técnicos utilizados no hospital para o atendimento de pacientes e familiares. A intervenção psicológica é norteada pela terapia breve e/ou de emergência, de apoio e suporte ao paciente, caracterizando-se o atendimento psicológico em atendimento emergencial e focal, considerando-se o momento de crise vivenciado pelo indivíduo na situação especial e crítica de doença e hospitalização.

As psicoterapias breves desenvolveram-se por volta das décadas de 1940 e 1950, baseadas em duas principais correntes psicológicas: a teoria psicanalítica e a de crise.

A psicoterapia breve pode ser definida pela especificidade de limitação a algumas sessões de tratamento e pela utilização de técnicas características para a consecução de um fim terapêutico específico. Do princípio ao fim da relação terapêutica, são requeridos um elevado grau de conceitualização e uma escolha cuidadosa de intervenções ou de não intervenções, constituindo-se em atividade que é dirigida a um fim.

Se utilizada em situação de emergência, a psicoterapia breve é referida como psicoterapia de emergência, definindo-se pela caracterização da situação urgente em si. Apesar de alguns autores conceituarem separadamente a intervenção em crise (Parad, 1965), pela especificação de que nela o indivíduo alcançaria somente o seu nível de funcionamento psíquico prévio, Bellak e Small (1980) não fazem essa separação, por acreditar que não existem diferenças básicas entre a intervenção em crise e a psicoterapia de emergência. Apesar de a intervenção em crise poder se iniciar com a finalidade de devolver o paciente apenas no seu nível pré-mórbido, é difícil limitar ou interferir na possibilidade de que o paciente possa, espontaneamente, atingir níveis mais elevados de adaptação, pois a aprendizagem torna isto quase automático para muitos deles. Assim, a dinâmica da reação à crise não é diferente da formação comum de sintoma, psiquiátrico ou somático.

Nessa medida, tanto a psicoterapia de emergência como a intervenção em crise são caracterizadas como técnicas breves, fundamentadas em conceitos psicanalíticos, com específicas adaptações no nível estratégico para situações de emergência e/ou crises.

A conceituação de intervenção em crise baseia-se nos trabalhos de Lindeman (1944) e Caplan (1964) a partir da definição de crise como

> (...) um estado provocado quando a pessoa enfrenta um obstáculo a importantes alvos vitais, que, durante certo tempo, é insuperável através da utilização dos meios costumeiros de solução de problema. Segue-se um período de desorganização, um período de perturbação, durante o qual são feitas muitas tentativas malogradas diferentes para solução. Eventualmente, é conseguido algum tipo de adaptação, que pode ou não ser no melhor interesse da pessoa e dos seus. (Caplan, 1964, p. 14)

É relevante ressaltar que a situação de crise caracteriza-se como um momento de instabilidade psíquica que pode resultar em amadurecimento e crescimento psicológico, pelas oportunidades vivenciadas pelo paciente na busca de soluções, como também um momento gerador de soluções mal-adaptativas e que o colocam em um nível inferior de funcionamento, com o aparecimento de sintomas.

O processo de crise pode ser dividido em quatro fases específicas, como propõe Caplan (1964). Na 1ª fase, diante do impacto do estímulo caracterizado como problema, o paciente apresentaria uma elevação da tensão psíquica que acionaria suas respostas habituais para solucionar esse problema. Numa 2ª fase, diante da ineficácia de suas reações e da permanência dos estímulos invasivos, o paciente passaria a sentir-se impotente e ineficaz para o processo de resolução. Na 3ª fase, diante de uma nova elevação da tensão pela continuidade do estímulo aversivo, o paciente busca novas soluções (através de ensaio e erro) para resolver a crise instalada, baseado nas experiências anteriores conhecidas. Pode nessa fase assumir comportamento resignado, renunciando ao confronto e permanecendo em nível mais regressivo de funcionamento ou, ainda, atingir a resolução do problema e a diminuição da tensão através de um esforço concentrado. Na 4ª fase, instala-se a ruptura (crise), pela continuidade do estímulo e ausência de soluções viáveis.

Ressalta-se que alguns aspectos devem ser considerados nesse processo de resolução da crise: os traços de personalidade do paciente; atitudes frente a vida; antecedentes educacionais, religiosos, étnicos, sociais; a idade; o sexo; o *status* social; as variáveis psicológicas envolvidas no processo de doença e hospitalização; recursos familiares, econômicos e sociais; a maturidade interna e o grau de integração psíquica do paciente; as crenças que o paciente possui sobre as doenças; antecedentes familiares de doenças; reações a crises passadas e perdas significativas; sinais psicológicos ou físicos de depressão; ocorrência de manifestações ansiosas; o nível de hostilidade e o grau de dependência do paciente; a presença de reações ou sinais paranoides; antecedentes psicopatológicos e/ou psiquiátricos (tentativa ou ideação suicida, alcoolismo, drogadicção) do paciente ou de familiares e, por fim, doença psiquiátrica instalada.

Para Lemgruber (1990), as três primeiras fases propostas por Caplan caracterizam-se como estágios potencialmente críticos para a crise e a 4ª fase configuraria a instalação da crise em si – como ruptura, em clara tentativa de salvaguardar as etapas do desenvolvimento humano (adolescência, casamento, maternidade etc.) e como sinônimo de crise na definição proposta por Caplan.

Apesar disso, a definição de crise parece conter uma definição mais ampliada das possibilidades de desencadeamento do processo, considerando-se os múltiplos aspectos, tanto em nível de etapas do desenvolvimento (como propõe Erickson (1959) diante das crises vitais), como diante de fatores ocasionais (por exemplo, uma situação de doença e hospitalização). Complementando esses achados, Rapaport (1965) faz importantes associações entre as crises, as etapas de vida e as consequências na saúde e na doença.

Ao complementar esses conceitos, Sifneos (1967, 1972) propôs uma classificação para a intervenção em crise, fundamentada somente na utilidade clínica desta prática. Na intervenção em crise, analisa-se como o paciente (anteriormente adaptado) entrou em crise, quais os aspectos inerentes e decorrentes a esse desencadeamento, visando à superação da crise através do exame de possibilidades junto ao paciente, acrescida do confronto destas tentativas com a realidade. O apoio na crise caracteriza-se como processo de superação do problema que conduziu o paciente a ela através de técnicas específicas de apoio (sugestão, reasseguramento, confrontação etc.).

As **psicoterapias de apoio** no hospital são especialmente indicadas para situações em que o estado psicológico atual do paciente mostra-se diretamente relacionado com eventos da vida recente, geralmente de natureza traumática, como a situação de doença e hospitalização. A duração do processo deve ser relativamente breve ou autolimitada e, nesses casos, deve centrar-se na criação de um espaço interpessoal, onde o paciente possa expressar livremente seus sentimentos em relação ao seu estado, que contribui para o sofrimento presente.

A psicoterapia de apoio também é indicada a pacientes que passam por sobrecarga emocional crônica, como processos orgânicos irreversíveis ou incuráveis. Em ambos os casos, a terapia de apoio no hospital objetiva, fundamentalmente, auxiliá-lo a atravessar o período crítico em que se encontra, determinado pelo processo de doença e hospitalização, permitindo-lhe buscar a elaboração e integração subjetiva dos acontecimentos.

Assim, é necessário identificar uma história de crise, com um fator desencadeante claro que possibilite estabelecer um foco de tratamento. Indica-se psicoterapia de apoio em crise, por ser mais acessível, a pacientes com longa história de relações interpessoais confusas, de fragilidade psicológica, de poucos recursos para lidar com as vicissitudes do cotidiano, ou seja, pacientes que nunca atingiram um nível razoável de maturidade emocional para a faixa etária. A intervenção em crise é indicada a pacientes que atingiram um razoável grau de adaptação emocional, com razoáveis recursos psicológicos para o enfrentamento da situação de doença, mas que, apesar disto, entram em crise. Além disso, eles apresentam motivação para enfrentar e entender seus problemas psicologicamente.

A utilização da psicoterapia breve no hospital realça, por outro lado, o aspecto preventivo da intervenção do psicólogo ao caracterizar-se em tratamento imediato, mesmo que seja breve, visando evitar a progressão do desequilíbrio psicológico diante da situação de doença, hospitalização e tratamento.

A atuação preventiva é essencial na situação de crise imposta pela doença e hospitalização dos pacientes, pois a vivência da doença, ao representar uma situação de perda da saúde, apresenta-se como condição propícia para gerar crise adaptativa por perda, especialmente porque traz consigo a ameaça de aniquilamento e morte.

Tanto Simon (1989) como Caplan (1964) destacaram o caráter preventivo inserido no reconhecimento precoce e no manejo eficiente das situações de crise, na medida em que essa precocidade impede que os pacientes utilizem soluções inadequadas na situação de doença e hospitalização que, naturalmente, tendem a se cristalizar se perdurarem por longos períodos. Além disso, durante a crise denunciada pela doença, as emoções e os sentimentos vinculados a fantasias primitivas, muitas vezes até então latentes, emergem com grande e intensa força, aumentando a incapacidade de reação do paciente. Por outro lado, nesses momentos de intensa vulnerabilidade e fragilidade, os pacientes mostram-se também mais refratários para receber ajuda. Nessa medida, mesmo pequenas intervenções podem adquirir um potencial terapêutico muito mais amplo do que se ocorressem em outro momento que não o de crise da doença.

Para pacientes com adaptação eficaz à situação de doença, a terapia que visa essencialmente ajudá-los a elaborar melhor esse momento deve ser breve, devendo associar-se ao reforço da manutenção dessa conduta, intercalando-se intervenções de apoio e suporte emocional quando os pacientes derem mostras momentâneas de fragilidade pela vivência da doença e/ou hospitalização. Entretanto, os que apresentam adaptação ineficaz moderada ou severa devem enquadrar-se em um programa de tratamento que envolva medidas terapêuticas baseadas no apoio e na compreensão. De qualquer forma, em ambas as situações, as intervenções visam lidar com sentimentos que estão mais presentes nas crises (depressão e culpa nas perdas, sentimentos de inferioridade e de inadequação nos ganhos), a fim de evitar a ocorrência de condutas regressivas e pouco adequadas.

Naturalmente, qualquer atuação psicoterápica voltada a pacientes doentes e hospitalizados deve pressupor que a dor, o sofrimento, as perdas a que o paciente está exposto, seja pelo impacto da doença, seja pela vivência do tratamento, requerem que a intervenção seja imediata, com algum grau de alívio obtido tão rapidamente quanto possível. Nesse sentido, a prática da psicoterapia breve e/ou de emergência parece plenamente condizente com as necessidades de pacientes hospitalizados.

Táticas de interpretação educativa (baseadas em explicações sobre o psicodinamismo, em associação a fatos da vida psíquica passada que podem estar afetando o ser e estar doente), de validação das emoções (centradas na empatia explícita, no reconhecimento e aceitação das emoções do paciente na situação), de apoio (apoiando e estimulando defesas adaptativas), de intelectualização (baseada no encorajamento da intelectualização como defesa, visando a diminuição de defesas patológicas – projeção, por exemplo), de teste de realidade (baseada na eliminação de fantasias e falsos conceitos sobre a situação de doença e hospitalização), de detenção da regressão emocional (centrada no estímulo à participação ativa do paciente no processo de doença, minimizando a regressão inerente ao ser e estar doente), de identificação (baseada na promoção de identificações positivas com outros pacientes) e de estímulo da afirmação pessoal (induzindo o paciente a expressar seus direitos e sentimentos diante da situação de doença e hospitalização, com reforço da autoestima, visando à aquisição, através da reflexão e elaboração, de recursos mais amplos de interação pessoal) caracterizam-se como excelentes recursos terapêuticos para o psicólogo que atua no hospital.

Assim, na psicologia hospitalar, a atenção do psicólogo estará voltada para um momento de crise na história da pessoa, assumindo ele uma ação terapêutica predominantemente egoica.

Como último fator significativo da psicologia no contexto hospitalar tem-se que a tarefa é essencialmente permeada pela morte e o morrer no cotidiano, caracterizando, assim, especificamente o contato, a atuação profissional do psicólogo e da equipe, o momento de crise do paciente e dos familiares, a urgência dos atendimentos e o tempo de ação.

O hospital é a instituição marcada pela luta constante entre a vida e a morte. Nele se encarceram as esperanças de melhora, cura, minimização ou suspensão do sofrimento. Também o hospital é a instituição marcada pela morte, sempre alerta, sempre presente, curiosamente exercitando uma batalha constante diante das condutas terapêuticas, tensionando o profissional de saúde que está sempre preparado e treinado para a melhora, para a cura, mas sempre muito angustiado frente à perspectiva da morte, da derrota, pois a instituição hospitalar existe para a cura, não admitindo nada que transcenda esse princípio.

No entanto, a morte ronda os hospitais, as enfermarias, os centros cirúrgicos, os prontos-socorros e os profissionais que ali atuam. Na instituição hospitalar, ela é a inimiga a ser vencida, é o êxito letal, refletindo o também "fracasso" das condutas terapêuticas. Morte que é inerente à existência humana mas que é um medo universal, um tabu e que "nunca é possível para nós mesmos", principalmente se se tratar de profissionais de saúde.

Dichtchekenian disse que:

> (...) a angústia une os extremos: a liberdade de poder ser, a vida de um lado; finitude, limite, morte, de outro. Por ela experimentamos antecipadamente para onde tende a condição humana. Ela nos faz antever a origem e o fim que estão em nós e que a angústia nos leva a ponderar. Por isso, ela é indescartável, como marca de

condição humana em cada um de nós, antes de qualquer conhecimento. Aceitar essa condição de ser-para-a-morte e lutar pela vida; eis a verdadeira coragem de ser, pois ela supõe o confronto constante com o desconhecido que é o não ser, que nos afeta de diferentes maneiras. (1988, p. 48)

O ser humano, portanto, percebe e se angustia diante do seu **ser-mortal**, do seu **ter-de-morrer**, do seu **não-poder-mais-ser**. O adoecer e a morte são, então, preocupações permanentes do homem.

Em contrapartida, a imortalidade e a invulnerabilidade são encaradas como algo divino. E com a falta de medida nessa consideração, o homem se cristaliza, deixa de ser vivo, criativo e passa a ser repetitivo e desvitalizado. Estar vivo, portanto, é estar em evolução, em transformação. Aquele que não "morre" várias vezes não "nasce". Por isso, onde não há morte, não há vida, pois a morte dá sentido à vida. Então, o indivíduo que a nega não é criativo e "vivo". A sua negação leva a pessoa à autoalienação, a um estado de incompletamento, pois não pode se compreender integralmente sem enfrentar seu próprio fim, sua própria morte, a possibilidade de **não-ser-mais**. Na verdade, sempre o homem viveu sob o impacto da morte.

No século XIV, por exemplo, "a peste negra", que determinou graves perturbações econômicas, sociais e psicológicas, caracterizou a visão catastrófica da morte que atormentava e angustiava a sociedade. A morte era prematura, infligia tormento insuportável e tornava o homem um objeto repugnante para si e para o outro. Adultos e crianças sabiam que logo morreriam e o indivíduo arcava sozinho e por si a fúria da "morte negra", pois não havia defesa tecnológica eficiente, os procedimentos médicos eram inúteis, o controle e os ajustamentos sociais eram insuficientes e a religião e a magia pouco ajudavam. A morte, portanto, era inevitável. E como não havia promessa de gloriosa imortalidade, ela era fonte de terror e castigo. A expectativa de vida era limitada, havia maior proximidade física com a morte e sensação de pouco controle sobre a natureza (Ziegler, 1975; Ariés, 1990; Kovács, 1992).

Contudo, a sociedade capitalista impôs obrigatoriamente uma mudança radical na visão de morte. O homem passou a ser essencialmente um ser consumista, caracterizando-se por um apego extremo a posições, pessoas e bens materiais como forma de controle e dominação, delineando uma falsa sensação de poder e superioridade sobre a natureza, objetos, pessoas e, sobretudo, à vida. Se a morte for afastada, ele poderá "eternamente dominar e controlar todas as coisas, todas as pessoas" e conservar tudo o que tem.

A possibilidade de morte é afastada, pois não determina apenas a finitude da vida corporal do indivíduo, mas destrói o "ser social", enxertado no "eu físico". E, portanto, a sociedade consumista "perde" com a morte do indivíduo, porque a compreensão do verdadeiro sentido da vida determina a diminuição do apego, do consumismo. Nessa medida, vive-se em uma sociedade capitalista onde predomina o homem de massa, em detrimento do homem como indivíduo.

Em consequência, a sociedade orienta-se para a juventude. A morte é transferida e distanciada para um momento remoto, associada à idade avançada, aos indivíduos que não produzem mais. Doença e morte são afastadas do controle doméstico, dos acontecimentos, ocupando diminuto espaço na vida cotidiana. As funções que envolvem a morte ou a sua perspectiva são cumpridas em ambientes especiais, separados do contexto habitual, distanciando-se fisicamente da morte nos hospitais, nas impenetráveis Unidades de Terapia Intensiva, nas salas de emergência etc.

O refinamento tecnológico do hospital permite tratamentos em geral mais eficazes do que os cuidados em domicílio. No entanto, para os doentes, o hospital impõe, muitas vezes, uma agonia infinitamente mais penosa do que a vivida em casa. O hospital permite, na verdade, prolongar a vida biofisiológica do doente para além do instante em que se extingue a nítida consciência de sua existência.

É nesse contexto que o psicólogo atuará e, principalmente, também contaminado por esta visão da morte; despreparado, negando sua própria finitude, com formação especialmente voltada a construtos de vida, princípios de prazer. Nos cursos de psicologia, o tema morte dificilmente é explorado nas diferentes disciplinas.

E é na interface entre a vida e a morte que repousa a tarefa do psicólogo que atua no hospital. Tarefa dificultada pela negação da morte imposta culturalmente, incrementada pela angústia de morte e iminência desta aos pacientes hospitalizados. Mas no hospital, a morte não é só uma ideia. Os sofrimentos físico e psíquico delimitam a tarefa, fazendo com que o psicólogo a pressinta, na debilidade física dos pacientes, que não pode ser ignorada. Questiona Kovács:

> Mas estarão os psicólogos dispostos e preparados para trabalhar neste contexto? (1992, p. 233)

Quando se reflete sobre a morte, define-se o que o chamado "saber popular" delimita como "mistério", mas que no contexto hospitalar é franco, orgânico, corpóreo, tem cheiro, cor e forma, o que naturalmente leva o psicólogo a vivenciar a questão dos limites do homem. Enfrentá-la ou acompanhá-la é deparar com a sua própria realidade, pois a cada paciente que morre, morre-se um pouco com ele. Assim, admiti-la permite ao psicólogo melhor compreensão dos pacientes e familiares no hospital geral.

Nesse sentido, Torres e Guedes (1987) ressaltaram a importância de o profissional elaborar o medo e a negação em relação à morte e o morrer (que, muitas vezes, se expressa pelo silêncio ou omissão) e discutiram a dificuldade profissional de internalizar e elaborar a própria negação da morte para, a partir daí, entender a negação da própria instituição, do paciente e dos familiares.

> Trabalhar com o sofrimento ou a perda de significado da existência pelo paciente pode despertar no profissional as mesmas vivências, ferindo seu narcisismo e a sua onipotência, colocando-o diante do incompleto e do não terminado. (Kovács, 1992, p. 233)

Portanto, a atuação do psicólogo requer uma maturidade que passa pelo exame detalhado de sua posição diante da morte e do morrer, em tomada de consciência de sua própria finitude, de seu limitado período de vida. Negar ou escamotear a única certeza da existência não livra o psicólogo da angústia. Ao contrário, reforça seus medos, exacerba seus mecanismos de defesa, aliena-o da responsabilidade para com a sua própria existência, impossibilitando-o na tarefa de ajuda ao paciente.

Mas, se o hospital é o âmbito das capacidades, das atitudes e comportamentos dos profissionais que tratam da saúde, que recebem formação para curar e que são confrontados, colocados à prova permanentemente, morrer é extremamente ameaçador ao ideal de cura e vida, ameaçando as funções dos profissionais de **saúde** (como o próprio termo indica), onde se insere o psicólogo, criando sentimentos de impropriedade incompatíveis com suas funções definidas – profissional que efetivamente pode lidar com doenças, no sentido da cura.

Nessa medida, a morte no hospital, em sua facticidade, ameaça a tarefa-função. A doença-vida é concebível. A doença-morte é afastada. Então, a morte no hospital toma a dimensão do enfrentamento, onde deparar com a morte do paciente é chocar-se com a própria morte.

Delimita-se nessa interface um significativo impasse. As escolas formaram os psicólogos nesse sentido?

Onde os psicólogos que atuam nos hospitais devem buscar apoio para entender a morte e os seus pacientes enquanto pessoas e não enquanto doenças?

Somente há poucos anos, as faculdades de psicologia passaram a se preocupar com a necessidade dessa nova área. Kovács (1985), através de sua dissertação de mestrado denominada *Um estudo multidimensional sobre o medo da morte em estudantes universitários das áreas de saúde, humanas e exatas*, Torres, Guedes e Torres (1987) com o estudo sobre *O psicólogo e a terminalidade* e Kovács (1989) através de sua tese de doutorado denominada *A questão da morte e a formação do psicólogo* passaram a aprofundar os estudos na área, colaborando para um melhor posicionamento do psicólogo. Alguns outros trabalhos nacionais, entre tantos, podem contribuir para a atuação do psicólogo no contexto hospitalar: Flores (1984); Angerami (1988, 1997); Knobel (1991); Cassorla (1991, 1992); Freitas (1992); Kovács (1992); Rothschild e Calazans (1992); Carvalho (1994); Pitta (1994); Bromberg, Kovács, Carvalho e Carvalho (1996). Porém, nos currículos universitários, o tema ainda não é incluído, o que causa dificuldades, quando o psicólogo, despreparado, adentra ao contexto hospitalar.

Assim, algumas questões continuam essencialmente ansiógenas ao psicólogo: Como entender a morte? Como enfrentá-la profissionalmente? Como reconhecer as necessidades de pacientes e familiares diante da morte? Como ajudá-los? Como reconhecer, aceitar e compartilhar reações e sentimentos? Como compartilhar sem se envolver? Deve-se ser apenas técnico ou pode-se ser verdadeiramente humano no contato com pacientes no hospital? Então, como lidar com todas essas emoções?

É fundamental apontar que a instituição hospitalar reage admiravelmente a questões técnicas. Não é possível possuir uma habilidade que "se liga" diante da técnica e "se desliga" diante de sensações, sentimentos. Os psicólogos que atuam no contexto hospitalar também são humanos como seus pacientes. O que os diferencia é que atuam no hospital, próximos à morte e o morrer. Insistentemente, durante a formação, ele aprende o contrário. A tarefa psicológica não permite envolvimentos desse tipo e o psicólogo deve estar acima dessas questões. Em psicologia, aprende-se a manter uma neutralidade máxima, como se os psicólogos fossem super-heróis.

Na verdade, não existem super-heróis no hospital. Às vezes, há algumas tentativas de se parecer super-herói, mas sempre acompanhadas de muito sofrimento pessoal. Como se com uma varinha de condão, a sala de um serviço de psicologia transformasse pessoas em psicólogos... Parece impossível! E isso fica muito mais claro na tarefa diária do psicólogo no hospital. O acompanhamento de pacientes e familiares sempre desperta sentimentos e questionamentos muito intensos: a expectativa de cura × frustração, a impotência profissional × onipotência, a culpa pelo "sofrimento administrado", a superproteção como remissão da culpa, a identificação com o sofrimento e a possibilidade de morte, o afastamento, a negação da morte ou conspiração do silêncio e a hostilidade e autoritarismo como defesa.

Dessa forma, reconhecer as questões que envolvem a morte e o morrer torna-se tarefa difícil, porque sempre o psicólogo reporta aos seus sentimentos, questionamentos sobre a sua própria mortalidade, a sua própria vida (apesar dos mecanismos para que isso não ocorra).

Então, a letalidade, a morte, define em toda a sua amplitude a especificidade do exercício profissional do psicólogo no hospital, que não pode continuar negando essas questões. Quando, com tranquilidade, ele conseguir perceber-se como pessoa – como seu paciente – poderá transmitir **vida** em sua tarefa. Do contrário, ao distanciar-se de seus próprios sentimentos, distancia-se das necessidades dos pacientes, condenando **à morte** aquilo que o paciente tem de mais vivo: seus sentidos e suas reações. E assim, o trabalho do psicólogo no contexto hospitalar será desprovido de vida. Morto, portanto...

Assim, o reconhecimento pessoal e profissional da morte deve definir a sua tarefa no contexto hospitalar. Acompanhamentos psicológicos sistemáticos a pacientes e familiares, durante o período de doença e internação, em enfermarias, ambulatórios, unidades de emergência e unidades de terapia intensiva devem ser sistematizados. A tarefa deve definir-se pela capacidade de apoio, compreensão e direcionamento humanizado das diferentes situações pelas quais passam esses pacientes e seus familiares. Todo programa terapêutico eficaz e humano deve incluir apoio psicológico para o enfrentamento de todo o processo de doença e possibilidade de morte, pois o manejo de pacientes hospitalizados inclui a adaptação fisiológica e médica e a adaptação psicológica e existencial à situação traumática em si – a doença, a morte ou sua possibilidade. E é nesta adaptação psicológica e existencial que entram em jogo sistemas intrapsíquicos complexos constituídos pelos subsistemas constituídos por pacientes, familiares e também pela equipe de saúde.

Assim, o enfoque ideal ao paciente doente, seja agudo, crônico, terminal ou gravemente doente, deve partir do ponto de vista holístico, global e interdisciplinar, considerando que é impossível considerar esse evento como um processo fisiológico à parte, sem relação com o ser doente, com o seu ambiente, com a doença que pode encaminhar para a morte, com as intrincadas relações e reações pessoais e familiares e com o complexo ambiente médico e humano em que é realizado o tratamento – o hospital.

Aos pacientes e familiares, o psicólogo hospitalar deve estruturar um trabalho de psicoterapia breve, enfatizando-se a crise da morte e da perda. A atuação deve se dar ao nível da comunicação, reforçando o trabalho estrutural e de adaptação dos pacientes e familiares ao enfrentamento da intensa crise. Nessa medida, a atuação deve se direcionar em nível de apoio, atenção, compreensão, suporte ao tratamento, clarificação dos sentimentos, esclarecimentos sobre a doença e fortalecimento dos vínculos pessoais e familiares.

Além do acompanhamento psicológico intensivo durante o período de doença e internação, a realização de grupos, com objetivos informativos, operativos, "de encontro" ou terapêuticos, pode proporcionar espaço de reflexão e expressão de sentimentos, minimizando o impacto emocional e o estresse vivenciado pela possibilidade de melhor percepção e expressão de sentimentos, inquietudes e dúvidas diante da morte e do morrer.

Às equipes de saúde, o psicólogo hospitalar pode sistematizar (e também participar, quando não for coordenador da atividade) a realização de grupos operativos ou terapêuticos, na realização de treinamento de papel profissional, grupos de movimento etc., visando oferecer alívio a uma equipe estressada diante do constante lidar com a morte. Contatos formais ou informais, abrindo espaço para discussões sobre o tema, também são de muita valia.

Mas, a questão da morte no hospital, além de se referenciar como especificidade da tarefa do psicólogo que atua nesse contexto, permite uma última e primordial reflexão. A constante parceria da morte e do morrer no contexto hospitalar, associada ao sofrimento, à dor, à alienação, à crise, deve definir ao psicólogo a essência de sua atuação – a humanização do atendimento.

Ele é o principal elemento para a sensibilização da equipe, da instituição, dos pacientes e familiares, das equipes de saúde. Pela sua formação humanística, está preparado para detectar situações constrangedoras, ameaçadoras, desumanas, que, sem que os profissionais de saúde percebam, já fazem parte da rotina diária e que, às vezes, de forma muito simples, podem ser contornadas, minimizando o sofrimento de pacientes e familiares.

Desde a verificação da necessidade de transformação do ambiente inóspito à necessidade de flexibilização ou liberação dos horários de visitas, à necessidade de consentimento administrativo para visitas de menores a parentes terminais, a tarefas simples como preparação para exames, condutas terapêuticas, cirurgias, organização de grupos de encontros etc., o psicólogo pode contribuir para transformar a experiência da doença e da internação hospitalar a pacientes e familiares em vivência menos sofrida.

> A branda fala da morte não nos aterroriza por nos falar da morte.
> Ela nos aterroriza por falar da vida.
> Na verdade, a morte nunca fala sobre si mesma.
> Ela sempre nos fala sobre aquilo que estamos fazendo
> com a própria vida, as perdas, os sonhos
> que não sonhamos, os riscos que não tomamos (por medo),
> os suicídios lentos que perpetramos.
> (Rubem Alves, 1991)

5.4 A significação da psicologia no contexto hospitalar – A identidade diante da diversidade

> A identidade diante da diversidade.
> Um dia eu pensei, ao olhar a forte chuva
> que caía, que aí estava o fim de um processo.
> Quando a chuva diminuiu e finalmente se foi,
> percebi que dos milhões de pingos que inundavam
> as plantas e o solo, formaram-se enormes
> enxurradas que procuraram na encosta o caminho
> dos riachos, desembocaram nos lagos e chegaram aos rios.
> Quando o sol retornou e iluminou os rios, pude
> entender que um processo nunca tem fim...
> Ele sempre recomeça, trazendo novas vidas,
> revigorando os campos, com a força e a
> honestidade de uma chuva de verão.
> Que bom não ter desistido em meio ao dilúvio!
> (Heloisa Chiattone, 1998)

Uma primeira avaliação dos conteúdos publicados na área de saúde aponta que a psicologia no contexto hospitalar tenta firmar-se como uma nova especialidade na psicologia (área emergente), que não é inovadora em sua concepção filosófica, mas já acumulou quantidade suficiente de material, ou seja, um corpo de conhecimentos relativamente distinto, que justificam a sua consideração como subárea ou como **estratégia da psicologia**. Acresce-se a constatação do crescimento do número de profissionais envolvidos por uma ampla gama de demandas sociais que definem os problemas de saúde, concentrando suas atividades na área proposta; a ampliação de estudos em áreas de promoção da saúde e prevenção de doenças; o recente interesse de faculdades e instituições de ensino teórico-prático ao ensino da área e a absorção pelo mercado de trabalho de profissionais nas instituições de saúde.

Como a própria literatura na área aponta, mesmo já tendo acumulado largo espectro de material prático em seu desenvolvimento, a psicologia no contexto hospitalar ainda atende à necessidade de busca de proposições básicas para o seu desempenho e para o delineamento formal das peças que constituem seu arcabouço enquanto ciência.

Assim, nessa jornada contextual, naturalmente, visando consolidar-se como especialidade, a psicologia no contexto hospitalar necessitou definir novas perspectivas teóricas que redimensionassem esse saber emergente. Para isso, lançou-se em busca de saberes "emprestados", utilizando-se de recursos teóricos e métodos da própria psicologia e de outras áreas afins (Medicina, Biologia, Filosofia, Sociologia etc.).

Esse "empréstimo" a áreas afins (as abordagens fronteiriças) aparentemente deveria estar a serviço de favorecer (em determinada perspectiva) o crescimento da psicologia no contexto hospitalar, pois o grau de autenticidade, clareza e fundamentação das teses e leis emprestadas costuma ser mais refinado e organizado do que as teses e as leis em psicologia. Ciências como Medicina, Biologia e Filosofia (para citar apenas alguns exemplos) definem-se através de teses e construções bem desenvolvidas, partindo de princípios bem fundamentados. Além disso, metodologicamente, apresentam-se com uma exatidão bem maior do que as teses das escolas psicológicas, que utilizam conceitos criados recentemente, às vezes, pouco sistematizados.

No entanto, percebe-se que ao tomar emprestado conceitos mais elaborados de outras ciências, a psicologia no contexto hospitalar tem corrido um primeiro risco: distanciar-se da própria psicologia, pois, ao operar em dinâmicas mais determinadas, mais exatas e mais claras, os erros tendem a diminuir e a probabilidade de êxito aumenta, conferindo uma falsa sensação de independência e de sucesso. Além disso, como na instituição de saúde o psicólogo hospitalar está diretamente em contato com essas áreas afins e com seus pressupostos, pode – desinformado – internalizar o outro saber, descaracterizando-se como profissional. Outra grave consequência nessa metabolização de saberes de áreas afins refere-se ao fato de que a ausência de um corpo teórico em psicologia hospitalar tem dificultado a possibilidade de confronto em nível de conhecimento entre o saber psicológico e a área afim, criando, não raro, critérios avaliativos de senso comum ou referências sem fundamento epistêmico, levando o psicólogo que atua no hospital a metabolizar acriticamente referenciais desconhecidos.

Em contrapartida, ao lançar-se em busca de empréstimos da própria psicologia, o psicólogo hospitalar tem se defrontado com uma tarefa duplamente complicadora: se, por um lado, nem sempre esse "empréstimo" é eficaz, pois não atende às especificidades da psicologia na área hospitalar, podendo confundir ao invés de apontar caminhos, de outro, o "empréstimo" de conhecimentos psicológicos tem defrontado o psicólogo diretamente à diversidade de enfoques metodológicos, de tentativas de fundamentação epistemológica e de domínios – enfim, com a fragmentação do saber psicológico. Assim, aquilo que poderia ajudar, nortear, dar algum significado, tem confundido o profissional, levando-o a tentar resolver o problema à "sua maneira", de forma isolada, buscando alternativas na tarefa, sem a precisa avaliação epistemológica e metodológica.

Portanto, constata-se que a psicologia no contexto hospitalar apresenta-se, atualmente, de forma diversa: vários domínios e vertentes, múltiplos recursos metodológicos, várias linguagens, múltiplos problemas e várias tentativas de fundamentação teórica através do exercício descritivo de tarefas (tendência generalizada nas publicações científicas). A partir dessa constatação, podem-se verificar várias consequências na área: dificuldades na definição de perspectivas teóricas, dicotomia entre os fundamentos teóricos e a práxis, tendência exagerada à subjetividade (que pode ser confundida com incapacidade, pela objetividade do contexto onde tenta inserir-se), conflitos na tentativa de inserção nas equipes, conflitos e tentativas malsucedidas de divisão entre os próprios psicólogos da área e dificuldades na legitimação do espaço psicológico nas instituições de saúde.

Uma análise superficial desses fatos pode induzir a pensar que essa dinâmica ocorre pelo próprio processo evolutivo de consolidação da psicologia no contexto hospitalar. Ao aprofundar-se essa reflexão, é possível verificar que não se trata simplesmente de uma "crise de crescimento" da psicologia no contexto hospitalar, para posterior definição de uma identidade mais segura, mas sim de uma herança plurifragmentada, definida pela própria psicologia, que interpõe dificuldades, como a sua adequada localização no contexto social, o papel profissional nas instituições sociais, a formação do psicólogo e as práticas sociais.

Assim, o caminho mais coerente na tentativa de significação da psicologia no contexto hospitalar é o reconhecimento dessa pluralidade, não recusando os procedimentos de fundação da própria psicologia, acrescido da compreensão ampliada da realização histórica que essa nova área da psicologia vem tomando para atingir, de forma mais compreensível, o sentido de suas funções e de suas práticas sociais. E esse reconhecimento deve ocorrer visando o entendimento, não tendo sentido somente em nível de enunciação ou problematização. Muitos psicólogos que atuam na área de saúde reconhecem seus problemas e tentam superá-los, pois visam o crescimento e o fortalecimento da especialidade. Outros tantos, distanciados da prática diária, preferem o caminho da problematização, do digladio, sem buscar soluções viáveis. Outros, ainda, tendem ao imobilismo, ao deparar com o descompasso entre os referenciais teóricos e a realidade de trabalho.

Então, ao tentar ordenar, significar esse novo saber, é necessário reconhecer (principalmente como psicólogos) que **somente o reconhecimento leva à compreensão**. E este pode ser atingido em tentativas de pinçar nessa diversidade sua lógica interna e objetiva, visando compreender, em sua essência, a linha (ou linhas) que ofereça significação à psicologia no contexto hospitalar. Talvez aí esteja uma das pistas para a minimização das lacunas teóricas que prejudicam a tarefa do psicólogo hospitalar e para o fortalecimento de uma identidade seguramente mais bem definida pela redimensão do conhecimento de seus membros.

Outra saída é a busca de um eixo de referência através das origens da psicologia, na tentativa de "dar ordem à desordem". Esta, embora rica (no sentido de aprofundamento da evolução histórica da psicologia), logo se mostra relativamente infrutífera, pois define e fundamenta a pluralidade discutida.

Uma análise que permita o "afastamento/congelamento" desse conteúdo fragmentado inerente à própria psicologia pode levar ao reconhecimento de que na evolução da psicologia, enquanto ciência, o desenvolvimento da psicologia aplicada, nos primeiros anos do século XX, é um importante fator que pode oferecer pistas para a significação da psicologia no contexto hospitalar, pela ampliação dos conceitos psicológicos a novas áreas de atuação e pelo objetivo de reestruturação de toda a sua metodologia sobre a base do princípio da prática. Apesar da depreciação da psicologia acadêmica em relação à psicologia aplicada, é real que esta desempenha um significativo papel como fomentadora do desenvolvimento da psicologia, através de novas áreas, novos campos de ação, novas metodologias, invertendo a ordem tradicional; o que era anteriormente considerado como periferia passou a encaminhar-se para o centro do desenvolvimento em psicologia.

Dessa forma, a discussão do seu campo epistêmico e seus impasses, denunciando a pluralidade inerente a ela mesma, que dificulta a tarefa de significação da psicologia no contexto hospitalar, mostra-se fundamental, pois este é um fator inter-relacionado a praticamente todos os principais problemas que a área exibe atualmente: dicotomia entre teoria e prática, problemas na inserção intraequipe, dificuldades de contextualização das tarefas, multiplicidade de enfoques teóricos e ações distintas, necessidade de buscar conhecimentos em outras áreas do saber, lacunas na formação profissional, isolamento profissional e distanciamento da obtenção de uma identidade profissional.

Assim, deve estar bem claro ao psicólogo hospitalar que a fragmentação na psicologia enquanto ciência é real, persistente, amplamente reconhecida pela literatura, dificilmente havendo possibilidades de unificação entre as distintas vertentes. Além disso, essa pluralidade dificulta a definição de uma identidade mais segura à psicologia pela fragmentação de seu domínio de investigação, quer do ponto de vista de seus métodos, quer de seu objeto, quer na delimitação de seu campo. É possível reconhecer que, apesar de ela não ter ainda atingido seu estágio paradigmático, mantém-se em estágio pré-paradigmático, onde o conhecimento permanece especializado e cada grupo adere à sua própria orientação teórica e metodológica. Daí surgem os impasses, os paradoxos e as lacunas que interferem diretamente na tentativa de significação da psicologia no contexto hospitalar.

Enquanto alguns psicólogos simplesmente negam a existência dessa pluralidade, acreditando que a diversidade "vem de fora", não atingindo a área, outros veem esta diversidade através de um prisma subjetivo: "**o que acredito é Psicologia, o restante não é Psicologia**" (e aqui surgem as fracassadas tentativas de divisão entre os profissionais da área). Entre as duas vertentes estão aqueles psicólogos que não só reconhecem a diversidade constitutiva, como também reconhecem a ausência de um sistema universalmente reconhecido em psicologia, onde todos os conceitos e categorias são interpretados de forma diferente, esbarrando nos próprios fundamentos da ciência. Mas, seguindo outro prisma, estão os psicólogos que reconhecem a diversidade e a consideram positiva pela possibilidade de, através da crise, se enriquecerem e se fortalecerem os conceitos e leis. As duas últimas vertentes parecem mais coerentes com uma proposta de significação da psicologia no contexto hospitalar, reconhecendo na diversidade a possibilidade de definir conteúdos mais claros à área.

Mas, como especificidade da própria psicologia, essa pluralidade epistemológica atinge diretamente a psicologia no contexto hospitalar, que exibe as consequências diretas dessa fragmentação nas dificuldades tanto no âmbito da teoria como em sua práxis, desfavorecendo o crescimento da área. Nesse sentido, ao continuar persistindo nesse caminho linear, acumulando conceitos, princípios e leis à parte, "cada um à sua maneira", sem a devida avaliação epistemológica, os psicólogos que atuam no hospital estão conferindo um caráter estéril à especialidade, incrementando e mantendo o aparecimento de lacunas e impasses. Isso se dá principalmente porque a fragmentação, em seu aspecto caótico, dificulta a contextualização de um novo saber, define múltiplas demandas, recursos técnicos variados, fragmentos tornam-se irreconhecíveis, incompatíveis com as novas práticas, gerando graves dificuldades no reconhecimento da nova área, desde seu objeto de estudo até dos profissionais que nela atuam.

Já foi assinalado que as possíveis soluções para esse impasse recaem sobre o reconhecimento, compreensão e redimensão dessa pluralidade. Esse impasse pode ser minimizado através do compromisso entre a psicologia no contexto hospitalar e a apreensão da realidade que escancara as dificuldades e as vicissitudes. Assim, ao lançar-se nessa busca do saber, o psicólogo que atua no hospital deve envolver-se em um processo de transformação (pois se utiliza de saberes anteriores, ligando-os aos conteúdos adquiridos) e de reconstrução (pela possibilidade de reconstruir a realidade sob novos parâmetros), delimitando um conhecimento dotado de sentido próprio, pessoal, paralelamente à adequada avaliação epistemológica desse conhecimento.

E nessa interface, o novo saber pode tomar novos sentidos: o da coexistência e enfrentamento entre teses opostas, o da divisão ou pluralidade das posições em psicologia e o das divergências e contradições dos conhecimentos na área.

Nessa dinâmica, a psicologia no contexto hospitalar deve ser compreendida dialeticamente em seu movimento, crescimento, desenvolvimento e evolução, sempre em uma tarefa ética, eliminando-se a prática do digladio, da exclusão, da desqualificação de saberes como não científicos ou não psicológicos, inclusive entre os profissionais que atuam na área.

Portanto, a superação desse impasse passa pela negação do isolamento e do imobilismo em psicologia, em uma postura de parceria (bem atual) entre todos, definindo o psicólogo hospitalar como um agente de mudanças/transformação e não como um mero reprodutor de conhecimentos científicos e técnicos. Dessa forma, ampliando seu conceito de ciência (ao superar o paradigma positivista), o psicólogo hospitalar pode reinserir-se no papel de produtor e elaborador de teorias e conhecimentos.

Assim, qualquer tentativa de avaliação ou de contextualização de um novo campo de saber dentro da psicologia deve considerar a coexistência dessa fragmentação de métodos e do objeto em si da própria psicologia, mas, acima de tudo, deve considerar a possibilidade de transformação, viabilizando o saber.

Nesse ponto talvez caiba questionar: Como transformar? Como viabilizar o saber? Como significar a psicologia no contexto hospitalar?

Ao buscar significar a psicologia no contexto hospitalar, o psicólogo pode seguir duas vertentes reflexivas intimamente interligadas: as vertentes psicológica e social, que a todo momento se interpõem, e que serão discutidas separadamente somente por questões didáticas.

Na vertente psicológica, a necessidade de demarcação de um caminho distingue-se pela consideração da psicologia e da psicologia no contexto hospitalar, em seu sentido mais amplo, pois o fenômeno do adoecer é infinito e inesgotável em suas possibilidades e é nele que a psicologia no contexto hospitalar delimita seu objeto científico.

De forma ampliada, verifica-se que o mesmo fenômeno – o adoecer – pode ser compreendido de diferentes formas; à medida que os estudos na área de psicologia hospitalar avançam, este mesmo fenômeno resulta em muitas generalizações, em classificações e sistemas distintos, em princípios e leis à parte, afastando-se cada vez mais do fato comum que une todas essas vertentes – a psicologia enquanto ciência. E assim, esse distanciamento pode traduzir um caminho, às vezes sem volta, dificilmente retomando a condução de um mesmo objeto de estudo ao serem delimitados campos distintos de atuação.

Nessa medida, a delimitação do objeto de estudo deve ser o ponto inicial na significação da psicologia no contexto hospitalar. Conceito essencial definido pela psicologia enquanto ciência, que deve assumir seu caráter integrador/transformador ao unir ramos heterogêneos do saber.

Assim, o conceito essencial que age como suporte na psicologia enquanto ciência não só determina o conteúdo das subáreas à sua volta, como também pode indicar seu caráter integrador. E da própria psicologia deve surgir a necessidade de unir as subáreas e ramos do saber.

E é nessa interface que se justifica a consideração desse material e o estabelecimento e determinação da relação entre os diferentes domínios e entre cada um deles e a totalidade do saber científico em psicologia. Esse exercício ou tentativa de união deve ser alcançado em favor de uma ciência geral – a psicologia, e não pela sua simples adição no contexto hospitalar, de modo que esta conserve seu equilíbrio e independência.

Dessa forma é que a psicologia determina o papel, o sentido e o significado da psicologia no contexto hospitalar, partindo da premissa de que a integração dos conhecimentos deve transformar-se em uma tendência a explicá-los. Significar a psicologia no contexto hospitalar pressupõe o estabelecimento de conexões entre vários fatos ou vários grupos de fatos, referindo uma série de fenômenos, definindo-se a causalidade desses em um mesmo domínio. Nesse sentido, ao significar, ao generalizar, ao unificar fatos de diferentes domínios, a psicologia no contexto hospitalar se vê obrigada a situar esses fenômenos no contexto mais amplo da psicologia.

Essa tendência não atinge somente a psicologia no contexto hospitalar, mas uma série de disciplinas emergentes em psicologia. Não se trata de um saber completamente distinto, mas sim de uma nova estratégia revestida pelos princípios básicos da psicologia que ao lado de áreas de atuação denominadas "tradicionais" – a clínica, a escolar, a organizacional e a social – emerge no mercado de trabalho.

A psicologia no contexto hospitalar surgiu justamente em resposta às novas tendências que assinalavam a necessidade de expansão do saber biopsicossocial na compreensão do fenômeno doença, visando modificar as concepções habituais, cristalizadas pelo modelo biomédico, pois a necessidade de propagação da influência do modelo biopsicossocial a domínios contíguos definiu o surgimento da medicina psicossomática, da medicina comportamental e da psicologia da saúde. Da psicologia da saúde, ramificaram-se várias estratégias (psico-oncologia, psicocardiologia, psiconeurologia, a própria psicologia hospitalar etc.), que, nessa caminhada, mesmo fundamentadas na mesma ideia original, ampliaram seu próprio intercampo de conhecimento. Como essa ampliação quase sempre incluiu modificações em cada área, a ideia matriz – a psicologia – passou gradativamente a assumir novas colorações, tentando as novas áreas assumir um caminho independente. Nesse movimento, a integração com a psicologia foi se tornando difícil, surgindo as lacunas e os impasses, porque a matriz define-se pela pluralidade e pela diversidade, como já foi referido.

Nesse sistema hierárquico, tendo a psicologia como centro principal, a psicologia da saúde como sistema secundário, e também dela a psicologia no contexto hospitalar, a psicologia em si deve configurar-se na unidade que determina o sentido e o significado de cada domínio isolado. O salto para o reconhecimento como saber específico se dará quando o profissional aperceber-se que está no hospital para ser psicólogo e não para seguir conceituações arraigadas ao pensamento materialista que se distanciam da compreensão do ser humano.

Portanto, é ao buscar compreender o ser humano que a psicologia no contexto hospitalar direciona-se pela vertente social, objetivando apreender o sentido do existir humano na situação de doença e hospitalização. Assim, ao unir as duas vertentes (psicológica e social), a psicologia no contexto hospitalar tem delineado seu campo de conhecimento, utilizando-se de conhecimentos específicos da Medicina, Antropologia, Sociologia e da Filosofia.

Nesse processo, como na evolução do método científico natural e das ciências do homem, os psicólogos que atuam em hospitais passaram longos anos buscando a ordenação de seus saberes através de seus fazeres, visando a utilização de um método seguro de atuação no contexto hospitalar.

Constata-se que, como na evolução do método científico natural, a psicologia e, por consequência, a psicologia no contexto hospitalar, delinearam-se nas ruínas do cenário do modelo naturalista e das relações explicativo-causais, sofrendo forte influência do pensamento positivista imperante até os dias atuais.

Ao incluir o homem no conjunto da natureza, o privilégio da razão indicou a peculiaridade e a noção, em termos físicos, de desequilíbrio, do não lógico, da não ordenação. Nesse contexto, o materialismo histórico e dialético, ao criticar o positivismo, ampliou a conceituação de saúde, privilegiando a totalidade e a visão do ser doente num contexto biopsicossocial.

Através dessa vertente, a evolução dos achados em psicologia hospitalar entrelaça-se com a história das ciências naturais e da própria psicologia – ou psicologias – na modernidade e na pós-modernidade.

Além disso, a psicologia no contexto hospitalar foi gerada à margem do modelo biomédico, sofrendo as influências da moderna medicina científica, do pensamento cartesiano, da relação de causa e efeito, do distanciamento do homem enquanto ser, da imposição da máquina, do racionalismo que impõe explicações, às vezes, para o inexplicável, do afastamento da dimensão mais humana do mundo, da hierarquização das ciências, do estabelecimento do mito do progresso, da objetividade, da neutralidade, da assepsia e, fundamentalmente, do poder médico.

Gradativamente, o modelo biomédico passou a ser questionado por não fornecer uma compreensão completa e profunda dos problemas humanos; por atender a interesses minoritários; por não atingir um conhecimento tal que permitisse relacionar a doença com a existência do homem; por dissociar a promoção da saúde, mesmo exibindo excelência técnico-científica; por impor o conhecimento único e totalitário do médico; por negar a existência individual do paciente; por não aceitar, enfim, as influências da interação mente, corpo e meio ambiente em uma perspectiva holística.

Assim, o ressurgimento de estudos retomando a ligação mente e corpo, enfatizando as influências sociais e culturais na ocorrência e manutenção das doenças, delimitaram a contextualização do modelo biopsicossocial como alternativa teórica ao modelo biomédico. E é nessa perspectiva ampliada, ao buscar o entendimento das relações entre conhecimento, saúde, doença e sociedade que o homem tem procurado autodefinir-se como um ser biopsicossociocultural que interatua nessas esferas de existência, que se interdependem e devem ser compreendidas e consideradas uma em função da outra.

Nessa estrutura dialética encontra-se a razão dos fundamentos em psicologia hospitalar; na proposição de uma visão de homem menos dicotomizada calcada no fortalecimento do modelo biopsicossocial em saúde, que pressupõe o pensar e o fazer interdisciplinar, em resposta à tendência integrativa ou holística em saúde, a partir de um referencial psicossomático. Esse processo de transformação, portanto, acompanha as relações entre sociedade, saúde e doença. As concepções de saúde e doença ampliam-se em suas dimensões social, humana e existencial, visando sua essência totalizadora, o homem, o ser doente.

Mesmo assim, essas reflexões apontam que qualquer definição ou abordagem psicológica ou social da saúde deve incluir sua herança histórica positivista, pois esta interpõe, obrigatoriamente, os mecanismos constituintes para sua evolução e os reflexos diretos às ações de saúde, influenciando as produções teóricas e a prática no campo da saúde.

Nesse processo de mudança, criticando os pressupostos fenomenológicos, visando explicações totais, históricas e políticas, como uma metodologia específica das ciências sociais, o materialismo histórico e dialético passa a realçar as contradições, as mudanças, a totalidade e a unidade dos contrários nas questões que abrangem a saúde e a sociedade. Como reflexo, verifica-se que em fins da década de 1950 e durante a de 1960, o campo de saúde abriu-se definitivamente a outras áreas, como: Educação, Psicologia, Nutrição, Serviço Social, Sociologia e Antropologia, estimulando a compreensão global do fenômeno saúde e doença, através do modelo biopsicossocial.

Dessa forma, a partir do reconhecimento do modelo biopsicossocial, a significação da psicologia hospitalar torna-se mais próxima de sua contextualização teórico-científica e metodológica, fortalecendo-se, em consequência, uma identidade mais definida e coerente com a psicologia em si e com o contexto social e institucional onde está inserida – a instituição hospitalar. Isso porque, ao visar resgatar a condição humana do doente, o relacionamento e a atuação interdisciplinar, a consideração da realidade social – no que concerne às questões da saúde e sociedade –, a doença como expressão máxima do sofrimento humano, define-se o campo de atuação do psicólogo hospitalar como o campo sociopsicobiológico das doenças humanas.

Assim, ao buscar o estudo da constituição dos conhecimentos válidos em psicologia hospitalar, considerando-se simultaneamente as condições de acesso a esse conhecimento (através do referencial psicossomático) e as condições propriamente constitutivas deste (a avaliação do sujeito na constituição da saúde), esse trabalho pode delimitar conceituações representativas à área.

A primeira constatação aponta que a psicologia no contexto hospitalar constitui-se como **estratégia de atuação da psicologia, mais propriamente da psicologia da saúde**, que agrega conhecimentos educacional, científico e profissional da disciplina Psicologia para utilizá-lo na promoção e manutenção da saúde, na prevenção e no tratamento da doença, na identificação da etiologia e nos diagnósticos relacionados à saúde, à doença e às disfunções, bem como no aperfeiçoamento do sistema de política de saúde.

Na verdade, existem claras divergências quanto à especificidade dessa denominação. Enquanto muitos psicólogos da área utilizam o termo psicologia da saúde, a terminologia psicologia hospitalar é utilizada por outros tantos na tentativa de delimitar o campo daqueles profissionais que atuam especificamente nas instituições hospitalares.

Ao redimensionar essa conceituação, verifica-se a tentativa de delimitação do campo de atuação do psicólogo hospitalar somente ao contexto hospitalar, permanecendo a conceituação psicologia da saúde, de forma a abarcar sub-ramos que envolvem a psico-oncologia, neuropsicologia, psicologia aplicada a cardiologia ou psicocardiologia e novas áreas ou estratégias como cuidados paliativos, programas de educação para a saúde, treinamento e formação de equipes de saúde e a própria psicologia hospitalar, indicada àqueles profissionais que atuam em contextos vários: ambulatórios, centros de saúde, hospitais, clínicas médicas, instituições de pesquisa, instituições universitárias etc.

Essa questão semântica já foi discutida no início desse trabalho. Pode-se verificar que ao abrir-se um campo fértil na área de saúde, pelo fortalecimento do modelo biopsicossocial, os psicólogos se definiram através de seu local de trabalho, ao não contarem com recursos teóricos e metodológicos mais precisos, na compreensão dessa nova demanda. Uma avaliação mais precisa pode demonstrar que os fatores constitutivos da psicologia hospitalar derivam, no contexto geral, dos conhecimentos da psicologia da saúde, pois dela determinada, ampliou seu aparato de ação a um contexto peculiar, o do hospital. Nesse sentido, a psicologia no contexto hospitalar define-se como uma estratégia de atuação da psicologia da saúde, especificamente nas instituições hospitalares.

Assim, a psicologia no contexto hospitalar surge da própria necessidade da psicologia, como disciplina, de buscar novos modelos e paradigmas que reavaliassem ou substituíssem velhos esquemas que – sem ser inúteis – resultavam já insuficientes para a compreensão dos problemas em saúde, como demonstram as aproximações tradicionais (psicologia clínica, psicologia médica, medicina comportamental, medicina psicossomática).

A psicologia hospitalar desenvolve-se pela necessidade de um novo enfoque, uma mudança de estratégias na forma de prover saúde, em seu sentido mais amplo. Um novo paradigma que, reforçando o modelo biopsicossocial e otimizando o trabalho interdisciplinar, pudesse realmente estimular a união ou integração das ciências médicas e sociais, estreitando os vínculos das vertentes assistenciais, de formação e investigativas, aglutinando estratégias globais que possibilitassem oferecer respostas aos problemas que implicam desenvolver uma nova forma de pensamento em saúde.

Aqui constata-se um segundo aspecto fundamental para a significação da psicologia no contexto hospitalar: **a entrada de psicólogos nos hospitais não se deu aleatoriamente**. Além dos reflexos das mudanças dos paradigmas em saúde, várias circunstâncias podem ser citadas como propícias para este desenvolvimento:

- a introdução de novas drogas no tratamento dos pacientes que facilitam o desencadeamento de transtornos psicológicos;
- a intensificação de realização de complexos procedimentos cirúrgicos, com consequente necessidade de os pacientes permanecerem em unidades de terapia intensiva e unidades de recuperação (iatrogênicas, em uma aproximação psicológica);
- a admissão, cada vez mais frequente no hospital geral, de pacientes que necessitam de manejos médico e psicológico simultaneamente (tentativas de suicídio, episódios psicóticos agudos, exacerbação de transtornos latentes, alcoolismo e drogadicção, entre outros);
- reconhecimento maior dos fatores psicossociais das doenças, além da ênfase nas aspectos preventivos em saúde, traduzindo, de forma natural, a influência dos fatores psicológicos no desenvolvimento e exacerbação das doenças;

- diversificação e ampliação do número de profissionais de saúde e várias especialidades médicas no cuidado aos pacientes, diversificando formas e métodos de tratamento;
- desenvolvimento tecnológico da medicina, que incluiu ações diagnósticas e terapêuticas cada vez mais refinadas, mas também intensamente despessoalizadas, desumanizadas;
- desenvolvimento e publicação de achados em psicologia da saúde, especialmente relativos aos reflexos da doença e hospitalização no desencadeamento de descompensações psicológicas;
- incremento, nos meios de comunicação, de temas relativos à saúde, direitos e deveres, incentivando o paciente a tornar-se elemento ativo no processo, o que altera, significativamente, a relação com os profissionais de saúde e com a instituição;
- aumento dos trabalhos em equipe, com diversificação nas relações de poder e consequente habilidade para atividades de trocas interdisciplinares.

Assim, delimita-se uma terceira constatação importante: **para enfrentar e responder a essa nova demanda existente, os psicólogos no hospital lançaram mão de recursos teórico-metodológicos disponíveis, emprestando de outras áreas da psicologia ou da medicina conteúdos necessários para implementar suas intervenções.** No entanto, nem sempre mostrou-se cabível a utilização de enquadres teórico-tradicionais, o que tem gerado dificuldades no estabelecimento de correspondências entre os vários níveis de abordagem e criado discordâncias entre os psicólogos chamados "práticos" (que estão diretamente na linha de frente nas instituições de saúde) e que procuram resolver problemas concretos em sua rotina diária de trabalho de forma eclética, adaptando-se ao novo campo de aplicação, e os psicólogos que atuam em instituições acadêmicas.

Então, ao buscar redimensionar esse processo e esse conflito, é necessário destacar que um grupo de psicólogos direcionou-se à psicologia da saúde e outros tantos direcionaram-se aos desdobramentos da psicologia da saúde (psico--oncologia, psicocardiologia, psicologia hospitalar etc.). Outro grupo, não menos significativo, enveredou-se pela medicina psicossomática e seus desdobramentos práticos (consultoria e interconsulta médico-psicológica, psicologia médica) ou pela medicina comportamental.

É preciso destacar que, num primeiro momento, a demanda psicológica nas instituições de saúde, associada à diversidade de modelos teóricos e metodológicos, fez com que o psicólogo optasse pela oferta, definindo-se, posteriormente, em uma opção mais delimitada, a partir de seu objeto de estudo e de seu campo de atuação.

A evolução histórica da psicologia no contexto hospitalar aponta essa especificidade: um primeiro momento de delimitação de seu objeto de estudo e redefinição de sua práxis, um segundo momento de fortalecimento enquanto área (marcado pelo avanço das publicações, congressos, simpósios, cursos, explosão do mercado de trabalho) e um terceiro momento, mais atual, no qual a psicologia no contexto hospitalar busca, de forma mais amadurecida, fixar-se definitivamente enquanto nova área de atuação na psicologia.

Este momento atual da psicologia no contexto hospitalar parece bastante específico, não se constituindo simplesmente de uma justaposição de posições clínico-biológicas, educativo-pedagógicas ou socioculturais, mas, ao contrário, absorvendo, em uma síntese integradora, o melhor de seus conteúdos. Tanto as recentes publicações como os últimos encontros e congressos em psicologia hospitalar têm refletido um refinamento teórico, diluindo o exercício descritivo de tarefas e caracterizações, delimitando um singular aprofundamento epistemológico. Sob um enfoque evolutivo, ao considerar-se que os primeiros trabalhos no Brasil são referidos na década de 1950, como um adulto jovem, o psicólogo hospitalar tem se posicionado de forma mais amadurecida.

Portanto, nesse ponto é possível apontar um quarto aspecto: **a busca de delimitação teórico-metodológica visando à significação da psicologia no contexto hospitalar, além de extremamente necessária, no sentido de alcançar um eixo de referência, na diversidade, que ajude o psicólogo hospitalar em sua práxis, pode delinear ou clarificar algumas pistas.**

Quando o psicólogo depara com os fatores concernentes à assistência psicológica no contexto hospitalar, percebe que sua práxis é influenciada por tendências e orientações que se ampliam em razão da ênfase que vários estudos encaminharam à psicogênese de todas as doenças orgânicas.

Assim, o modelo biopsicossocial, ao retomar a ligação mente-corpo, enfatizando as influências sociais e culturais na ocorrência e manutenção das doenças, se ao lado da psicologia encaminhou-se para a definição da psicologia da saúde, ao lado da medicina implementou e fortaleceu a medicina psicossomática.

Claro que os referenciais psicossomáticos estão intimamente vinculados a todas as novas tendências em saúde. Todavia, é necessário destacar que justamente os campos de estudo se imbricam, integrando perspectivas muito semelhantes: a doença e sua dimensão psicológica, a relação médico-paciente e seus vários desdobramentos, a ação terapêutica direcionada à pessoa do doente como um ser biopsicossocial.

Esse ponto de imbricação faz com que não se consiga, em uma primeira avaliação, discernir o caminho a seguir. Aprofundando-se essa análise, é possível reconhecer que o caminho da psicologia da saúde, um referencial da própria psicologia, parece oferecer uma opção mais ampliada ao psicólogo, ao situar as questões da saúde na interface entre o individual e o social, e claro, não negando seu referencial psicossomático.

Mas o fundamental nessa imbricação parece residir no fato de que todas as tendências, chamadas "abordagens fronteiriças" (medicina psicossomática, psicologia médica, medicina comportamental etc.), mostram-se relativamente coerentes em seus objetivos e proposições de fundamentação de estratégias práticas em resposta ao saber biopsicossocial. Uma delas, entretanto, merece um destaque especial ao assemelhar-se, em níveis teórico e prático, à psicologia no contexto hospitalar: a psiquiatria de ligação.

Tanto a psicologia no contexto hospitalar como a psiquiatria de ligação englobam no hospital tarefas que envolvem a assistência, o ensino e a pesquisa em nível da interface entre a psiquiatria (no caso da psiquiatria de ligação) ou a psicologia (no caso da psicologia hospitalar) e a medicina.

Ambas pressupõem um contato contínuo com os serviços hospitalares, tendo o profissional presença constante nas unidades e serviços, participando das decisões tomadas, das atividades diárias, não sendo somente consultor em casos emergenciais. As duas vertentes imprimem em sua tarefa o caráter preventivista (na associação permanente ao serviço e unidade, com amplas possibilidades de intervenção), o caráter diagnóstico e o caráter terapêutico a pacientes, familiares e à própria equipe de saúde. Ambas também pressupõem a compreensão global, biopsicossociocultural do binômio saúde/doença, configurando-se a base, o alicerce, o fundamento de sua tarefa enquanto profissão de saúde, delineada pela dimensão ética da existência humana, na inter-relação entre o ser e o estar doente.

Assim, a doença, enquanto expressão máxima do sofrimento humano, define a tarefa do psicólogo no contexto hospitalar e do psiquiatra de ligação de resgatar ao ser doente sua essência de vida, interrompida pelo fenômeno doença. Além disso, tanto a psicologia hospitalar como a psiquiatria de ligação estudam as relações assistenciais, utilizando-se do ideal psicossomático, o que assemelha seu foco terapêutico, a relação institucional, o treinamento recebido, o exercício profissional, o objeto de estudo e o campo de atuação.

Nessa medida, **a psicologia no contexto hospitalar também pode ser considerada como uma estratégia de ligação entre a medicina e a psicologia**. E essa constatação toma sentido quando se busca definir o objeto e o campo de atuação do psicólogo nas instituições hospitalares. O seu campo de atuação no contexto hospitalar define-se pela consideração de que a doença tem como princípio reflexo a desarmonização da pessoa. Nessa medida, **estar doente** implica em desequilíbrios que podem ser compreendidos, em uma visão holística, como um abalo estrutural na condição de ser, chocando-se ao processo dinâmico de existir, rompendo as relações normais do indivíduo tanto consigo quanto com o mundo que o rodeia.

Portanto, o **ser doente** (o paciente) vê-se em específica situação; sua existência delimita-se pela vivência da doença, modificando sua existência e definindo o **estar doente**.

O objeto de estudo do psicólogo no contexto hospitalar, portanto, constitui-se pelo **ser doente**, um ser dinâmico, dotado de corpo e alma (como unidade) que adoeceu, em um determinado ambiente. Ao buscar, em sua prática clínica, resgatar o equilíbrio e a integração desse **ser doente**, em sua totalidade, define-se a visão e o lidar do homem, como unidade biopsicossocial, em um contexto psicossociocultural.

Assim, a delimitação do campo de estudo da psicologia no contexto hospitalar integra três amplos aspectos: o doente e sua história (o **ser** e o **estar doente**); a relação do doente com a internação e a intervenção terapêutica voltada ao ser doente, a seus familiares, à equipe de saúde e à interação entre o paciente, a equipe e a instituição de saúde.

Dessa forma, em tarefa contextualizada pela tríade assistência, ensino e pesquisa, em nível da relação entre a psicologia e a medicina, a psicologia no contexto hospitalar objetiva a clarificação do fenômeno adoecer, em sua mais ampliada definição. Além disso, no hospital geral, a assistência define-se por atendimentos psicológicos à tríade pacientes, familiares e equipe de saúde, em tarefa perfeitamente contextualizada na rotina de trabalho das enfermarias, unidades e ambulatórios.

A assistência psicológica no hospital é definida por especificidades que norteiam o exercício profissional do psicólogo no hospital:

- **A institucionalidade que impõe limites e resistência**, pressupondo adaptações teórico-práticas que levam o psicólogo a redefinir sua práxis no próprio espaço institucional e conjuntamente com outros profissionais, demandando atuação interdisciplinar.
- **A multiplicidade de enfoques e solicitações**, que leva o profissional a transpor os limites de seu consultório, mantendo contato obrigatório com outras profissões, pressupondo disponibilidade, formação específica, objetividade e coerência que abrangem, necessariamente, reformulações teóricas e metodológicas.
- **A nova espacialidade e a nova temporalidade que determinam o fim da privacidade e a imposição do ritmo temporal do próprio paciente**, que definem uma reformulação interna do psicólogo coerente com uma adaptação à nova forma de atuação.
- **A precariedade existencial do paciente: sofrimento, alienação, crise e letalidade** que sobrepõem a tarefa, não só a compreensão do paciente em sua integridade, mas uma reformulação de valores pessoais e profissionais do psicólogo.

Assim, norteada por essas especificidades, pelos traços de personalidade dos pacientes, por seus antecedentes educacionais, religiosos, étnicos, sociais e culturais, pela idade, sexo, recursos familiares, econômicos e sociais, por sua maturidade interna, por seu grau de integração, por crenças sobre a doença e a morte, por reações a crises passadas e perdas significativas, por antecedentes psicopatológicos e doença psiquiátrica, por sinais psicológicos e físicos de depressão ou ansiedade, pelo nível de hostilidade e grau de dependência, pelo diagnóstico e prognóstico, pelo tratamento instituído, por vivências durante a internação, no contexto hospitalar, a tarefa psicológica no hospital deve seguir alguns objetivos, gerais e específicos:

- Avaliar o grau de comprometimento emocional causado pela doença, tratamento e/ou internações, proporcionando condições para o desenvolvimento ou manutenção de capacidades e funções não prejudicadas pela doença, tanto a pacientes como a seus familiares.
- Favorecer ao paciente a expressão de sentimentos sobre a vivência da doença, tratamento e hospitalizações, situações por si só mobilizadoras de conflitos, facilitando a ampliação da consciência adaptativa do paciente, ao minimizar o sofrimento inerente ao ser e estar doente.

- Fazer com que as situações de doença e tratamento sejam bem compreendidas pelo paciente, evitando sempre que possível situações difíceis e traumáticas, favorecendo a participação ativa do paciente no processo.
- Atuar no nível de humanização do atendimento, propiciando preparo para hospitalização, minimização de práticas agressivas através de preparo para condutas terapêuticas, exames, cirurgias, incentivo às visitas, preparo da alta e encaminhamento a serviços especializados da comunidade.
- Detectar e atuar frente aos quadros psicorreativos decorrentes da doença, do afastamento das estruturas que geram confiança e segurança ao paciente, quebra do cotidiano e diferentes manifestações causadas pela doença e hospitalização.
- Detectar condutas e comportamentos anômalos à situação de doença e hospitalização, orientando e encaminhando para tratamento específico.
- Detectar precocemente antecedentes ou alterações psiquiátricas que possam comprometer o processo de tratamento médico, orientando e encaminhando a serviços especializados.
- Melhorar a qualidade de vida dos pacientes, facilitar a integração dos pacientes nos serviços e unidades.
- Fornecer apoio e orientação psicológica aos familiares dos pacientes internados, incentivando a participação da família no processo de doença.
- Contribuir para um melhor entendimento por parte da equipe de saúde dos comportamentos, sentimentos e reações dos pacientes e familiares.
- Estimular o contato íntimo e diário em equipe, visando discussões informais de casos clínicos e troca de informações profissionais.
- Estimular a realização de reuniões interdisciplinares para discussão de casos clínicos, estabelecimento de condutas uniformes e aprimoramento do atendimento.
- Desenvolver programas de saúde e pesquisas científicas.

Portanto, diante dessas especificidades, quanto ao tipo de intervenção, o psicólogo que atua no hospital tem possibilidades de agir preventivamente, bem como exercitar-se em ação diagnóstica e também terapêutica.

As especificidades da tarefa no hospital levam o psicólogo

> (...) ao rompimento do contrato (compreedido no seu sentido mais amplo), defrontando o profissional com lacunas teóricas, obrigando-o a equilibrar-se nos limites entre teoria e prática e exigindo uma atitude flexível e inventiva embora necessariamente responsável. (Ancona-Lopez, 1997, p. 156)

É nesse espaço que estão inseridas as intervenções breves (IB) (Ancona-Lopez, 1997), expressão que designa diferentes modalidades de atendimento breve, incluindo as psicoterapias (Yoshida, 1990).

Os modelos de intervenção breve têm sido o tratamento de escolha nas situações de crise impostas pela doença e hospitalização (Freeman e Dattilio, 1995), na medida em que a psicoterapia breve e/ou de emergência, fundamentada na teoria de crise, é coerente com as necessidades emergentes de pacientes e familiares no hospital. A dor ou o perigo a que o paciente está exposto requer que a intervenção seja imediata, com algum grau de alívio obtido o mais rápido possível, primordialmente no primeiro encontro.

Assim, embora existam vários modelos de psicoterapia breve, todos eles apresentam em comum o objetivo de remover e aliviar sintomas específicos, de forma adequada e oportuna.

Dessa forma, em contraste com abordagens tradicionais, a psicoterapia breve no hospital é definida pela especificidade de limitação a uma ou algumas sessões de tratamento e pela utilização de técnicas características, para a consecução de um fim terapêutico específico. Do princípio ao fim da relação terapêutica, são requeridos um elevado grau de conceitualização e uma escolha cuidadosa de intervenções ou de não intervenções, constituindo-se em atividade que é dirigida a um fim.

A tarefa, portanto, é definida pelo reconhecimento do paciente enquanto pessoa (HP – história da pessoa), pelo reconhecimento do paciente enquanto doente (HPMA – história pregressa da moléstia atual), pela definição de reações e necessidades na situação (doença e hospitalização), pela avaliação de recursos de enfrentamento e delimitação de focos a serem trabalhados em nível de apoio, suporte, atenção, reordenação, coparticipação, clarificação, validação e significação.

Assim, no hospital, a intervenção psicológica deve ser norteada pela terapia breve e/ou de emergência, de apoio e suporte ao paciente, caracterizando-se o atendimento psicológico em atendimento emergencial e focal, considerando-se o momento de crise vivenciado pelo indivíduo na situação especial e crítica de doença e hospitalização.

Então, a intervenção psicológica deve caracterizar-se, predominantemente, por limite de tempo imposto sobre a duração do processo, um papel muito mais ativo do terapeuta, maior orientação no contexto do processo terapêutico e objetivos de tratamento mais limitados e específicos, delineados por hipóteses diagnósticas circunstanciais.

Ressalta-se, então, a significância da psicologia preventiva no contexto hospitalar, pela necessidade de melhorar a eficácia de adaptação dos pacientes internados, diminuindo a quantidade de pacientes que exibem ineficácia adaptativa, através de atendimento imediato e eficiente.

O método terapêutico breve no hospital possui algumas vantagens bem delimitadas: primeiramente, a atuação imediata do psicólogo diante da situação crítica determinada pela doença, hospitalização e suas intercorrências traz alívio ao desequilíbrio agudo, agindo preventivamente contra a cronicidade dos sintomas. Além disso, a utilização da psicoterapia breve no hospital pode impedir que vivências, inerentes ao ser e estar doente, se tornem irreversivelmente nocivas. Por fim, a enorme demanda de pacientes e o quase sempre limitado número de psicólogos impõem a necessidade de técnicas mais coerentes, na tentativa de obter mudanças estruturais e dinâmicas na situação de doença e hospitalização para paciente e familiares, abreviando-se o tempo de duração do tratamento e aproximando em tempo resultados mais precisos.

Além disso, a abordagem psicoterapêutica no hospital deve ser flexível, pois, além da associação da vivência traumática da doença em si, que define a sobreposição do sofrimento físico ao sofrimento psíquico, nem todos os pacientes internados possuem estrutura de personalidade capaz de suportar e se beneficiar com intervenções interpretativas. Diante delas, os pacientes podem ter seus estados emocionais agravados, com reflexo imediato em sua evolução física.

Assim, técnicas de intervenção breve são as mais indicadas no contexto hospitalar, visando à obtenção de condutas mais realistas e adequadas à situação de doença e hospitalização e pela possibilidade de diagnóstico precoce. E, nessa medida, o psicólogo no contexto hospitalar não deve esperar pelo encaminhamento de pacientes internados, mas sim estar com eles, em exercício diário nas enfermarias, unidades e ambulatórios, como decodificador de suas dificuldades, em prática de ligação entre a medicina e a psicologia.

Considerando as especificidades da psicologia no contexto hospitalar, pode-se delimitar, quanto à assistência psicológica no hospital, a eficácia de acompanhamentos psicoterápicos individuais ou em grupo, onde o acompanhamento psicoterápico individual no hospital pode ocorrer nas enfermarias dos próprios pacientes, ao lado de seus leitos ou extensiva a seus familiares e acompanhantes, nas diversas unidades (unidade de diálise, sala de quimioterapia, bancos de sangue, unidade de terapia intensiva, unidade de recuperação, salas de emergência, pronto-socorro etc.) e nos ambulatórios (gerais ou de especialidades); define-se, assim, a tarefa pelo reconhecimento do paciente enquanto pessoa (história da pessoa), pelo reconhecimento do paciente enquanto doente (história pregressa da moléstia atual), delimitação de suas reações e necessidades na situação de doença e hospitalização, seguindo-se a delimitação de focos a serem trabalhados em atuação direcionada em nível de apoio, atenção, compreensão, suporte ao tratamento, clarificação dos sentimentos, esclarecimentos sobre a doença e fortalecimento dos vínculos pessoais e familiares.

Além das terapias individuais no hospital geral, as técnicas de psicoterapia de grupo têm ganho cada vez mais importância no contexto hospitalar, por apresentarem a vantagem operacional de atender um número maior de pacientes com um mesmo número de profissionais. Os grupos, além disso, apresentam a vantagem de constituir-se em espaços nos quais os comportamentos presentes podem ser experenciados e novos comportamentos experimentados. A reforçar essa demanda, cada vez mais acredita-se na intervenção psicológica nos hospitais através de programas bem delimitados, visando não só objetivar a tarefa, como também oferecer um espaço mais condizente com as necessidades dos pacientes e familiares.

Assim, no contexto hospitalar, a utilização de psicoterapia de grupo parece muito coerente, pela alta demanda de pacientes internados, pelos efeitos da limitação de atividades e estimulação durante os períodos de internação, pelo alto custo de serviços individuais, pela valorização das psicoterapias breves e pela necessidade de adaptação ao ambiente hospitalar do contexto psicoterápico (falta de privacidade, ausência de tranquilidade, interrupções frequentes etc.). Acresce-se a questão de que os grupos no hospital são condizentes com a teoria de crise causada pela doença, pois podem ser caracteristicamente breves em seu formato.

Como instrumentos utilizados em seu exercício profissional, a princípio visando realizar psicodiagnóstico adequado à situação de doença e hospitalização, ele deve realizar anamnese, avaliação psicológica e exame psíquico adaptado para a psicologia hospitalar, de acordo com modelo proposto por Sebastiani e Fongaro (1996). Após levantamento de hipóteses diagnósticas, ele deve definir focos a serem trabalhados e estabelecer condutas terapêuticas condizentes. Após o atendimento psicológico, o profissional deve realizar evolução psicológica, sistematizando o acompanhamento psicoterápico do paciente, em prontuário próprio do serviço ou unidade de psicologia, seguindo-se evolução psicológica em prontuário médico, tarefa que reforça a dimensão interdisciplinar de sua tarefa, possibilitando trocas efetivas entre os diferentes profissionais de saúde.

Essa estratégia, estabelecida diariamente, intercalada pela participação do psicólogo em outras atividades das enfermarias, unidades e ambulatórios (reuniões interdisciplinares, visitas médicas, discussões de casos clínicos, passagem de plantão etc.), fortalece gradativamente a tarefa, o campo profissional do psicólogo no contexto hospitalar, o reconhecimento das equipes, em atitude genuína de ligação, como foi proposto, entre a psicologia e a medicina, em atitude essencialmente psicológica.

Por fim, a psicologia no contexto hospitalar não alcançará seu significado nem sua significação se não se envolver firmemente na formação de profissionais para atuação no contexto hospitalar. Já foi apontado anteriormente que as instituições de ensino (raras exceções) ainda não despertaram realmente para essa nova área. Mas é possível afirmar que a necessidade de proposições teóricas exibida pela psicologia no contexto hospitalar – e que define a amplitude de seus problemas atuais – deve alicerçar-se em formação dirigida às áreas clínica e hospitalar, em nível de graduação e pós-graduação, além de experiência pertinente e adequada na área, pois é evidente a necessidade de requisitos mínimos – teóricos e práticos – para a atuação, orientação e supervisão em psicologia hospitalar.

Sem formação, o psicólogo recai na esterilidade, não consegue trocar, não reconhece um caminho, empresta modelos não adequados, aumenta as lacunas e as diversidades, fecha oportunidades verdadeiras em diferentes instituições, torna-se seu próprio algoz. E, pior, sequer apercebe-se que o **significar**, em sua conotação mais ampla no contexto hospitalar, assume a conotação de **apreender o verdadeiro sentido do adoecer humano**. Sem essa significação, com certeza, o psicólogo torna-se "o ajudante", "o aprendiz do médico", "o aplicador de testes no hospital", "o delirante que só destrói e nunca soma".

Apesar de as diversidades apresentarem-se como significativas nos sistemas de saúde, sejam referentes ao seu acesso, sejam referentes à atuação do psicólogo no contexto hospitalar, é real e autêntica a força de um grande contingente de psicólogos que buscam aprimorar as ações em saúde, participando intensamente e de forma criativa nas problematizações da área, oferecendo suporte em cada campo específico de atuação, referendando a busca e elaboração conceitual de modelos gerais e particulares para alcançar, de forma mais efetiva, as demandas de saúde, solidificando teoricamente o seu exercício profissional.

Os psicólogos hospitalares são, portanto, protagonistas e intérpretes de um processo universal de construção de um novo pensar e fazer em saúde, definidos pela abordagem holística inerente à psicologia, na solução dos problemas mais relevantes da saúde contemporânea.

Dessa forma, as perspectivas de desenvolvimento da psicologia hospitalar apontam para o crescimento de profissionais envolvidos por uma enorme gama de demandas sociais que definem os problemas de saúde; a introdução efetiva de psicólogos nas equipes hospitalares, conservando a essência delimitada pela formação em psicologia; ampliação da atuação do psicólogo em áreas de promoção da saúde e prevenção de doenças. Além disso, essa perspectiva deve abranger a ampliação da formação em psicologia da saúde, tanto em nível de graduação, como em nível de pós-graduação; o fortalecimento de investigações, visando ao desenvolvimento científico da área que aponta a necessidade de elaboração de estratégias globais e táticas particulares de incentivo do desenvolvimento interdisciplinar nos diferentes níveis de saúde.

Assim, a psicologia no contexto hospitalar poderá encaminhar-se para a integração compreensiva de modelos teóricos aparentemente distantes, diminuindo os espaços entre a **diversidade** da área, dando-lhe finalmente **significação**, através de esforços psicológicos no cuidado à saúde e na prevenção das doenças.

E talvez assim a **unidade** seja alcançada, ao deixar que

> (...) a prática seja um desafio à teoria e que a teoria deixe que irrompam problemas para a prática. (Figueiredo, 1995)

Não poderia finalizar este capítulo sem dedicá-lo, com o mais profundo respeito e eterna gratidão, àquele que, sem ser psicólogo, delineou, com incomensurável sabedoria, os caminhos para a significação da psicologia no contexto hospitalar. Obrigada, professor Antônio Joaquim Severino!

Referências bibliográficas

AMORIM, J. M. L. *Psicologia hospitalar*: aspectos existenciais nas intervenções clínicas. São Paulo: Font e Juliá Editores, 1984.

ANCONA-LOPEZ, S. Intervenções Breves (IB) em instituições. In: SEGRE, C. D. *Psicoterapia breve*. São Paulo: Lemos Editorial, 1997.

ANGELINI, A. L. Aspectos atuais da profissão de psicólogo no Brasil. *Boletim de Psicologia*, v. 26, p. 31-40, 1975.

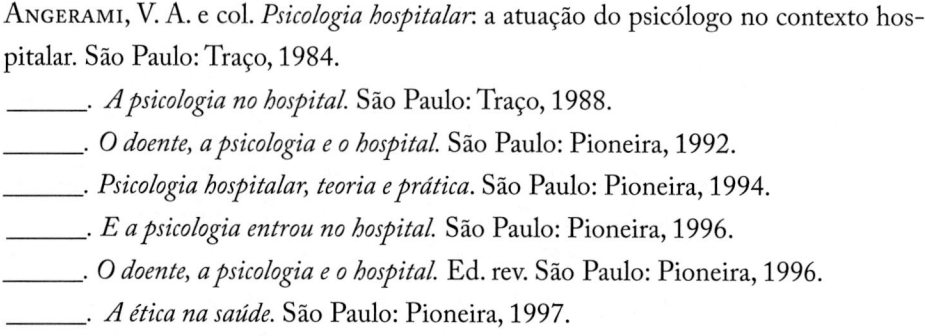

Angerami, V. A. e col. *Psicologia hospitalar*: a atuação do psicólogo no contexto hospitalar. São Paulo: Traço, 1984.

_____. *A psicologia no hospital*. São Paulo: Traço, 1988.

_____. *O doente, a psicologia e o hospital*. São Paulo: Pioneira, 1992.

_____. *Psicologia hospitalar, teoria e prática*. São Paulo: Pioneira, 1994.

_____. *E a psicologia entrou no hospital*. São Paulo: Pioneira, 1996.

_____. *O doente, a psicologia e o hospital*. Ed. rev. São Paulo: Pioneira, 1996.

_____. *A ética na saúde*. São Paulo: Pioneira, 1997.

Ariés, P. *O homem diante da morte*. Rio de Janeiro: Francisco Alves, 1990.

Barros, I. C.; Santos, C. T. *Avaliação e caracterização da relação psicólogo-paciente em Hospital Geral*. Trabalho de Conclusão de Curso de Especialização em Psicologia Hospitalar. São Paulo: Biblioteca Nêmeton – Centro de Estudos e Pesquisas em Psicologia e Saúde, 1990.

Bastos, A. V. B. *Áreas de atuação* – Em questão o nosso modelo de profissional. Quem é o Psicólogo Brasileiro. São Paulo: Conselho Federal de Psicologia, 1988.

Bellak, L.; Small, L. *Psicoterapia de emergência e psicoterapia breve*. Porto Alegre: Artes Médicas, 1980.

Bezerra Jr., B. Prefácio. In: Campos, F. C. B. *Psicologia e saúde*. Repensando práticas. São Paulo: Hucitec, 1992.

Botega, N. J.; Dalgalarrondo, P. *Saúde mental no Hospital Geral*. Espaço para o psíquico. São Paulo: Hucitec, 1993.

Bridges, K. M.; Goldberg, D. P. Psychiatric illness in inpatients with neurological disorders: patients views on discussion of emotional problems with neurologists. *British Medical Journal*, v. 289, p. 656-58, 1984.

Bromberg, M. H. P. F.; Kovács, M. J.; Carvalho, M. M. M. J.; Carvalho, V. A. *Vida e morte*: laços da existência. São Paulo: Casa do Psicólogo, 1996.

Brunswik, E. *The conceptual framework of psycholoy*. Chicago: The University of Chicago Press, 1952.

Campos, F. C. B. et al. *Psicologia e saúde*. Repensando práticas. São Paulo: Hucitec, 1992.

Campos, G. W. S. *Reforma da reforma*. Repensando a saúde. São Paulo: Hucitec, 1992.

Campos, J. A. *O hospital, a lei e a ética*. São Paulo: LTR, 1976.

Campos, T. C. P. *O psicólogo em hospitais* – Aspectos de sua atuação em hospital geral. São Paulo: 1988. Tese (Doutoramento) – Pontifícia Universidade Católica, PUC.

CAMPOS, T. C. P. *Psicologia hospitalar.* A atuação do psicólogo em hospitais. São Paulo: EPU, 1995.

CAPLAN, G. *Principles of preventive psychiatry.* New York: Basic Books, 1964.

CAPRA, F. *O ponto de mutação.* São Paulo: Editora Brasiliense, 1982.

CARVALHO, M. M. M. J. (Coord.) *Introdução à psiconcologia.* Campinas: Psy, 1994.

CASSORLA, R. M. S. *Da morte: estudos brasileiros.* Campinas: Papirus, 1991.

_____. Reflexões sobre a psicanálise e a morte. In: KOVÁCS, M. J. *Morte e desenvolvimento humano.* São Paulo: Casa do Psicólogo, 1992.

CHIATTONE, H. B. C.; ROSEMBERG, S. N. Reações psicológicas ao diagnóstico de câncer. In: LEITE, M. P. C. et al. *Câncer.* Diagnóstico e tratamento. São Paulo: Asta Médica, 1996.

CHIATTONE, H. B. C.; SEBASTIANI, R. W. *Curso introdutório em psicologia hospitalar.* São Paulo: Biblioteca Nêmeton – Centro de Estudos e Pesquisas em Psicologia e Saúde, 1991.

_____. A ética em psicologia hospitalar. In: ANGERAMI, V. A. (Org.) *A ética na saúde.* São Paulo: Pioneira, 1997.

CHIATTONE, H. B. C. et al. *Avaliação do perfil psicossocial de 1000 pacientes atendidos pelo Serviço de Pronto-Atendimento do Serviço de Psicologia Hospitalar em Hospital Geral.* Trabalho apresentado no II Congresso Brasileiro de Psicologia Hospitalar, São Paulo, 1994.

COHEN-COLE, S. A. et al. Recent research developments in consultation-liaison psychiatry. *General Hospital Psychiatry*, v. 8, p. 316-29, 1986.

CONSELHO FEDERAL DE PSICOLOGIA. *Quem é o psicólogo brasileiro?* São Paulo: Edicon, 1988.

CRAIG, R. J. O processo clínico de entrevista. In: CRAIG, R. J. *Entrevista clínica e diagnóstica.* Porto Alegre: Artes Médicas, 1991.

DICHTCHEKENIAN, M. F. S. F. B. *Vida e morte* – Ensaios fenomenológicos. São Paulo: Companhia Limitada, 1988.

EKSTERMAN, A. J. O clínico como psicanalista. *Rev. Contribuições Psicanalíticas à Medicina Psicossomática*, São Paulo, v. I, 1977.

_____. Introdução. In: PERESTRELLO, D. *A medicina da pessoa.* Rio de Janeiro/São Paulo: Livraria Atheneu Editora, 1989.

_____. Medicina psicossomática no Brasil. In: MELLO FILHO, J. *Psicossomática hoje.* Porto Alegre: Artes Médicas, 1992.

ERICKSON, E. H. *Identity and the life cicle*. Psychol. Issues Monogr. New York: International Universities Press, 1959.

FERRARI, H.; LUCHINA, N.; LUCHINA, I. L. *La Interconsulta médico-psicológica en el marco hospitalario*. Buenos Aires: Nueva Vision, 1971.

FERRARI, F. et al. *Medicina de la comunidad*. Buenos Aires: Intermédica, 1976.

FIGUEIREDO, L. C. Projetos de Psicologia como Ciência Independente. *Psicologia*, v. 12, n. 3, 1-9, 1986.

_____. *Matrizes do pensamento psicológico*. Petrópolis: Vozes, 1991.

_____. Convergências e divergências: A questão das correntes de pensamento em psicologia. *Transinformação*, PUC-CAMP, v. 4, p. 15-26, 1992.

_____. Sob o signo da multiplicidade. *Cadernos de Subjetividade*, São Paulo: PUC-SP, v. I, p. 89-85, 1993.

_____. A questão da alteridade nos processos de subjetivação e o tema do estrangeiro. In: Koltai, C. (org). *O estrangeiro*. São Paulo: Escuta/Fapesp, 1998, p. 61-76.

_____. *Revisitando as psicologias. Da epistemologia à ética das práticas e discursos psicológicos*. Rio de Janeiro: Vozes; São Paulo: Educ, 1995.

FLORES, R. *Utilidade do procedimento desenho-estória na aprendizagem de conteúdos emocionais de crianças terminais hospitalizadas*. Campinas: 1984. Dissertação (Mestrado) – Pontifícia Universidade Católica.

FORTES, J. R. de A.; MIGUEL FILHO, E. C.; RAMADAM, Z. B. A. et al. (Ed.) *Psiquiatria e medicina interna*. São Paulo: Astúrias, 1988.

FRANCISCO, A. L.; BASTOS, A. V. B. *Conhecimento, formação e prática* – O necessário caminho da integração. Conselho Federal de Psicologia, Psicólogo Brasileiro. Construção de Novos Espaços. Campinas: Átomo, 1992.

FREITAS, L. V. O ser humano: Entre a vida e a morte. Visão da psicologia analítica. In: KOVÁCS, M. J. *Morte e desenvolvimento humano*. São Paulo: Casa do Psicólogo, 1992.

GIANNOTTI, A. Psicologia nas instituições médicas e hospitalares. In: OLIVEIRA, M. F.; ISMAEL, S. C. *Rumos da psicologia hospitalar em cardiologia*. São Paulo: Papirus, 1995.

_____. *Efeitos psicológicos das cardiopatias congênitas*. Psicologia em instituições médicas. São Paulo: Lemos, 1996.

GIMENEZ, M. G. G. *Psicologia da saúde*. Recente enquanto campo de atuação e disciplina: novo campo de saber. Mimeografado, 1994.

GOLDBERG, D. P.; BLACKWELL, B. Psychiatric illness in general practice: a detailed study using a new method of case definition. *British Medical Journal*, v. 2, p. 439-43, 1970.

GREENHILL, M. H. Psychiatric units in general hospital. *Hospital and Community Psychiatry*, v. 30, n. 3, p. 169-82.

HARRÉ, R.; SECORD, P. F. *The explanation of social behaviour*. Oxford: Blackwell, 1972.

HOIRISCH, A. L'unité psychiatrique comme corps étranger dans l'hospital général. *Annales Médico-Psychologique*, v. 142, n. 4, p. 488-93, 1984.

JAPIASSU, H. *Introdução à epistemologia da psicologia*. São Paulo: Letras e Letras, 1995.

KAPLAN, H.; SADOCK, B. J. *Compêndio de psiquiatria*. Porto Alegre: Artes Médicas, 1990.

_____. *Compêndio de psiquiatria*. Ed. rev. Porto Alegre: Artes Médicas, 1993.

KNIGHTS, E.; FOLSTEIN, M. F. Unsuspected emotional and cognitive disturbance in medical patients. *Annals of Internal Medicine*, v. 87, p. 723, 1977.

KNOBEL, M. Sobre a morte, o morrer e o suicídio. In: CASSORLA, R. M. S. (Org.) *Do suicídio*: Estudos brasileiros. Campinas: Papirus, 1991.

KOVÁCS, M. J. *Um estudo multidimensional sobre o medo da morte em estudantes universitários das áreas de saúde, humanas e exatas*. São Paulo, 1985. Dissertação (Mestrado) – Instituto de Psicologia, Universidade de São Paulo.

_____. *A questão da morte e a formação do psicólogo*. São Paulo, 1989. Tese (Doutorado) – Instituto de Psicologia, Universidade de São Paulo.

_____. Pensando a morte e a formação do psicólogo. In: CASSORLA, R. M. S. *Da morte*: Estudos brasileiros. Campinas: Papirus, 1991.

_____. *Morte e desenvolvimento humano*. São Paulo: Casa do Psicólogo, 1992.

LAGACHE, D. *La unidad de la psicología*. Buenos Aires: Paidós, 1949.

LAMOSA, B. R. *O psicólogo clínico em hospitais*: Contribuição para o desenvolvimento da profissão no Brasil. São Paulo, 1987. Tese (Doutoramento) – Pontifícia Universidade Católica.

LAMOSA, B. R. e col. *Psicologia aplicada à cardiologia*. São Paulo: Lemos, 1990.

LEITÃO, M. S. *O psicólogo e o hospital*. Porto Alegre: Sagra-DC Luzzatto, 1993.

LEITE, S. O psicólogo e algumas práticas no serviço público estadual de saúde. *Psicologia, Ciência e Profissão*, v. 17, n. 1, p. 35-40, 1997.

LENGRUBER, V. B. *Psicoterapia breve*: A técnica focal. Porto Alegre: Artes Médicas, 1990.

LINDEMAN, E. Symptomatology and management of acute grief. *Am. J. Psychiat.*, v. 101, p. 141-148, 1944.

LIPOWSKI, Z. L. Review of consultation psychiatry and psycosomatic medicine II – Clinical Aspects. *Psychosomatic Medicine*, v. 29, n. 3, p. 201-24, 1967.

LIPOWSKI, Z. L. Psychosomatic medicine – Past and present. *Canadian Journal of Psychiatry*, v. 31, p. 2-21, 1986.

_____. Consultation-Liaison Psychiatry: the first half century. *General Hospital Psychiatry*, v. 8, p. 305-315, 1986.

LUPO, E. M. N. G. *Uma instituição, um Rio*: Histórias de mútuo engendramento. São Paulo, 1995. Dissertação (Mestrado) – Universidade Paulista.

MACEDO, R. M. Psicologia, instituição e comunidade: problemas de atuação do psicólogo clínico. In: MACEDO, R. M. *Psicologia e instituição*. Novas formas de atendimento. São Paulo: Cortez, 1986.

MACKINNON, R. A.; MICHELS, R. *A entrevista psiquiátrica na prática diária*. Porto Alegre: Artes Médicas, 1981.

MACKINNON, R. A.; YUDOFSKY, S. C. *A avaliação psiquiátrica na prática clínica*. Porto Alegre: Artes Médicas, 1988.

MANCEBO, D. Formação do psicólogo: Uma breve análise dos modelos de intervenção. *Psicologia Ciência e Profissão*, v. 17, n. 1, p. 20-27, 1997.

MARI, J. J. et al. Detection of psychiatric morbidity in the primary medical care setting in Brazil. *Revista de Saúde Pública*, São Paulo, v. 21, p. 501-7, 1987.

MARTINS, J.; BICUDO, M. A. V. *A pesquisa qualitativa em psicologia*. Fundamentos e recursos básicos. São Paulo: Moraes, 1989.

MASSIMI, M. *História da psicologia no Brasil*. São Paulo: EPU, 1990.

MAYOU, R.; HAWTON, K. Psychiatric disorder in the general hospital. *British Journal of Psychiatry*, v. 149, p. 172-90, 1989.

MELLO, S. L. *Psicologia e profissão em São Paulo*. São Paulo: Ática, 1975.

MELLO FILHO, J. *Concepção psicossomática*: Visão atual. Rio de Janeiro: Edições Tempo Brasileiro, 1983.

MELLO FILHO, J. e col. *Psicossomática hoje*. Porto Alegre: Artes Médicas, 1992.

MENDONÇA FILHO, J. B. *A formação do psicólogo*. Semana de Psicologia. *Anais...* Belo Horizonte: Conselho Regional de Psicologia (4ª Região), 1993.

MIGUEL FILHO, E. C. e col. *Interconsulta psiquiátrica no Brasil*. São Paulo: Astúrias, 1990.

MINAYO, M. C. S. *O desafio do conhecimento*. Pesquisa qualitativa em saúde. São Paulo: Hucitec; Rio de Janeiro: Abrasco, 1994.

MUYLAERT, M. A. *Corpoafecto. O psicólogo no hospital geral*. São Paulo: Escuta, 1995.

NAFFAT NETO, A. Apresentação In: MUYLAERT, M. A. *Corpoafecto*: O psicólogo no hospital geral. São Paulo: Escuta, 1995.

NEDER, M. O psicólogo no hospital. *Revista de Psicologia Hospitalar do Hospital das Clínicas da FMUSP*, v. 1, n. 1, p. 6-15, 1991.

OGDEN, J. *Psicologia da saúde*. Lisboa: Climepsi, 1999.

OLIVEIRA, M. F. P.; ISMAEL, S. C. *Rumos da psicologia hospitalar em cardiologia*. São Paulo: Papirus, 1995.

OLIVIERI, D. P. *O ser doente*. Dimensão humana na formação do profissional de saúde. São Paulo: Moraes, 1985.

PARAD, H. J. *Crisis intervention*: Selected readings. Nova York: Family Service Association of America, 1965.

PENNA, A. G. *História da psicologia no Rio de Janeiro*. Rio de Janeiro: Imago, 1992.

_____. *Repensando a psicologia*. Rio de Janeiro: Imago, 1997.

PENNA, T. L. M. Psicoterapias breves em hospitais gerais. In: MELLO FILHO, J. *Psicossomática hoje*. Porto Alegre: Artes Médicas, 1992.

PEREIRA, S. L. M. Psicologia: características da profissão. *Boletim de Psicologia*, v. 26, p. 41-50, 1975.

PERESTRELLO, D. *A medicina da pessoa*. Rio de Janeiro: Livraria Atheneu Editora, 1989.

PIAGET, J. L'épistemologie et ses variétés. In: PIAGET, J. *Logique et connaissance scientifique*. Enciclopedie de la Pléiade, 1967.

PITTA, A. *Hospital*: dor e morte como ofício. São Paulo: Hucitec, 1994.

RAPAPORT, L. *The state of crises*: some theoretical considerations. In: HOWARD, J. *Crisis intervention family*. Nova York: Service Association, 1965.

REMEN, R. N. *O paciente como ser humano*. São Paulo: Summus, 1993.

ROCA, R. P. et al. Recognition of dementia among medical patients. *Archives of Internal Medicine*, v. 144, p. 73-5, 1984.

RODRIGUEZ-MARIN, J. Health psychology. *Health Psychology: An International Review*, v. 43, n. 2, p. 213-230, 1994.

ROMANO, B. W. (Org.) *A prática da psicologia nos hospitais*. São Paulo: Pioneira, 1994.

_____. *Princípios para a prática da psicologia clínica em hospitais*. São Paulo: Casa do Psicólogo, 1999.

ROTHSCHILD, D.; CALAZANS, R. A. Morte: Abordagem fenomenológico-existencial. In: KOVÁCS, M. J. (Coord.) *Morte e desenvolvimento humano*. São Paulo: Casa do Psicólogo, 1992.

SACKS, O. *A ilha dos daltônicos*. São Paulo: Editora Schwarcz Ltda., 1997.

SAMPAIO, J. R. A formação do psicólogo e as áreas emergentes. *Psicologia Ciência e Profissão*, Conselho Federal de Psicologia, v. 17, n. 1, p. 14-19, 1997.

SANTOS, R. F. *O psicólogo em hospital* – Aspectos de sua atuação em hospital geral. São Paulo, 1988. Tese (Doutorado) – Pontifícia Universidade Católica.

SANVITO, W. L. *A Medicina tem Cura?* São Paulo: Atheneu, 1994.

SARAFINO, E. P. *Health psychology*: Biopychosocial interaction. Nova York: John Wiley e Sons, 1991.

SCHREIBER, S. C. Entrevista psiquiátrica, história psiquiátrica e exame do estado mental. In: TALBOT, J. A.; HALES, R. E.; YUDOFSKY, S. C. *Tratado de psiquiatria*. Porto Alegre: Artes Médicas, 1992.

SCHULTZ, D. P.; SCHULTZ, S. E. *História da psicologia moderna*. São Paulo: Editora Cultrix, 1992.

SEBASTIANI, R. W.; FONGARO, M. L. H. Roteiro de Avaliação Psicológica Aplicada ao Hospital Geral. In: ANGERAMI, V. A. (Org.) *E a psicologia entrou no hospital...* São Paulo: Pioneira, 1996.

SEBASTIANI, R. W.; SANTOS, C. T. Acompanhamento psicológico à pessoa portadora de doença crônica. In: ANGERAMI, V. A. (Org.) *E a psicologia entrou no hospital...* São Paulo: Pioneira, 1996.

SHAVITT, R. G.; BUSATTO FILHO, G.; MIGUEL FILHO, E. C. M. Interconsulta psiquiátrica: Conceito e evolução. *Revista Paulista de Medicina*, v. 107, n. 2, mar.-abr., 1989.

SIFNEOS, P. E. Two different kinds of psychotherapy of short duration. *Amer. J. Psychia.*, v. 123, n.9, p. 1069-74, 1967.

_____. *Short-term psychotherapy and emotional crisis*. Cambridge, Mass.: Harvard University Press, 1972.

SILVA, R. C. A Formação em psicologia para o trabalho na saúde pública. In: CAMPOS, F. C. B. C. (Org.) *Psicologia e saúde*. Repensando práticas. São Paulo: Hucitec, 1992.

SIMON, R. *Psicologia clínica preventiva*. Novos fundamentos. São Paulo: EPU, 1989.

SÓLON, L. G. *A caracterização da psicologia hospitalar*. Trabalho de conclusão de Curso de Especialização em Psicologia Hospitalar. Biblioteca Nêmeton – Centro de Estudos e Pesquisas em Psicologia e Saúde, São Paulo, 1992.

SPINK, M. J. *Psicologia da saúde:* A estruturação de um novo campo de saber. In: CAMPOS, F. C. B. C. (Org.) *Psicologia e saúde*. Repensando práticas. São Paulo: Hucitec, 1992.

SPINK, M. J. *O conhecimento no cotidiano*. As representações sociais na perspectiva da psicologia social. São Paulo: Brasiliense, 1995a.

_____. Prefácio. In: MUYLAERT, M. A. *Corpoafecto*: O psicólogo no hospital geral. São Paulo: Escuta, 1995b.

TORRES, W. C.; GUEDES, W. G. O psicólogo e a terminalidade. *Arquivos Brasileiros de Psicologia*, v. 39, n. 2, p. 29-38, abr.-jun. 1987.

VAN KOLCK, O. L. A formação e as funções do psicólogo clínico no Brasil. *Boletim de Psicologia*, p. 26, p. 51-58, 1975.

VELLOSO, E. D. A psicologia clínica no Brasil na atualidade. *Boletim de Psicologia*, v. 26, p. 91-99, 1975.

VIGOTSKI, L. S. *Teoria e método em psicologia*. São Paulo: Martins Fontes, 1996.

WYATT, F. What is clinical psychologist? In: GUIORA, A. Z.; BRANDWIN, M. A. *Perspectives in clinical psychology*. Princetown: Van Nostrand, 1968.

YOSHIDA, E. M. P. *Psicoterapias psicodinâmicas breves e critérios psicodiagnósticos*. São Paulo: Cortez, 1995.

ZIEGLER, J. *Os vivos e a morte*. Rio de Janeiro: Zahar, 1977.

Kashimir

Valdemar Augusto Angerami

O fogo mais do que luz
brilhava transformação...
"Kashimir" era a música que preenchia o ambiente...
O som batido, arrastado...
cadenciava o teu corpo nu...
E nesse andamento, o teu corpo esguio era como uma serpente,
que se contorcia e gemia...
espraiando prazer e amor... e ardor...
Ardor de uma intensa e incontrolável paixão...

A música cadenciava uma penetração
sincopada... delirante... e indiscritivelmente prazerosa...
As tuas unhas no meu peito
eram uma maneira de se agarrar ao prazer totalitário...
um beijo molhado e sem fim...
E o prazer mostrando facetas completamente desconhecidas...

Um toque é uma expressão da paixão...
de amor e de prazer... um toque é a vida
sendo transpassada ao largo do que se sente...
se vive e se transforma...
Eu toquei no teu corpo em brasa... nos teus seios ofegantes,
e te atingi nos detalhamentos de um prazer transloucado...
ensandecido... enlouquecido diante da própria
fragilidade da razão...

A tua voz rouca me dizendo do teu prazer...
do prazer do meu prazer...
a tua boca molhada pela minha pulsação entumecida...
teu prazer em sorver cada filete leitoso da minha
arrebentação de prazer... cada gotícula sendo bebida com
o mesmo requinte que um sommelier aprecia os vinhos
mais delicados e saborosos...

E a "Kashimir" sendo repetida inúmeras vezes...
E a cada reinício era como se o próprio coração fosse saltar
para fora do peito... diante de tudo que era vivido e sentido...
intensamente vivido... intensamente sentido...
Teu sussurro de prazer se harmonizando com a música...
O som do teu prazer era o som da batida seca e compassada da
bateria... das guitarras... e da própria fúria musical
do Led Zeppelin... do teclado em contraponto com as guitarras,
contrabaixo, bateria e a voz agudamente estridente do cantor...
Tua voz dizendo que a vida vale a pena ser vivida...
quando se vive uma grande paixão...
Tua voz era mais do que prazer,
era uma explosão de uma loucura maior
do que o próprio imaginário podia conceber...

Borboleta,
talvez você não exista...
ou talvez exista apenas na loucura
dessas linhas... apenas no meu imaginário, delirante e em êxtase...
Não, você existe, tem formas e configuração real...
Os tapetes da minha sala ainda estão com o teu cheiro...
A minha boca ainda tem o sabor do vinho bebido no teu corpo
e que se misturou à tua cidra vaginal...
A lareira ainda está fulgurante
ao lembrar do teu corpo esguio
sendo sombreado pela luz do fogo...
E da imagem da serpente se contorcendo diante do meu prazer...
E ainda tenho certeza que você existe,

pois posso te telefonar e novamente ouvir tua voz rouca...
teu riso... tua ironia fina e cortante explicando o que é amor...
o que é desejo... o que é paixão... e o que é a própria vida...

Borboleta,
só não conseguimos definir essa loucura
que dispensou todo e qualquer tipo
de enquadramento... definições... e arranjos sociais e existenciais
para descrever o que é um relacionamento... uma aventura,
ou então uma grande paixão...

Borboleta,
se a vida é a busca do prazer...
certamente te buscar é viver intensamente cada fagulha de prazer...
de deslumbre... de muito prazer...
As tuas asas azuis pousando nas margaridas amarelas...
no vermelho dos hibiscos e no azulado das hortênsias...
A volúpia do meu beijo na tua nuca...
e o teu pedido para não deixar marcas roxeadas pelo teu pescoço...
pelas tuas pernas e pelos teus braços...
a cadência do teu passeio pelas flores...
e a nossa volúpia maior do que a razão...
e a cada mordida em cada parte do teu corpo, o desmoronamento
da própria consciência...
O encantamento poético
das floradas com a graciosidade do teu vôo...

Borboleta,
você pousou no meu jardim...
e o tornou ainda florido e encantador...
Um jardim encantado pelo teu passeio...
pela leveza das tuas asas azuladas...
e pela alegria de te ver voando...
buscando os mistérios do prazer...

Serra da Cantareira, numa noite de inverno.

Capítulo 6

Medicina Psicossomática e Psicologia da Saúde: Veredas Interdisciplinares em Busca do "Elo Perdido"

José Carlos Riechelmann

6.1 Introdução

Desde que Charles Darwin divulgou sua teoria sobre a evolução das espécies, posteriormente reforçada por inúmeras descobertas arqueológicas, a expressão "elo perdido" passou a designar uma hipotética espécie animal que teoricamente teria sido ancestral comum entre a espécie humana e os macacos.

Encontrar provas de que essa espécie realmente existiu traria para a arqueologia o enorme mérito de reenquadrar o homem numa nova posição em relação à vida na Terra: de "Senhor da vida e da morte no planeta" para "mais um entre os seres viventes e mortais no planeta".

Tal ressignificação seria muito saudável, se não pelo questionamento da nossa fantasia coletiva de onipotência, pelo menos pela imposição fatual à humanidade de uma hoje tão necessária consciência ecológica de si mesmo.

No presente trabalho, tomarei de empréstimo da arqueologia a expressão "elo perdido", que doravante usarei sem aspas, bem como o sentido mais abstrato dessa expressão.

A medicina ocidental moderna nasceu das mãos de um filósofo, no país onde nasceu a filosofia. E mais: a medicina também já nasceu **psicossomática**. Uma leitura atenta aos Aforismos de Hipócrates (século VI a. C.) faz ver facilmente que o pai da medicina nunca deixou de considerar as relações entre a lesão corporal, os estados psíquicos (chamados "da alma", na época) e os fatores ambientais.

Hoje, a medicina psicossomática e a psicologia da saúde são a vanguarda do pensar e do fazer na área da saúde. Espero que ao saber que a base desta vanguarda já tem 2.500 anos, o leitor não se decepcione nem se esmoreça. Pelo contrário, que agora se torne mais curioso ainda e reflita sobre a seguinte pergunta: Como é que algo (a medicina) que nasceu tão inteiro pode se fragmentar a tal ponto que chega a deixar as propostas integradoras (psicossomática, psicologia da saúde) com "sabor de novidade"?

Meu desejo aqui é alinhavar algumas considerações acerca de como e por que chegamos às portas do terceiro milênio com vários elos perdidos, numa situação de fragmentação, desarticulação e descontextualização das ciências, profissões e profissionais da saúde. Desejo ainda falar sobre como a busca desses elos perdidos vem sendo construída, estruturando-se e se concretizando na medicina psicossomática e na psicologia da saúde.

6.2 Escavar é preciso

Arqueólogos procuram juntar fragmentos do passado em busca de um sentido para o presente. Tal como arqueólogos de nossas profissões e de nós mesmos, lancemo-nos ao passado de nosso saber e de nosso fazer.

Ao iniciar nossa escavação, deparam naturalmente com o que é mais recente, mais próximo do nosso presente. O que surge é a **sonegação da oportunidade do saber como método de exercício do poder**.

Certa ocasião, durante evento científico em São Paulo, tive a oportunidade de compartilhar de uma mesa-redonda com um filósofo. Ao final das palestras, a palavra foi dada à plateia. Ao fundo da sala, ergueu-se um jovem estudante de medicina. Declarou que, a princípio, duvidara que um filósofo tivesse algo importante a dizer sobre um tema médico, mas agora estava agradavelmente surpreso e entusiasmado pela boa contribuição que meu colega de mesa havia dado. E de imediato, lançou-me uma pergunta que já nasceu grávida da própria resposta: "O senhor, como médico, não acha que haveria alguma utilidade incluir um pouco de filosofia no curso de medicina?".

Ora! Apesar de estarmos na era da energia nuclear, sempre me entusiasmo quando vejo alguém que acaba de descobrir a pólvora! Afinal, o óbvio só se torna óbvio **depois** que conseguimos a duras penas enxergá-lo! Quem já vivenciou uma psicoterapia, seja como cliente ou como terapeuta, sabe muito bem disto!

Que esforço deve ter feito aquele jovem estudante para disponibilizar tempo e energia na tarefa de ouvir, observar e refletir sobre algo que a princípio lhe parecia não fazer sentido e não ter valor algum. E que prazer manifestou devido a essa vivência particularmente humana chamada de "fazer sentido" ou "ver o sentido da coisa"! A vivência da significação! Fenômeno claramente biopsicossocial, ou melhor, sociopsicossomático: a partir da experiência social de relação do **eu** com o **outro** (o estudante e o filósofo), dá-se um movimento psíquico (reflexão, associação) que evolui até seu correspondente biológico (estabelecimento de novas sinapses entre alguns neurônios, novos circuitos de liberação de neurotransmissores), resultando em vivência emocional de prazer. É o prazer do saber!

Ao significar, ou atingir o sentido de algo, uma maravilha acontece: a apropriação do saber. Diferente do conhecer, a vivência do saber é uma experiência profunda, integradora, emocionante e transformadora. Para além dos componentes psicobiológicos, a apropriação do saber é elemento fundamental na definição do modo como se estruturam as relações sociais. Não só as microssociais, restritas à vida a dois ou aos grupos de convívio, mas também às macrossociais ou sociopolíticas.

Ora! Para obedecer, trabalhar e produzir, basta **conhecer**, mas para comandar é necessário **saber**. Quem detém apenas o conhecimento técnico é capaz de **produzir bens e serviços, incluindo aí os serviços de saúde**, mas necessita eternamente de uma "autoridade", esta sim detentora do **saber**. É reservada à autoridade a função de **criar**. Criar protocolos, novas técnicas, condutas, enfim, criar a "verdade" a ser executada por aqueles que apenas **conhecem**.

Certamente, não foi por acaso, coincidência ou acidente que, durante a ditadura militar pós-golpe de 1964, o governo brasileiro firmou acordo com agência norte-americana (Acordo MEC/US-AID), que resultou na eliminação de todos os conteúdos de latim, filosofia, psicologia e sociologia que existiam nos currículos escolares do ensino fundamental e médio (antigos Primário, Ginásio e Colegial), justamente os graus acessíveis a maiores parcelas da sociedade.

Como se viu no relato acima sobre a mesa-redonda, tais disciplinas possuem um potencial muito mobilizador, questionador e favorecedor de vivências de saber. Naquela época, eram chamadas de "disciplinas subversivas". Ficaram restritas a alguns poucos cursos universitários muito específicos, acessíveis a uma parcela ínfima da comunidade, que era mantida sob vigilância.

A própria separação dos currículos universitários em três categorias (Exatas, Humanas e Biológicas) foi uma estratégia governamental, norte-americana e brasileira, que objetivava suprimir aquelas disciplinas "indesejáveis" dos cursos mais concorridos (Medicina, Engenharia e Direito), frequentados por uma classe socioeconomicamente formadora de opinião. No curso de psicologia não havia como eliminar a disciplina Psicologia, mas foi possível eliminar a Filosofia e a Sociologia. Desnecessário dizer que esta "limpeza" curricular ocorreu apenas nos países abaixo da linha do Equador, no chamado Cone Sul.

Numa perspectiva de perfil médio, onde as exceções servem para confirmar a existência da regra, temos que hoje nossas escolas formam médicos que **conhecem** apenas o corpo, **executam** técnicas e condutas diagnósticas e terapêuticas, preocupam-se com a **produtividade** do serviço de saúde e se dão por satisfeitos se, usando medicações meramente sintomáticas, fizerem o paciente voltar a executar suas tarefas de produção. Hoje, nossas escolas formam psicólogos que **conhecem** somente a mente, **executam** técnicas e condutas psicodiagnósticas e psicoterapêuticas e se preocupam com a **produtividade** própria e do paciente. Atualmente, nossas escolas formam cientistas sociais, assistentes sociais e economistas que conhecem somente socioeconomia, **executam** técnicas e procedimentos e, mais que tudo, só veem sentido em trabalhar pela manutenção da **produção**. E a autoridade que **sabe** e, portanto, exerce a função **criadora** das "verdades" e **diretora** das condutas continua acima do Equador.

Parece lógico pensar que a nova ordem mundial – da economia globalizada –, que tanto beneficia os já beneficiados e prejudica os já prejudicados, não é tão nova assim. Se está sendo inaugurada agora, parece que sua construção já estava em andamento há muito tempo.

Enfim, espero ter assinalado alguns elementos da nossa história mais recente que pelo menos suscitem alguma reflexão sobre um dos fatores mais imediatos da nossa patologia do saber.

6.3 Aprofundando a escavação

Na Grécia Antiga, as ideias de Sócrates, Platão e Aristóteles proclamavam o humano como ser unitário e indivisível, o que caracteriza a chamada concepção monista ou unicista. Fatos objetivos e subjetivos eram entendidos em conjunto como expressões variadas de uma única entidade: o ser humano.

Desde o início da história da medicina, duas correntes complementares divergem quanto à concepção de doença e, consequentemente, quanto à natureza da prática médica. A primeira – monista – vem de Hipócrates (século VI a.C.) e da escola de Cós:

- tem por objeto a **pessoa doente** em sua totalidade; leva em conta o **temperamento da pessoa e sua história**;
- a doença é vista como uma **reação global da pessoa** a um distúrbio (interno ou externo), envolvendo corpo e "espírito"; a terapêutica deve restabelecer a harmonia **da pessoa com seu ambiente e consigo mesma**;
- trata-se de uma medicina **integradora** e **dinâmica**, que corresponde aos primórdios da moderna medicina psicossomática.

A segunda – dualista – vem de Galeno (século I d.C.) e da escola de Cnide:

- tem por objeto **a doença**, que é vista como **algo autônomo em relação ao portador**;

- a doença é **autenticada por uma lesão anatomoclínica**;
- predominou sobre a corrente hipocrática na era de Pasteur, com as descobertas das **etiologias específicas** das infecções, sob forma de agentes patogênicos específicos;
- a terapêutica consiste em **localizar** a doença no corpo e **extirpá-la**, se possível;
- trata-se de uma medicina **compartimentalizada** e **mecanicista**, que corresponde aos primórdios da medicina cartesiana e reducionista, base da medicina convencional da atualidade.

A concepção monista influenciou o pensamento médico desde a Antiguidade até o século XVII, quando o filósofo René Descartes sistematizou filosoficamente uma divisão entre corpo (*res extensa*) e mente (*res cogitans*), desencadeando, entre outras, duas consequências históricas para a medicina:

- Resolveu antigo conflito de poder entre Medicina e Igreja. Padres e médicos puderam desde então parar de competir pela "posse da verdade" sobre o ser humano (principalmente sobre os nobres e ricos seres humanos das cortes reais da época) e se acomodaram no acordo de deixar aos padres o poder sobre a alma e aos médicos o poder sobre o corpo. Séculos depois nova disputa de poder teria início – e continua ainda hoje – entre a religião e a recém-nascida psicologia, que se apropriou de parte da "alma": a mente.
- Serviu como base filosófica para os avanços tecnológicos da época, em torno dos quais foi criado grande sensacionalismo. Isto favoreceu o surgimento entre os médicos de uma forte tendência a considerar que o **corpo**, aquele "pedaço médico" da pessoa, seria também uma máquina ("a máquina perfeita") e, portanto, sujeito às mesmas leis das ciências exatas, como qualquer outra máquina.

Tal "esquartejamento conceitual" do ser humano deu "bons" e "maus" frutos:

- Os "bons" – De posse do corpo humano, agora visto como máquina, os cientistas da medicina dissecaram-no e estudaram-no em laboratório, segundo o método das ciências exatas, gerando enorme e indispensável quantidade de saber sobre os mecanismos fisiológicos e patológicos envolvidos na saúde e nas doenças, bem como toda a tecnologia médica (diagnóstica e terapêutica) que se desenvolveu até hoje como consequência desse saber.

- Os "maus" – Nos laboratórios médicos, a relação médico-paciente foi naturalmente reduzindo-se a um modelo de relação que poderíamos chamar de "laboratorial" ou "cientista-objeto". Os sucessos do estudo laboratorial do corpo humano influenciaram a prática clínica, de modo que a relação humana entre a pessoa-médico e a pessoa-paciente sofreu forte tendência de empobrecimento pela adoção do modelo laboratorial de relação técnica cientista-máquina no exercício da medicina clínica.

Desde que Galileu apontou o caminho metodológico das ciências naturais (matemática, física e química), nos séculos XVI e XVII, a ciência julgou ter encontrado o método ideal para estabelecer "a verdade". A verdade científica, matematicamente demonstrável, ganhava ares de verdade absoluta e o poder da ciência (e dos cientistas) ganhava corpo. Note-se que as ciências naturais, hoje chamadas de ciências exatas, são o saber acumulado a respeito da natureza morta, do ambiente físico-químico inanimado.

A crença na ciência triunfou e se tornou hegemônica no século XIX, pois foram as descobertas científicas que criaram condições para a Revolução Industrial, trazendo radicais transformações e melhorias na vida material do homem. Maravilhas tecnológicas mudaram e continuam mudando de modo irreversível o estilo de vida humana, aumentando o grau de conforto e diminuindo a necessidade dos trabalhos físico e intelectual nas tarefas do dia a dia.

Começou assim a era das máquinas na história da humanidade. Ora! Segundo a "lógica-de-laboratório", uma máquina deve funcionar simplesmente por ter sido bem construída, independente de estados de humor ou do ambiente onde está instalada. Se não funciona é porque algum elemento perdeu sua forma ou função, precisando ser física ou quimicamente reparado. Tal "raciocínio-lógico-válido-para-máquinas" estendeu-se naturalmente à "máquina perfeita" corpo humano, reforçando progressivamente a pouca importância que os médicos passaram a dar atualmente aos aspectos emocionais e sociais envolvidos na gênese e evolução das doenças.

As obras de Koch, Pasteur e Virchow representaram avanços extraordinários para a biologia e deram uma base científica para a medicina, afastando-a dos pensamentos especulativo e místico. Por outro lado, promoveram o reducionismo biológico da medicina.

Do ponto de vista do pensamento médico dominante, o homem, que de ser humano reduzira-se a corpo humano, máquina sujeita às leis da física e da química, agora se reduzia a um fenômeno biológico. Assim foi se construindo o chamado modelo biofísico-químico de ser humano. Por extensão, o binômio saúde/doença passou a ser entendido em relação a este modelo.

Coube a um médico neurologista, Sigmund Freud, o mérito de resgatar para a medicina a condição humana daquele corpo-máquina. Ao descobrir o inconsciente e seu respectivo método de estudo – a psicanálise –, Freud demonstrou a importância de conhecer a biografia do indivíduo para a compreensão mais ampla da pessoa na saúde e nas doenças.

O corpo deixa de ser simples máquina e se torna uma pessoa quando visto em conjunto com a história de vida. E história de vida é basicamente construída como consequência da interação do indivíduo com seu contexto social. Tal interação se dá inicialmente na vida privada, com a microssociedade familiar, e depois na vida pública, num contexto social mais amplo.

Ainda em meados do século XIX, iniciaram-se os estudos científicos sobre os fatos humanos. O grande sucesso da metodologia das ciências naturais levou pensadores como Hume, Comte e Durkheim a usar o método das ciências exatas para o estudo dos fatos humanos. Esse movimento da ciência foi chamado de positivismo e seus adeptos, de positivistas.

Em oposição aos pensamentos positivistas surgiram pensadores como Wildelband e Dilthey, que defendiam que os fatos humanos são fenômenos peculiares e exigem metodologia própria para seu estudo. Tal metodologia deveria levar em consideração que o conhecimento dos fenômenos naturais é o conhecimento de algo externo ao homem, enquanto o que se procura nas ciências humanas é conhecer a própria experiência humana.

A partir desta distinção entre experiência externa e interna, pode-se definir o contraste metodológico entre dois grandes grupos de ciências: exatas e humanas. As ciências exatas partem da observação visual do fato, são experimentais, procuram obter dados mensuráveis em busca de regularidades estatísticas que levem à formulação de leis de caráter matemático. As ciências humanas, ao contrário, objetivam a experiência vivida (a vivência), são introspectivas, utilizando a intuição direta dos fatos, procurando atingir não generalidades de caráter matemático, mas sim descrições qualificativas de tipos e formas fundamentais da experiência de viver.

O contraste entre os raciocínios das ciências exatas e das ciências humanas fica bem ilustrado na intuição poética de Fernando Pessoa, ao captar o segundo sentido da frase de Caio Pompeu, general de Nero:

> "Navegar é preciso. Viver não é preciso" (leia-se a palavra "preciso" como sinônimo de "exato", "matemático").

É o método das ciências naturais ou exatas que nos leva a estabelecer valores normais (regularidades estatísticas) para a concentração sanguínea dos hormônios, padrão de ciclo menstrual, técnica cirúrgica "melhor" ou "pior" etc., enquanto a metodologia das ciências humanas nos permite avaliar o contexto emocional de uma paciente.

Wilheim Dilthey (1833-1911), filósofo alemão, estabeleceu uma útil distinção entre explicação (*erklaren*) e compreensão (*verstehem*). O método explicativo caracteriza as ciências exatas, que buscam estabelecer uma relação precisa e definida de causa e efeito entre dois fenômenos. O modo compreensivo caracteriza as ciências humanas, que procuram extrair dos fatos humanos o seu sentido ou significado.

O dualismo cartesiano e o positivismo, que são a base de modelo biofísico-químico de ser humano, levaram o pensamento médico a acreditar que se o humano é apenas o corpo humano e funciona regulado pelas leis biofísico-químicas, a doença só pode ser um "defeito" desse intrincado mecanismo. E esse "defeito" deve ser identificado e localizado no próprio corpo. Assim, tem-se gasto muito com pesquisas no sentido de provar que determinada moléstia é efeito da falta ou excesso de determinada enzima ou hormônio.

Não se questiona a importância de aprofundar os conhecimentos da fisiopatologia. Se o ser humano também é corpo humano, é obvio que se faz necessário conhecê-lo a fundo. O problema é reduzir a percepção e o alcance do pensamento, acreditando que conhecendo o corpo já se conhece toda a realidade humana.

Pela via do pensamento positivista, Claude Bernard e Cannon introduziram em fisiologia o conceito de homeostase, ou constância do meio interno. Tal conceito estabelece que a vida só é possível dentro de certas constantes químicas, físicas, mecânicas, fisico-químicas e imunológicas no interior do organismo. Estas constantes variam entre limites estreitos, mantidos por mecanismos reguladores e estabilizadores chamados de **mecanismos de *feedback***.

São estes mecanismos que mantêm os parâmetros acima (taxas sanguíneas dos hormônios, por exemplo) dentro das faixas quantitativas de saúde e de doenças.

Assim, conclui-se que entre saúde e doença, no sentido fisiológico, a diferença é de quantidade e não qualidade.

O uso do método compreensivo de estudar o ser humano levou Freud a buscar o sentido ou significado que havia em algumas funções humanas, tais como: pensamentos, fantasias, sonhos etc. Estes estados culminaram com a criação da psicanálise, que ao mesmo tempo é um método de investigação e de tratamento da subjetividade da pessoa humana.

No estudo da dinâmica ("fisiologia") do aparelho psíquico, Freud descobriu os chamados mecanismos de defesa do Ego, que têm função reguladora e estabilizadora do funcionamento psíquico. Por exemplo, perante a notícia do falecimento da pessoa amada, pode ocorrer o mecanismo da negação, que não nos permite acreditar na notícia durante algum tempo, impedindo que entremos bruscamente num caos emocional.

Assim, pela via do pensamento humanista, Freud mostrou que também existe homeostase ou equilíbrio interno autorregulável no aparelho mental, tal como nos demais sistemas e aparelhos que compõem o organismo humano. A sua obra possibilitou o rompimento do dualismo corpo-mente de Descartes e resgatou para a medicina a noção hipocrática de pessoa doente, e não apenas doença. Mostrou ainda que a historicidade do indivíduo tem íntima ligação com seu estado de saúde/doença, pois o que faz um corpo humano ser uma pessoa é justamente a sua história.

O estudo e a compreensão desta biografia mostram que os episódios da vida têm sempre uma motivação, nada ocorrendo por acaso, inclusive a doença. O conceito de "desajuste orgânico casual", reduzido biologicamente, agora amplia-se e passa a adquirir sentido quando integrado à história da pessoa.

A biografia de todo ser humano é marcada por situações de conflitos, consigo próprio ou com o ambiente, que podem estar ou não acessíveis à percepção consciente do indivíduo. Mesmo quando inconscientes, os conflitos mantêm a capacidade de mobilizar emoções, as quais têm manifestações em nível corporal.

A relação entre emoções e alterações orgânicas é citada em textos médicos desde Hipócrates até os fundadores da medicina moderna, como Sydenham, Willis, Harvey e Saub, onde as emoções figuram como fator etiológico das doenças, cujo enfoque chamamos de psicogênese.

A partir da psicanálise, alguns autores, como Groddeck, Deutsch, Ferenczi e Tellife, entre outros, tentaram aplicar os postulados de Freud na compreensão das doenças, mas incorreram num novo reducionismo, agora o psicológico, por seguirem a lógica do método explicativo (segundo Dilthey) para estabelecer relações "mecânicas" de causa e efeito entre um fato psíquico e um orgânico. Esse "psicologismo" representa uma visão tão distorcida do ser humano quanto o "biologismo" que imperava anteriormente.

Atualmente, podemos ver alguns colegas repetindo esses passos da história, talvez por não conhecê-la, e abandonando os conhecimentos fisiopatológicos em favor de uma reduzida explicação psicológica para tudo em medicina. Acreditamos que tal visão, além de distorcida, é perigosa para a saúde do paciente e a reputação do médico.

Nas décadas de 1930 a 1960, o pensamento psicossomático foi dominado pelas teorias de Franz Alexander, da Universidade de Chicago – EUA, reforçadas por Helen F. Dubar. Apregoavam eles que cada doença tem seu perfil psicológico específico. Esta tese ficou conhecida por Teoria de Especificidade Psicogenética, a qual nos levaria a crer que todo paciente que apresentar uma certa enfermidade deve obrigatoriamente portar as características psicológicas próprias do perfil psicológico específico daquela doença. Seria uma relação aproximadamente do tipo: "Diga-me qual teu distúrbio orgânico e te direi quem és, o que pensas e o que sentes".

Fica evidente que esse modo de entender os perfis psicológicos contraria frontalmente um dos aspectos fundamentais da moderna medicina psicossomática, que diz ser a biografia pessoal que dá a condição de pessoa humana ao corpo humano. Do mesmo modo que não há duas pessoas com a mesma biografia, não há doença alguma que se manifeste exatamente igual, nos mínimos detalhes, em duas pessoas diferentes, nem na forma, nem no significado.

Por outro lado, a experiência clínica indica que há traços psicológicos que se repetem em certas enfermidades. Mello Filho cita, por exemplo, os trabalhos de Dongier, Kowe et al., nos quais, num estudo "Duplo cego" em pacientes neuróticos, foi possível prever qual teria oportunidade de apresentar aumento da captação de iodo radioativo (portanto, hipertireoidismo) segundo conflitos psicológicos básicos.

Modernamente, Pontes esclarece que a noção de especificidade não deve ser entendida no sentido estrito do termo, mas sim no sentido de que uma intensidade maior de fenômenos e mecanismos psicológicos contribuem para a propensão a determinadas moléstias.

Antes que se estabeleça um dilema entre a visão da individualidade e da homogeneidade estatística, vamos nos socorrer na obra de Max Weber, que nos oferece uma visão mais clara da utilidade dos perfis psicológicos no exercício da medicina psicossomática. Ele não aceita que se faça um abismo entre as ciências exatas e as humanas. Nos dois grupos de ciências, a consideração de que os fenômenos obedecem a uma regularidade causal refere-se a um mesmo esquema lógico de prova. Porém, se a lógica da explicação causal é a mesma nas ciências exatas e nas humanas, os tipos de leis gerais a serem formulados nos dois grupos de disciplinas não são iguais.

As ciências exatas usam a conceituação generalizadora, que tira do fenômeno concreto em estudo aquilo que ele tem de geral, ou seja, sua regularidade. A partir daí, cada fenômeno concreto em particular passa a ser explicado e classificado de acordo com os traços gerais apresentados pelo mesmo, e tudo aquilo que não se enquadrar na generalização será visto como obra do acaso e automaticamente desconsiderado.

Além disso, esse fenômeno particular em estudo passa a ser considerado como um caso cujas características gerais podem ser deduzidas a partir de uma lei. Por exemplo, o fenômeno síndrome pré-menstrual tem a característica geral de ocorrer antes da menstruação. Isto o classifica e lhe atribui uma explicação relacionada à secreção de progesterona pelo ovário. Não há duas pacientes com síndromes pré-menstruais absolutamente idênticas, mas as diferenças individuais entre elas são acidentais, sendo importante apenas reconhecer que as caractcrísticas gerais da síndrome podem ser deduzidas a partir de uma lei, que é a secreção de progesterona ocorrida antes da menstruação. Assim, é o pensamento dualista-
-positivista-explicativo aplicado à medicina.

Em contrapartida, quando dizemos que a paciente com TPM rejeita a vivência da mudança de seu esquema corporal (edema mamário, distensão abdominal etc.), estamos nos referindo ao sentido ou significado que aquelas alterações fisiológicas adquirem para a paciente e a quais emoções correspondem tais significados.

Segundo Weber, a captação desses sentidos contidos nos fenômenos humanos não poderia ser realizada exclusivamente através do método das ciências naturais, embora a rigorosa observação dos fatos (como nas ciências naturais) seja essencial para o cientista humanista.

As leis em ciências humanas não se prestam a relações rígidas de causa e efeito, mas sim estabelecem relações causais em termos de probabilidade, segundo as quais determinados processos seguirão ou serão concomitantes a outros.

Assim, quando, por exemplo, falamos em personalidade obsessiva da mulher vagínica, não podemos afirmar que toda mulher com vaginismo é obrigatoriamente obsessiva, nem que toda personalidade obsessiva obrigatoriamente acarreta o vaginismo. Afinal, nós todos precisamos contar com traços normais de obsessividade para estar escrevendo ou lendo um texto como esse, em vez de estarmos repousando ou em atividade lúdica. Podemos entender então que a relação causal entre vaginismo e personalidade obsessiva ocorre em termos de probabilidade, sendo frequente a concomitância desses dois fenômenos.

O conceito de perfil psicológico é análogo ao conceito que Weber tem de "tipo ideal", o qual é construído pela caracterização sistemática dos padrões individuais concretos; em outras palavras, o "tipo ideal" de personalidade, por exemplo, na síndrome do climatério se define a partir do estudo sistemático das personalidades individuais de pacientes reais com síndrome do climatério. A ênfase no estudo de padrões individuais concretos opõe a conceituação típico-ideal à conceituação generalizadora das ciências naturais.

O tipo ideal, ou perfil psicológico, é um conceito vazio de conteúdo real: ele depura as propriedades dos fenômenos reais desencarnando-os pela análise, para depois reconstruí-los. Assim sendo, o tipo ideal não é uma hipótese, nem uma proposição e, portanto, não pode ser nem verdadeiro e nem falso; ele simplesmente pode ser válido ou não, dependendo da sua utilidade para a compreensão significativa da pessoa doente.

As reflexões que fizemos até aqui são fundamentais para nos manter alertas em relação às "armadilhas" que aprisionam nosso raciocínio clínico na prática de quaisquer profissões da saúde. Biologismo, mecanicismo, dualismo, explicacionismo, psicologismo, organicismo, psicogênese e especificidade de perfil psicológico são falsos "atalhos", muitas vezes tentadores, que nos afastam do objetivo maior e fundamental da medicina psicossomática: compreender e intervir de forma global e integrada na relação com nossos pacientes.

A abordagem psicossomática hoje baseia-se na visão da pessoa como um verdadeiro **monobloco psicossomático reagindo a relações**, ou, dito de outro modo, a **unidade dinâmica corpo-mente-ambiente**. É preciso ressaltar o adjetivo **dinâmica**, que enfatiza a permanente modificação das proporções entre os fatores biológicos, psicológicos e sociais que compõem o quadro atual da pessoa doente.

E é no encontro do ser humano médico com o ser humano cliente que reside a possibilidade de interação, compreensão e intervenção que podem resultar em concreta melhoria do bem-estar biopsicossocial do paciente.

6.4 O que é psicossomática

Psicossomática é, ao mesmo tempo, filosofia – porque define um conceito de ser humano – e ciência, que tem como objeto os mecanismos de interação entre as dimensões mental e corporal da pessoa. Esta é uma definição clássica. Para mim, ela já está ampliada, também, para a dimensão contextual (relacional ou sociocultural), ou seja, estuda como o fato corporal está integrado no fato psíquico, que, por sua vez, está integrado no fato relacional ambiental. Esta integração biopsicossocial é o objeto da ciência psicossomática.

Temos, ainda, a psicossomática enquanto postura profissional, que é a postura de trabalhar com os fatos objetivos e subjetivos do paciente concomitantemente. Esta difere da postura clássica da psicologia, que visa o trabalho focalizado nos fatos subjetivos e difere, igualmente, da postura clássica da medicina, que visa o trabalho focalizado nos fatos objetivos, concretos, palpáveis e mensuráveis. A postura do profissional que trabalha com psicossomática é de estar atento ao mesmo tempo às dimensões objetivas e subjetivas da pessoa.

É importante, também, citar o que a psicossomática não é. Ela não está voltada para qualquer tipo de visão metafísica, esotérica ou mística do ser humano, da saúde ou da doença. É mister que fique demarcada uma fronteira de diferenciação entre a medicina psicossomática e o terreno das chamadas medicinas alternativas. Insisto que a medicina psicossomática não é e nem pretende ser uma medicina alternativa, muito menos uma alternativa à medicina.

Entende-se por alternativa a prática médica cujos procedimentos estão baseados em princípios teóricos diferentes dos da ciência convencional. A medicina psicossomática não se baseia em qualquer princípio teórico que fuja das ciências convencionais. Aliás, se compreendermos que a medicina convencional já nasceu psicossomática, entenderemos que a medicina psicossomática nada mais é que a medicina convencional tentando resgatar seu berço.

A atualmente chamada medicina psicossomática representa um foco dentro da sociedade científica que, intencionalmente ou não, acaba trabalhando com vistas a um resgate desta visão holística hipocrática, sem abandonar ou ignorar todo o avanço tecnológico da medicina moderna e suas especializações. Em nenhum momento, faz parte da medicina psicossomática o discurso de menosprezar a importância da tecnologia médica. A medicina psicossomática trabalha na integração do que há de mais *hi-tech* com o que há de mais humano nas profissões da saúde.

6.5 Psicossomática e o contexto social

Aqui usarei a expressão contexto social – ou simplesmente contexto – para designar o conjunto total de fatores do ambiente humano que influem sobre o comportamento do paciente: história, cultura, religião, economia, política, meios de comunicação etc.

A interação indivíduo/contexto é aspecto básico da vida em geral e da vida humana em especial, tanto na saúde quanto na doença. A todo instante, o contexto social age sobre o paciente, que reage sobre o contexto social, que novamente reage sobre o paciente, num constante, natural e inevitável círculo vicioso.

Como concessão à didática, permito-me comparar tal interação dinâmica paciente/contexto com a cena de um aquário, sendo que um dado peixe por um momento será o símbolo de nossa paciente. Imagine que este peixe foi retirado do aquário e colocado sobre nossa mesa ginecológica. Mesmo um exame tecnicamente perfeito seria muito insuficiente caso desejássemos entender a realidade total do nosso peixinho. Visto fora do aquário, ele é um fenômeno tão parcial e artificial quanto o raciocínio clínico que só enxerga o organismo e nada mais. Mesmo um raciocínio clínico mais elaborado, que integre elementos orgânicos e psíquicos, mas exclui os elementos de contexto social, continua sendo uma visão artificial e parcial da pessoa.

A essa altura, o leitor poderia perguntar: "Por que cargas d'água deveria eu ter algum interesse em saber tanto assim sobre minha paciente?". Resposta: Porque o índice de sucesso da terapêutica depende diretamente do grau de exatidão dos diagnósticos, que, por sua vez, dependem diretamente da quantidade e da qualidade dos dados disponíveis sobre a paciente, além de um método de raciocínio clínico que permita o encaixe lógico de todas as informações. Isto nos parece razão mais que suficiente para justificar o interesse que o obstetra deve ter no sentido de compreender sua paciente o mais globalmente possível.

6.6 Psicossomática e referenciais teóricos

A princípio, o conceito mais amplo de psicossomática obriga a existência de um referencial teórico para o estudo do psiquismo. Pode ser o psicodinâmico, o comportamental, o existencial etc. e um referencial teórico que entenda as dinâmicas grupal e social do indivíduo, que podem ser o referencial da antropologia cultural e da sociologia, entre outros.

Se juntarmos o referencial teórico de estudo do corpo com o referencial teórico de estudo da mente e com o referencial teórico de estudo do grupo, teremos uma visão psicossomática *lato sensu*. A partir daí, começaremos a ter particularizações, ou seja, diversas composições de referenciais possíveis.

Posso manifestar os meus referenciais que são os que, para minha pessoa, se colocaram como sendo os mais adequados. Creio que resultados excelentes também podem ser obtidos com referenciais diferentes dos meus. Na área do corpo, meu referencial é o das ciências biológicas, que servem de base à medicina. O que eu utilizo para entender o funcionamento psíquico é o psicodinâmico, oriundo da psicanálise.

Os psicanalistas talvez prefiram usar a palavra "psicanálise" para o conjunto do referencial teórico somado ao enquadramento técnico do fazer psicanalítico. Eu não me utilizo de um divã, nem do *setting* psicanalítico, nem me coloco diante do paciente no papel do "analista". Portanto, prefiro usar o termo psicodinâmico, entendendo isso como sendo a teoria do conhecimento psicanalítico sem o compromisso com a técnica de trabalho do psicanalista.

Meus referenciais na área da dinâmica grupal são os que vêm, basicamente, da antropologia cultural; mas, ainda, gosto dos referenciais que vêm de Pichon-Rivière e os que vêm dos trabalhos de estudo de grupos de Bion.

A proposta da psicossomática é o exercício da integração destes referenciais como um caminho para se atingir um objetivo maior, que é a compreensão da pessoa. E a palavra **pessoa** tem uma conotação muito profunda e abrangente, o que há de total no ser humano. O ser humano são todos os seus pedaços – e neste ponto aprecio a visão gestáltica –, só que a pessoa é um pouco mais do que a simples somatória destes pedaços. Para além da simples somatória, existe a dinâmica do funcionamento dessas coisas juntas; todas estas partes funcionando de maneira dinâmica consiste em um movimento de transformação ininterrupto em que entram em jogo todos os setores citados anteriormente.

6.7 Postura psicossomática do profissional da saúde

Condição Prévia: o saber da psicossomática existe exclusivamente para **ampliar** e **fortalecer** os recursos diagnósticos e terapêuticos da medicina baseada em evidências, e **nunca** para substituí-los. Pressupõe-se que o médico tenha adquirido boas capacitações nos planos científico (teórico e técnico) e emocional, para manter baixo o seu nível de ansiedade profissional e desenvolver uma boa postura profissional psicossomática.

- Postura profissional psicossomática (**encontro e vínculo**).
- Baixa tensão emocional ao atender (apesar da "vida de médico no Brasil").
- Escuta, escuta, escuta... (procedimento diagnóstico com efeito terapêutico).
- Percepção dupla simultânea (dados objetivos + dados subjetivos e o modo como se articulam).
- Interesse investigativo (não desprezar detalhes).
- Aceitação (**julgar** é procedimento jurídico ou religioso e não médico!).
- Compreensão (raciocínio psicossomático).
- Empenho em ajudar (sentir prazer em ser útil).
- Colocar o "poder do mito" para trabalhar a favor do paciente (compromisso ético profundo e rigoroso).
- Pesquisa e compreensão dos limites pessoais e dos conflitos (intra e interpessoais) do paciente. Identificação dos focos intelectuais e afetivos desencadeadores de tensão emocional.
- Ampliação dos limites intelectuais (crendices, mitos, desinformação). Decodificação da linguagem médica para adequação aos limites de entendimento dos pacientes. Favorecer a autopercepção psicossomática (consciência de si como **pessoa**) e do papel da doença no contexto do estilo de vida pessoal.
- Percepção e reflexão de sentimentos relativos à doença.

Quando necessário, encaminhamento **oportuno** para **psicoterapia concomitante** (trabalho em equipe interdisciplinar).

6.8 Raciocínio clínico em psicossomática: Um caso ilustrativo

Introdução

No exercício da tocoginecologia é muitíssimo frequente a situação de estarmos perante uma paciente que vai associando sintomas orgânicos com eventos emocionais durante o relato de um período de vida chamado inespecificamente de "estar doente".

Raramente a paciente percebe e valoriza estas associações. Tal percepção geralmente ocorre a um parente mais próximo ou então ao médico. A partir do relato de um caso, vamos enfocar e discutir a importância de valorizar tais associações na prática clínica.

Identificação

Coloco em questão o caso de M. C. P., mulher, branca, 25 anos, casada, natural e residente em São Paulo – capital, que trabalha como auxiliar de escritório. A paciente chegou ao consultório dez minutos antes do horário agendado. Aguardava na sala de espera sentada sem usar o encosto da poltrona, a bolsa sobre as coxas, tendo a alça segura firmemente por ambas as mãos. Postura tensa e imóvel. Entrando na sala de anamnese, respondeu ao meu cumprimento com um esboço de sorriso e permaneceu sentada na mesma postura anterior. Questionei o motivo da procura. Respondeu-me que é amiga de A. S. C. B., cliente que está sob meus cuidados realizando o pré-natal. Resolveu agendar esta consulta depois de conversar com a amiga.

Queixa e duração

Perguntei-lhe em que poderia ajudar e obtive a seguinte história: a queixa era "Intestino preso e barriga inchada há um mês". Negou quando questionei se havia outra queixas.

História pregressa da moléstia atual

Relatou que há aproximadamente um mês – desde uns dois dias antes da última menstruação – percebeu que "a barriga inchou de repente, estufou e ficou dura". O "inchaço" permaneceu dia e noite durante o mês, sem regredir até o dia da consulta. Acompanhava-se de dores discretas com cólicas, sem ritmo ou periodicidade, que iniciavam na fossa ilíaca direita e irradiavam para o hipocôndrio direito. Tais cólicas incidiam quase diariamente, duravam poucos minutos e terminavam quando eliminava gases, o que ocorria com maior frequência que a habitual. Desde o dia em que "a barriga inchou", o ritmo intestinal diminuiu de duas para uma evacuação diária, tendo as fezes permanecidos com todas as características normais. Negava eliminação de elementos anormais junto com as fezes. Ainda no mesmo período da queixa, referiu sono e sensação de peso no epigastro após as refeições maiores. Negou outros sintomas digestivos, inclusive dados epidemiológicos sugestivos de parasitose intestinal ou qualquer mudança na dieta.

Interrogatório sobre os diversos aparelhos

A única alteração apontada foi cefaleia fraca, noturna, contínua, frontotemporal, que incidia aproximadamente um dia na semana, durante poucas horas. Negou quaisquer outros sintomas, inclusive os ginecológicos.

Antecedentes mórbidos familiares

Questionando antecedentes, soube que a mãe apresentava *diabetes mellitus* há poucos anos.

Antecedentes mórbidos pessoais

A paciente desenvolveu tuberculose pulmonar no primeiro ano de vida, tendo sido tratado e recebido alta. Há quatro e um anos atrás, respectivamente, apresentara dois episódios de infecção urinária. Há três anos vinha apresentando episódios eventuais de piodermite em coxas e no púbis, o último há 11 meses. Nunca se submetera a cirurgias e era fumante de 20 cigarros ao dia.

Primeiras (e imprecisas) impressões diagnósticas ao final da anamnese convencional

Tendo aqui finalizado a anamnese a partir da queixa, causou-me estranheza o fato de a paciente haver me procurado para uma consulta que se configurava eminentemente gastroenterológica, apesar de conhecer minhas condições de tocoginecologista. Durante toda a conversa, ela foi tácita, limitando-se apenas a responder às minhas perguntas. A postura tensa e imóvel era imutável. Pareceu-me que algo importante a trazia para a consulta ginecológica e que não havia ficado claro na anamnese a partir da queixa. Decidi investigar com mais detalhes o seu histórico genital.

Aprofundamento da anamnese: Exploração da hipótese de demanda associada à esfera genital/sexual

A menarca ocorrera aos 12 anos; era esperada e foi recebida com tranquilidade. Apresentara dismenorreia até 17 anos, com remissão espontânea. O ritmo menstrual sempre fora de 30-35 dias/5-8 dias, quantidade normal sem coágulos. Estava no 25° dia do ciclo menstrual na data da consulta. Iniciara a atividade sexual aos 19 anos, interrompida aos 20 por ruptura do vínculo afetivo. Reiniciou atividades sexuais com novo companheiro (atual marido) aos 22 anos. Estava casada há dois anos. Negava queixas sexuais. Frequência de coito de duas a quatro vezes por semana. Era nuligesta. Referia apetite sexual e excitação normais, com orgasmos frequentes e satisfação sexual. A partir do início deste segundo vínculo sexual, passara a usar corretamente anticoncepcional oral de baixa dosagem. Não queixava efeitos colaterais. Fazia interrupções eventuais de um a dois meses de uso da pílula "para descansar". Na data da consulta já completara seis meses de interrupção de uso da pílula.

Exames físicos geral e especial

Realizei então o exame físico, observando bom estado geral, altura de 1,59 cm e peso de 54.500 g. Todos os parâmetros dos exames físicos geral e especial, inclusive os do exame ginecológico, apresentavam-se completamente normais. Destaco apenas o exame físico do abdome, que se encontrava plano, flácido, discretamente doloroso à palpação profunda do epigastro e do cólon ascendente, fígado no rebordo costal direito, baço não percutível e não palpável, nenhuma massa abdominal palpável ou percutível e ruídos hidroaéreos normais. O timpanismo estava pouco aumentado, mas normalmente distribuído. Ansiedade e tensão corporal estiveram presentes durante todo o exame.

Hipóteses diagnósticas (baseadas na observação clínica convencional)

Tendo finalizado a observação clínica a partir da queixa, formulei o diagnóstico provável de Síndrome Hipostênica Primária Funcional, expressão da alternação motora primitiva e funcional do tubo digestivo, chamada de Hipocinesia Global por Ramos Jr., que justificava as queixas somáticas da paciente.

Conduta possível, se baseada exclusivamente na observação clínica convencional

A abordagem exclusivamente somática do caso permitiria encerrar aqui o atendimento. Seria adequada uma conduta dirigida à disfunção digestiva e/ou encaminhar a paciente a um gastroenterologista. Após retirar-se do consultório, poderíamos até achar cômica a forma com que ela ter-se-ia enganado ao escolher um médico da especialidade "errada" perante a queixa inicial.

Abordagem psicossomática: ruptura epistemológica do raciocínio clínico convencional. Salto de qualidade do atendimento.

A abordagem psicossomática leva-nos a considerar outros dados, tais como: o evidente componente emocional que obriga a paciente a manter durante toda a consulta uma postura tensa, com ansiedade progressivamente mais visível, fácies expectante, pouco comunicativa.

Grace, Wolf e Wolff, estudando as relações entre as funções digestivas e os estados emocionais, descreveram um estado fisiopatológico do tubo digestivo (o qual denominaram hipodinâmico), onde há hipomotilidade, relaxamento de vísceras, hipossecreção e diminuição da microcirculação da mucosa (palidez). Tal manifestação somática corresponde ao componente orgânico da emoção de medo.

Portanto, pareceu-me que poderia haver um estado não manifesto de medo, que há um mês se associava com uma disfunção digestiva e que ficava mais intenso no momento da consulta. Segundo Pontes, (durante uma consulta),

> (...) o medo de descobrir coisas novas em si mesmo acarreta, em algumas circunstâncias, a sensação de catástrofe, diante do imponderável, diante da revelação do "mal" que possui, imaginando-o como incurável.

Por hipótese, a ansiedade e a tensão da paciente poderiam advir do medo de que eu confirmasse "algo" que ela temia. Dois dados me chamaram a atenção: a associação que ela fez entre o início da queixa e o período pré-menstrual, bem como o abandono da anticoncepção.

Anamnese biográfica e a percepção do conflito

Perguntei-lhe o motivo que a levou a abandonar a pílula. Ela respondeu: "Nós estamos querendo um filho. Eu parei com a pílula e nós estamos tendo relações mais vezes que antes. No mês passado, eu achei que estava grávida e fiquei muito alegre, mas a alegria acabou quando senti que ia menstruar. Daí a menstruação veio normal. Eu acho que não consigo engravidar! Meu marido já teve uma filha com outra mulher. Acho que o problema é comigo. O senhor acha que é grave?" Perante estas colocações, pareceu-me estabelecer-se uma relação lógica entre alguém com "intestinos presos" e uma consulta ginecológica. A demanda (necessidade, procura, exigência) é o conjunto de forças ou motivos que mobilizam a paciente, levando-a a mover-se em direção a quem julga poder satisfazê-la. No caso em questão, seria um ginecologista credenciado pela indicação de sua amiga gestante. A queixa pode ser entendida como uma porta que a paciente oferece ao profissional para entrar num labirinto do qual ambos esperam encontrar uma saída. E os labirintos às vezes apresentam portas que levam a lugar nenhum, bem como saídas que desafiam o raciocínio explicativo-causal da uma abordagem exclusivamente organicista.

Acostumado a raciocinar quase "matematicamente" em busca de uma relação objetiva de causa-efeito perante "a doença" (e, infelizmente, muitas vezes sem tempo disponível até para raciocinar), o médico passa a esperar da paciente que esta lhe forneça informes precisos e objetivos que lhe facilitem o raciocínio. Mera pretensão! A paciente é uma unidade sociopsicossomática que fala várias linguagens concomitantes e articuladas. Se o médico deseja raciocinar sobre dados reais, não é possível escapar da tarefa de decodificar as mensagens que recebe dela. Com a linguagem verbal, M. C. P. deixava explícito que se sentia com dificuldade de evacuar, mas deixava implícito que vivia um conflito em relação à maternidade. Longas e várias observações levaram Freud, em 1917, a escrever *As transformações do instinto exemplificadas no erotismo anal*, onde ele aponta que o conceito de **fezes** e o conceito de **feto** mal se distinguem entre si e são facilmente permutáveis nos produtos do inconsciente, tais como fantasias ou sintomas. Com o corpo, M. C. P. "fala" através das alterações da motilidade intestinal, que coloca no plano somático a tendência de uma pessoa que retém dentro de si (desejo-medo da gestação) algo que deve sair mas não se permite que saia (medo-desejo da esterilidade). "Fala", ainda, pela tensão generalizada da musculatura esquelética, a respeito do medo da esterilidade, emoção que acompanha a disfunção digestiva.

Para Groddeck, o medo é apenas uma face da moeda, a outra é o desejo. De fato, parece que M. C. P. nos traz a questão de alguém que tem desejo e medo de ser estéril, ou seja, um conflito referente à questão de maternidade, que resultou na procura de atendimento ginecológico. Enfim, apesar da queixa ser intestinal, fazia sentido a procura da paciente por um médico ginecologista. Isto pôde ficar claro no espaço e no contexto de uma primeira consulta médica; em nenhum momento, o médico afastou-se de sua identidade profissional, não ocorrendo nenhuma confusão com o papel de um psicoterapeuta.

Conclusão

A partir desse momento, pude tomar uma conduta adequada à questão reprodutiva, que era a demanda ginecológica oculta e adjacente à queixa gastroenterológica inicial. A paciente foi submetida a adequada propedêutica laboratorial e imagenológica, resultando no diagnóstico definitivo de Síndrome dos Ovários Policísticos, cursando com ciclos anovulatórios e consequente esterilidade funcional. No primeiro mês após o tratamento, ela retornou já grávida ao consultório. Prestei assistência durante o pré-natal, o parto e o puerpério. Como se pôde ver pelo exposto, a abordagem sociopsicossomática na prática clínica permite ao médico maior segurança e eficácia na escolha da conduta, seja ela no sentido de intervir ou de encaminhar o caso.

A psicossomática não vem substituir ou ser uma alternativa à abordagem clínica clássica. Pelo contrário, trata-se de somar conhecimentos que ampliem as possibilidades de investigação e a probabilidade de sucesso da intervenção profissional em relação à pessoa doente.

6.9 Psicossomática e onipotência profissional

A medicina psicossomática não pressupõe que o médico seja um especialista em todas as áreas. É importante entender que existem dois procedimentos básicos em qualquer profissão ligada à saúde: compreender/diagnosticar e intervir/proceder. A medicina psicossomática é, fundamentalmente, algo que amplia a capacidade do primeiro procedimento, ou seja, do diagnóstico, do compreender. Por consequência, vai acontecer algum grau de ampliação na capacidade do segundo.

O médico que compreende mais globalmente seu paciente, na hora do intervir, continua habilitado tecnicamente apenas naquela especialidade em que foi treinado, e continua não habilitado tecnicamente na especialidade que não treinou. No que diz respeito à necessidade de o paciente receber a aplicação de técnicas, é evidente que vai depender do treinamento técnico que este médico possui. Pessoalmente, por exemplo, tenho treinamento técnico e tecnológico voltado para a área da ginecologia-obstetrícia e da terapia sexual. Porém, o fato de eu ter limites técnicos restritos às minhas especialidades não significa que estou atento apenas ao útero, ou mamas, ou ovários, ou orgasmos da mulher. Na hora de compreender o que ela precisa, qual é sua demanda, procuro enxergá-la como um todo, um ser-no-mundo, uma pessoa adoecida imersa em seu contexto. No momento seguinte, na hora de intervir, tenho clareza de que há um total de intervenções a realizar. Deste total, assumo as que me cabem, técnica e eticamente, e providencio o adequado encaminhamento para outros profissionais que darão conta das que não me cabem.

Diz um ditado que "você só encontra o que procura, e só procura o que conhece". Por isso, procuro conhecer o máximo possível das múltiplas dimensões da pessoa, a fim de, "idealmente", encontrar a totalidade de suas demandas. Feito isto, a questão de "a quem cabe tratar o que" obedece aos critérios de capacitação técnica e ética. Isto implica que frequentemente minhas pacientes acabam recebendo intervenções técnicas de mais que um profissional, além de mim.

Este é um exemplo prático do que costumo chamar de "vocação multiprofissional e interdisciplinar do trabalho psicossomático". Mesmo no caso do profissional que tem sócios e trabalha sozinho em seu consultório, o exercício da psicossomática o obriga a estar integrado numa "equipe virtual". Cada um no seu próprio endereço, mas se comunicando, dialogando e interagindo, visando o melhor para a paciente.

Em minha prática clínica, por exemplo, além de colegas de diversas especialidades, também fazem parte dessa "equipe virtual" uma ginecologista e uma terapeuta sexual, que são as minhas especialidades. Por razões éticas e técnicas, eu não assumo os dois papéis profissionais ao mesmo tempo para a mesma paciente.

As que estão comigo em terapia sexual devem ter seus próprios ginecologistas, ou então são encaminhadas para minha profissional de referência, bem como aquelas que me têm como seu ginecologista e solicitam terapia sexual recebem apenas minha avaliação médica dos fatores biológicos envolvidos na questão sexual, mas a terapia propriamente dita será também realizada por um profissional de referência.

6.10 Psicossomática e as diversas profissões da saúde

A psicossomática não é objeto de propriedade da medicina. Psicossomática, enquanto filosofia, é um saber disponível; é de quem a utiliza e de quem colabora para seu crescimento e não pertence a uma categoria profissional. O psicólogo, por exemplo, que quer trabalhar com psicossomática vai, principalmente, ampliar sua capacidade de compreensão, mas na hora de intervir, de trabalhar, ele continuará sendo um psicólogo. Não quero dizer com isso que o profissional, após se iniciar na psicossomática, continuará agindo da mesma forma que os demais que não fizeram esta opção. Acontecem transformações no fazer, algo como uma sofisticação em suas técnicas básicas convencionais.

Um exemplo comum em minha prática como ginecologista e obstetra: é uma conduta clássica e internacionalmente aceita em ginecologia que, diante de uma paciente grávida com óbito fetal intra-útero, se deva aguardar a resolução espontânea da gravidez. É a postura dos tratados de ginecologia, baseada na premissa de que, uma vez constatado o óbito do feto, não se justifica submeter a mãe a qualquer risco de aceleração do parto, ou seja, manda-se a paciente para casa com a notícia de que tem uma criança morta dentro da "barriga" e que assim permanecerá por mais alguns dias ou semanas.

O obstetra que assume como cliente apenas o útero e o feto achará natural que ela espere quantos dias for para ter o parto; contudo, a paciente que recebe a notícia do óbito fetal geralmente vivencia um sentimento de "sepultura ambulante", o que é um sofrimento psíquico profundo, que precisa ser atendido, além de, inicialmente, detectado.

Se o médico for estritamente convencional, ele pode até perceber que ela não gostou muito da notícia, mas fica por isso mesmo. Caso ele tenha uma abordagem psicossomática, junto com o diagnóstico do óbito do feto ele faz o diagnóstico emocional da paciente e assume para si a função de dar um atendimento não só ao organismo que tem dentro de si um feto morto, mas a esta pessoa que sofre. E perante esta urgência psíquica, a conduta mais humana é tomar atitudes para um esvaziamento uterino imediato. Vista a totalidade da situação da paciente e assumida a decisão de intervir, aí sim este esvaziamento será diferente de caso para caso, conforme preceitos técnicos da obstetrícia.

Com isso, não se deve confundir um médico psicossomatista com um profissional "bonzinho", pronto para atender os desejos do paciente. Ao contrário, é comum eu contrariar o desejo explícito (decorrente do conflito implícito) de algumas delas no primeiro ou segundo mês de gravidez, que, ao sentarem na minha frente, na primeira consulta, dizem: "Estou grávida! Nem quero pensar em parto normal! Faço questão de uma cesárea! Caso contrário, mudo de médico".

Nesses casos, muito psicossomaticamente e sempre respeitando o direito que ela tem de mudar mesmo de médico, aponto para a paciente que, além da gestação de uma futura criança, parece estar havendo também a gestação (no sentido de preparação) de um "suposto desastre".

Uso o período de meses do pré-natal não só para medir peso, pressão e altura uterina, mas também para trabalhar com a paciente suas fantasias catastróficas acerca do parto normal, frequentemente associadas a vivências obstétricas alheias (da mãe, da avó ou de alguma amiga). Asseguro meu compromisso com o bem-estar dela e do bebê, e não com a técnica do parto. Deixo claro que ela terá o tipo de parto que for o melhor possível para as condições do dia do parto, o que pode ou não vir a ser via cesariana ou vaginal.

Frequentemente, os meses de pré-natal tornam-se um período de reflexão e crescimento pessoal, até onde isto é possível para cada mulher e para o contexto da consulta médica. Na maioria das vezes, acabam sendo felizes "parideiras" de partos vaginais e, ainda, algumas me relatam de forma espontânea ter sido a experiência mais marcante de suas vidas. Isso sem falar nas disfunções sexuais decorrentes da associação entre relação sexual e gravidez que, muitas vezes, desaparecem após o parto normal.

Enfim, a abordagem psicossomática na prática clínica não vem substituir ou ser uma alternativa à abordagem clínica clássica. Pelo contrário, trata-se de somar conhecimento que amplie as possibilidades de investigação e intervenção do profissional em relação à pessoa doente.

6.11 Psicossomática e o mercado de trabalho na saúde

Muito lenta e timidamente, os compradores de serviços de saúde (planos de saúde e convênios médicos) passam a descobrir na forma psicossomática de fazer medicina uma alternativa para a resolução de alguns conflitos criados pelo próprio mercado.

O médico habilitado psicossomaticamente realiza uma medicina com grau de resolutividade maior. Se pudermos calcular quantas consultas médicas serão necessárias entre um determinado diagnóstico e o término do tratamento, observaremos que o médico que trabalha psicossomaticamente chega a um diagnóstico e estabelece uma terapêutica com possibilidade de resultados práticos num número inferior de consultas.

É comum receber no consultório, para uma primeira consulta, pacientes portando uma sacola com três ou quatro quilos de resultados de exames e dizendo que sou o "décimo oitavo" ginecologista que ela procura. Imagine o gasto de toda essa peregrinação!

Por ser mais demorada, a consulta na linha da psicossomática deve ser melhor remunerada pelas empresas de convênio médico do que a consulta tradicional. Mesmo assim, a despesa para quem paga a conta acaba sendo menor em função do número de consultas, exames de laboratório e exames de imagem serem reduzidos estritamente ao necessário, não havendo a prática de pedir mais um exame só para ganhar tempo, o que muitas vezes ocorre no exercício da medicina convencional, nas ocasiões frequentes em que o médico não consegue enquadrar as queixas da paciente num diagnóstico orgânico definido.

O atendimento psicossomático favorece maior eficiência de diagnóstico e um alívio mais consistente do sofrimento do paciente, revertendo a somatização. Ele frequentemente começa a sentir-se satisfeito desde os primeiros atendimentos, quando suas demandas implícitas são detectadas e passam a receber a devida atenção.

Em meados de 1996, a Organização Mundial de Saúde realizou uma pesquisa de abrangência mundial, tomando por amostra uma cidade de cada um dos cinco continentes – na América do Sul a escolhida foi o Rio de Janeiro –, onde se avaliou o grau de comprometimento emocional envolvido na patologia de pacientes que procuram hospital geral/pronto-socorro.

São pacientes que não têm ideia de qualquer questão emocional na sua patologia e procuram apenas uma consulta médica convencional em pronto-socorro geral. O resultado da pesquisa mostra que 30% na média mundial e próximo de 35% no Rio de Janeiro, do total de consultas realizadas em hospital geral por médico convencional, são de pacientes somatizados. Eles passam por vários departamentos do hospital e realizam inúmeros exames da medicina moderna (imaginem quanto custa e quem paga a conta dessa peregrinação) e acabam tendo todas as avaliações laboratoriais, radiológicas, ultrassonográficas e clínicas com resultado normal. Receberão como conclusão a famosa frase: "O(a) senhor(a) não tem nada! Deve ser problema de cabeça! Pode ir para casa." Saem pela mesma porta por que entraram, com os mesmos sintomas, a sacola de exames agora bem mais pesada, ofendidos ou deprimidos porque se sentiram chamados de "loucos" e entrarão com tudo isto pela porta do próximo pronto-socorro, onde toda esta sequência (e uma nova conta de custos) recomeçará.

Este um terço de clientela somatizada consome um número de consultas e de exames excessivos, além de ser operada abusivamente. Com isso, gera uma despesa de procedimentos médicos que supera o total da dos outros dois terços, já que cada pessoa somatizada repete o gasto com os mesmos procedimentos quatro, oito ou quinze vezes.

Historicamente, o aparelho formador do profissional de saúde – escolas e faculdades – sempre dobrou-se aos ventos do sistema econômico da época. Hoje não é diferente: temos uma formação do profissional muito mais voltada para atender a necessidade do mercado, ou seja, consultas rápidas e exames laboratoriais. Isso porque o profissional ganhará muito mal se quiser "atender bem". O treinamento atual é para o que chamo de "medicina *fast-food*", pronta para o consumo.

A medicina psicossomática hoje deseja ser vista pelo mercado como uma alternativa de aumento de resolutividade com barateamento de custos para a prática médica. E é. Transformar a psicossomática numa prática *fast-food* é um risco que existe; vai depender do bom senso e da dignidade dos profissionais da psicossomática em preservarem seu espaço profissional e rejeitarem eventuais ou possíveis propostas indecorosas que possam surgir por parte da medicina empresarial.

Na medida em que estas propostas não forem indecorosas, mas dignas, a medicina psicossomática representará uma saída honrosa tanto para as empresas médicas quanto para o profissional médico, além de beneficiar o atendimento ao paciente – todos, atualmente, insatisfeitos.

Para comprovar a possibilidade disso, costumo citar Michael Balint – médico inglês e um dos expoentes mundiais da psicossomática – e seu livro intitulado *Seis minutos para o paciente*, no qual discorre sobre a forma como um profissional já treinado pode ter uma compreensão dos conteúdos emocionais que se escondem por trás das queixas físicas em seis minutos. A questão não é o tempo "externo" de uma consulta, mas sim o "interno" do profissional, aquele espaço dentro do mesmo que está aberto e disponível para receber a pessoa do paciente; espaço de percepção e sensibilidade que o profissional coloca à disposição durante a consulta para captar do paciente os conteúdos emocionais ocultos nas suas queixas físicas. Este tempo "interno" decorre de um treinamento e de uma habilitação em psicossomática e é algo comum, ou indispensável, da atuação do profissional "PSI", psicólogos ou psiquiatras; o psicoterapeuta, em geral, deve desenvolver este tempo "interno".

Por outro lado, não estamos falando em transformar todos os profissionais de saúde em psicoterapeutas. Nós precisamos de todas as especialidades médicas que aí estão. Quem tem uma apendicite aguda, um tumor cerebral ou um nódulo suspeito numa mama precisa ter à disposição uma boa mão segurando um bisturi.

O curso de formação do profissional psicossomático da Associação Brasileira de Medicina Psicossomática (ABMP), bem como o de algumas outras instituições não vinculadas a ela, explicitamente não deseja que os seus alunos venham a assumir a profissão de psicoterapeutas. Desejamos, sim, que, no exercício de suas especialidades de origem, ampliem seu potencial de ajuda ao paciente através da abordagem psicossomática da pessoa doente.

6.12 A Associação Brasileira de Medicina Psicossomática

Ao longo desses 36 anos, a Associação Brasileira de Medicina Psicossomática passou por diferentes momentos históricos. Podemos considerar que do final da década de 1980 para cá, foi o começo real de sua fase de ascensão, porque, até então, o discurso da psicossomática era encarado pela medicina oficial como "marginal" e revolucionário, visto com um certo desdém pelos poderosos da medicina organicista.

A partir daí, vimos uma deterioração progressiva do sistema público de saúde. Concomitantemente, foi ocorrendo uma progressiva privatização do sistema e, até como consequência, foi acelerado aquele processo de deterioração. Isso fez com que a medicina de boa qualidade fosse sendo oferecida cada vez mais a um número menor de pessoas.

Consequentemente, grande parte da população viu-se na contingência de optar por formas alternativas de curar suas doenças, abrindo um terreno para o crescimento rápido e volumoso das chamadas medicinas alternativas. Sem entrar no mérito do referencial teórico dessas técnicas, elas são uma oferta mais barata de solução dos males da saúde da população.

Volto a insistir que a medicina psicossomática não assume e jamais assumirá o título de uma medicina alternativa. Ela é uma ampliação de horizontes da medicina tradicional. O que aconteceu foi que, com o crescimento daquelas medicinas alternativas e a elitização desmensurada da tecnologia médica, aliados à maquinização do atendimento convencional – em que cada vez mais a máquina é o personagem fundamental do procedimento, vindo ao gosto da medicina privada que faz com que os profissionais passem a ser a mão de obra "barata" necessária para fazer a máquina funcionar –, uma parcela dos profissionais, mais fiel aos princípios básicos da "arte" médica, passou a buscar ampliações das suas possibilidades de trabalho.

Vimos, então, um crescimento muito grande do interesse dos próprios médicos por propostas que ampliassem seus horizontes. Uma parte se interessou, por exemplo, pela homeopatia, pela psicossomática etc. Dessa forma, abriu-se a possibilidade da medicina psicossomática ser vista não mais como um discurso marginal, mas como uma possibilidade séria de resgatar aquele médico que se perdeu entre fios, dígitos e parafusos.

Referências bibliográficas

COSTA E SILVA, A. Entrevista. *Veja*, n. 1398, p. 7-10, 28 jun. 1995.

DENNERSTEIN, L. et al. *Handbook of psychosomatic obstetrics and gynaecology*. Amsterdã: Elsevier N. Holland, 1983.

JAPIASSU, H. *Interdisciplinaridade e patologia do saber*. Rio de Janeiro: Imago, 1976. p. 71-6.

JEAMMET, P.; REYNAUD, M.; CONSOLI, S. *Manual de psicologia médica*. Rio de Janeiro: Mason/Atheneu, s.d.

LAPLANCHE, J.; PONTALIS, J. B. *Vocabulário da psicanálise*. 9. ed. São Paulo: Martins Fontes, 1986. p. 619.

MELLO FILHO, J. *Concepção psicossomática*: Visão atual. Rio de Janeiro: Tempo Brasileiro/MEC, 1978.

NORONHA, D. T. et al. *Tocoginecologia psicossomática*. São Paulo: Almed, 1993. p. 135-145.

PICHON-RIVIÉRE, E. *O processo grupal*. 2. ed. São Paulo: Martins Fontes, 1986.

PONTES, J. F. Conceito de integração em medicina psicossomática. *Arq. Gastroent.*, v. 12, n. 2, p. 83-87, 1975.

PRILL, H. J. et al. *Ginecologia psicossomática*. São Paulo: Roca, 1985. p. 187-199.

RIECHELMANN, J. C. A educação sexual no sistema de saúde. In: RIBEIRO, M. (Org.) *Educação sexual*: Novas ideias, novas conquistas. Rio de Janeiro: Rosa dos Tempos, 1993. p. 281-303,

_____. Abordagem sócio-psicossomática em ginecologia. In: RODRIGUES, A. L. (Coord.) *Temas de medicina psicossomática*. São Paulo: Roche, 1988. fasc. 5, p. 11-23.

RODRIGUES, A. L.; RIECHELMANN, J. C. Medicina sócio-psicossomática. In: LOPES, G.; NORONHA, D. T.; MONTGOMERY, M. *Tocoginecologia psicossomática*. São Paulo: Almed, 1993. p. 1-13.

_____. Conceito atual de medicina psicossomática. In: RODRIGUES, A. L. (Coord.) *Temas de medicina psicossomática*. São Paulo: Roce, 1988. fasc. 1., p. 12-22.

TRAGTEMBERG, M. et al. Weber, vida e obra. In: *Max Weber*. 2. ed. São Paulo: Abril Cultural, 1980. p. VI-XXII. (Coleção Os Pensadores).

Capítulo 7

Histórico e Evolução da Psicologia da Saúde numa Perspectiva Latino-americana[1]

Ricardo Werner Sebastiani

Na atualidade ocorre a tendência a encarar a doença, em sentido lato, como fenômeno que inclui não apenas a participação individual mas, também, e necessariamente, a social. A **doença** (*disease*) corresponderia ao processo fisiopatológico determinante do estado de disfunção, e consequentes desabilidade funcional e deficiência do indivíduo. A **enfermidade** (*illness*) seria concernente ao estado subjetivo do indivíduo afetado e decorrente da própria conscientização. E, a que se pode chamar **anormalidade** (*sickness*) seria pertinente ao "papel de doente" (*sick role*) que a pessoa assume na sociedade, ou seja, à correspondente disfunção social e que, portanto, afeta o seu relacionamento com os demais indivíduos normais. (Susser, 1973)

    Esse papel inclui quatro aspectos principais que seriam:

a) A irresponsabilidade do paciente pelo seu estado.
b) A sua dependência em relação a outra instância social, médica ou não.
c) O seu afastamento, em grau diverso, dos outros papéis sociais.
d) A obrigação (compulsoriedade) de buscar saída para esta situação.

(Talcott Parsons, 1989)

Selecionamos os dois textos acima, apresentados na obra de Foratinni (1992), como indicativos de que as propostas de visão integral da saúde e compreensão do fenômeno saúde-doença como eventos multifatoriais não são tão recentes no universo das ciências da saúde; um importante movimento de redefinição das ações de saúde vem sendo implementado já há três décadas. Esses novos paradigmas têm uma importância especial no que se refere à presença e participação do psicólogo da saúde nas diferentes propostas de atenção à saúde da população, posto que os elementos participantes do processo de instalação das doenças mencionados por Susser – "enfermidade" e "anormalidade"– são notoriamente de cunho psicossocial. Cada dia mais a valorização de intervenções primárias, secundárias ou terciárias em saúde pressupõe a necessidade de se compreender e intervir sobre estes contextos do indivíduo ou grupos, expostos às diferentes moléstias ou outras condições de agravo à saúde. A psicologia da saúde vem sendo solicitada a dar

---

[1] Desenvolvido sob autorização, a partir do texto da Junta Diretora da Associação Latinoamericana de Psicología da la Salud (Alapsa) – *Boletín Latinoamericano de Psicologia de la Salud*, v. 1, n. 1, 1997.

sua parcela de contribuição a essa nova abordagem dos problemas; e é imperativo que nos mobilizemos para responder a esses pedidos e que nos organizemos, cada vez mais, para que nossa inserção sociossanitária seja cada vez mais eficiente e reconhecida.

Dentro de uma perspectiva global, pautados nesse novo paradigma que se forma para nortear as ações em saúde, analisamos no presente texto o desenvolvimento da psicologia da saúde na América Latina e as condições deste desenvolvimento, especialmente em alguns países da região, particularmente naqueles em que existe uma tradição de trabalho profissional, como Cuba, México, Colômbia e Venezuela, entre outros; enfatizamos dados específicos do Brasil, considerando suas peculiaridades na área, e o fato de esta publicação ter como público-alvo prioritário os psicólogos da saúde brasileiros.

Mostraremos uma análise acerca das particularidades distintas da psicologia da saúde latino-americana, com um rápido crescimento de recursos humanos, uma insuficiente incorporação dos psicólogos ao setor de saúde, na maior parte dos países, uma limitada formação profissional em pós-graduação e um déficit de pesquisas com metodologias que possibilitem aplicações mais generalistas e rápida implantação na prática de soluções para os problemas de saúde.

Sublinhe-se o caráter integrativo das tendências modernas de desenvolvimento das visões sobre saúde e da própria psicologia da saúde como salientado na introdução do presente texto, particularmente quanto às fontes provenientes de diversos enfoques teóricos, a necessidade de integração dos aportes e experiências da psicologia da saúde na região, sem menosprezar o resguardo às especificidades de cada país e de seus contextos socioeconômicos. Destacamos o papel que a psicologia da saúde, como ciência e profissão, tem na otimização do trabalho interdisciplinar, estreitando os vínculos das vertentes – assistenciais, de formação e pesquisa – e aglutinando estratégias globais que possibilitam dar respostas aos problemas que implicam desenvolver uma nova forma de pensamento em saúde, que possa satisfazer as demandas e necessidades de nossas populações.

Ante a impossibilidade de realizar uma análise particular do desenvolvimento da psicologia da saúde em cada país da América Latina, procuraremos em breve síntese revisar sua vigência na região, analisando tendências e projeções com um caráter global. Por esse livro dedicar-se especificamente ao estudo da expansão da psicologia da saúde no Brasil e ser uma das primeiras publicações dedicadas ao tema em nosso país, salientaremos alguns aspectos históricos que caracterizaram o transcurso dessa especialidade nele. Para isso, traçaremos um paralelo com esse mesmo desenvolvimento na América Latina, onde o leitor poderá constatar que muitos dos problemas e desafios que temos não são prerrogativas específicas de nosso país, mas sim um reflexo do que historicamente foi imposto às populações, políticas e cultura latino-americana ao longo dos tempos.

Sabemos que as rápidas mudanças sociais que resultam do desenvolvimento econômico, a industrialização e a urbanização têm causado efeitos profundos sobre a estrutura das comunidades, o funcionamento das famílias e o bem-estar psicológico das pessoas. Em muitos lugares, estas mudanças têm comprometido sistemas tradicionais de apoio psicossocial, reduzindo, assim, a capacidade dos indivíduos, famílias e comunidades de enfrentarem adequadamente suas angústias, enfermidades e incapacidades físicas. O aumento devastador do consumo de álcool e drogas, o incremento do estresse e seus efeitos em estilos e condições de vida são responsáveis por uma extensa gama de reações disfuncionais e enfermidades crônicas; a predominância de enfermidades mentais, problemas perinatais, suicídios, acidentes e violência, o avanço significativo dos casos de depressões, entre outros, deixam claro que a consideração da dimensão psicossocial da saúde e enfermidade constituem uma grande necessidade e um espaço inquestionável para a psicologia como ciência e para os psicólogos como profissionais interessados na melhoria das condições de saúde e qualidade de vida do ser humano.

O quadro de saúde de um país está determinado, obviamente, por fatores sociais e econômicos. A América Latina, mais que uma região circunscrita por limites geográficos, é um mosaico multiétnico, com uma história comum que se reflete em aspectos econômicos, políticos, sociais e culturais de seus povos. Alguns de seus denominadores comuns são: superpopulação, pobreza, baixo nível educacional e deterioração ambiental, que condicionam não só problemas de saúde, mas também peculiaridades dos serviços de saúde nos países da região.

Uma análise dos problemas de saúde nestes países mostra um perfil epidemiológico comum aos países em desenvolvimento, caracterizado pela coexistência de desnutrição e enfermidades infecciosas típicas com enfermidades crônico-degenerativas próprias dos países desenvolvidos. Ambos os grupos de problemas têm um denominador comum nos fatores psicossociais.

Os altos índices de violência, acidentes, problemas relacionados à saúde reprodutiva, às infecções respiratórias e gastrointestinais atingem fundamentalmente os setores socioeconômicos mais deprimidos e seguem sendo um desafio para a implementação de adequados serviços de saúde. A morbimortalidade típica de comunidades urbanas industrializadas está diretamente associada aos estilos de vida, ao estresse e às emoções resultantes dos estilos de enfrentamento, padrões de condutas, crenças e atribuições, constituindo-se em verdadeiros agentes multiatuantes na etiologia das chamadas "enfermidades aprendidas": danos cardiovasculares e acidentes cerebrovasculares, câncer, diabetes, asma etc.

A rápida expansão da Aids na região tem constituído um sério problema que obriga os sistemas de saúde a se ocuparem de suas condicionantes psicossociais.

Os problemas de habitação, de serviços urbanos e a contaminação ambiental agravam esse estado de coisas, unidos ao incremento de condutas antissociais e ao consumo de álcool e outras substâncias, especialmente entre os jovens das grandes cidades. Tudo isso tem levado a se pensar que a infraestrutura e as políticas sanitárias, afetadas pelas crises econômicas, necessitam de profundas mudanças para tentar cobrir substancialmente a demanda de serviços de saúde.

A cobertura de serviços de saúde é bem diferente nos países latino-americanos. Na Tabela 1, aparecem algumas porcentagens de cobertura por serviços que dependem diretamente de instituições governamentais (Ministério de Saúde), organizações de seguridade social e similares, setor privado (credenciado) etc. Geralmente, as políticas de saúde são definidas, mas nem sempre estabelecidas, pelos ministérios correspondentes como uma responsabilidade governamental (o que se enquadra em grande parte ao modelo brasileiro).

Tabela 1			
País	Min.Saúde/ Inst. Seg. Social	S. Privado	Sem Cobertura
México	94% (39%+55%)	Não há dados	6%
Guatemala	40%	14%	46%
Equador	67%	3%	30%
Paraguai	60%	Não há dados	40%
Uruguai	83,3%	—	16,3%
Cuba	100%	—	—
Brasil (estimativa)	68%	19%	13%

(Criada por Rodrigues e Rojas, 1996)

Ainda quando algumas mudanças têm lugar, se faz necessário um novo enfoque, uma reestruturação de estratégias na forma de promover saúde. Precisa-se de um pensamento novo que tenha por base o pensamento biopsicossocial e que estimule realmente a comunhão das ciências médicas e sociais na luta pela saúde.

Aproximações tradicionais (psicologia clínica, psicologia médica, medicina psicossomática) estão sendo agora acompanhadas por enfoques psicológicos mais recentes, como os da psicologia social comunitária e alguns interdisciplinares, como o da medicina comportamental, da neuropsicologia, da psicologia pré e perinatal e da psico-oncologia. Como consequência, têm-se diversificado as funções, atividades e programas nos quais participam os psicólogos.

No próprio desenvolvimento da psicologia como disciplina, novos modelos e paradigmas substituem velhos esquemas, que, não obstante não serem inúteis, resultam já insuficientes. Durante os últimos anos, os psicólogos, com independência de sua orientação teórica particular, têm sabido fazer-se repercutir a ideia de que a saúde, como um dos valores mais importantes do ser humano, tem um impacto nas pessoas e têm se dedicado a estudar e a intervir sobre tal impacto. Esta também tem sido uma realidade da psicologia da saúde latino-americana.

A insistência em empregar o termo *Psicologia da Saúde* não é um capricho. Para compreender seu significado, há de se partir do processo saúde-enfermidade, da análise dos fatores que o condicionam e de como influi nesse processo a sociedade num sentido geral. É também necessário precisar como se vinculam a psicologia e as experiências práticas acumuladas em diferentes instituições de um dado sistema de saúde.

> O amplo espectro de situações problemáticas em saúde naquelas em que o psicólogo deve enfrentar para responder as demandas existentes o obrigam a fazer uso dos recursos teórico-metodológicos disponíveis, assim como implementar intervenções que nem sempre são possíveis de se conjugar com um enquadre teórico da Psicologia. Isto tem gerado dificuldades no estabelecimento da correspondência entre ambos os níveis de abordagem, criando uma falsa ruptura, quase mítica, entre os psicólogos práticos que têm que resolver problemas concretos em instituições de saúde, com certo, e muitas vezes hipercriticado, ecletismo, e os que trabalham em instituições acadêmicas. O assunto se agudiza quando os projetos de trabalho em instituições de saúde têm lugar a partir de Universidades e outras instituições de ensino, como frequentemente se sucede nos países latino-americanos. (Grau, 1997)

Visto dessa forma, a psicologia da saúde tem sido considerada como um campo de trabalho da psicologia que nasce para dar resposta a uma demanda sociossanitária. Os psicólogos da saúde, procedentes em sua maioria da psicologia clínica, da medicina comportamental e da psicologia social comunitária (no Brasil, da psicologia clínica, psicologia social e na formação em medicina psicossomática), estão adaptando seus enquadres e técnicas a um novo campo de aplicação, que integra os aportes provenientes de suas fontes.

Ainda neste enfoque aplicativo, a psicologia da saúde tem sua especificidade; não é simples justaposição de posições clínico-biológicas, educativo-pedagógicas e socioculturais. Absorve, em uma síntese integradora, o melhor de suas fontes e pontos de partida. A "multidisciplinaridade" da psicologia da saúde refere-se, antes de tudo, à sua projeção e luta no marco institucional, mas não nega seu sentido psicológico e a psicologia como fonte.

O desenvolvimento da psicologia da saúde e o papel que desempenham os psicólogos e o sistema de saúde variam em diferentes regiões do mundo. A grande maioria dos psicólogos, com o mais alto grau de capacitação científica e profissional, encontram-se na América do Norte, Europa, Japão e Austrália. Mais de 90% da pesquisa e a capacitação para o doutorado desenvolvem-se nas universidades e centros de pesquisas destes países. Este feito está condicionado não só pelo desenvolvimento econômico, mas também pelo próprio desenvolvimento histórico da psicologia. Quando a psicologia norte-americana experimentava uma rápida ascensão nos anos 1950, a Europa e Ásia apenas se recobravam das ruínas da guerra, mas na Europa havia uma história acadêmica e científica difícil de se dissipar. Na América Latina, apenas se começava a discutir a possibilidade de programas de psicologia independentes da filosofia, medicina ou educação.

Por estas razões é que se observa notável e rápido crescimento de psicólogos com treinamento profissional na América Latina nos últimos 20 anos: grande quantidade deles com experiência em diversos campos da saúde, que pode ultrapassar facilmente os 40.000. Somente em Cuba trabalham 1.600 psicólogos no Sistema Nacional de Saúde. No Ministério de Saúde do Chile, cerca de 200; muitos outros praticam a psicologia da saúde de forma privada. Mais de 200 psicólogos venezuelanos desenvolvem a psicologia da saúde em centros hospitalares e universidades de reconhecido prestígio. Em 1990, já trabalhavam 1.500 psicólogos nas instituições de saúde no México (Salubridade, Inst. Mexicano de Securidade Social etc.), quantidade que deve ter crescido nos últimos nove anos. Centenas de psicólogos colombianos desenvolvem seus trabalhos nos diversos campos relacionados com a saúde.

O Brasil é outro país que tem milhares de psicólogos com diferentes orientações teóricas desenvolvendo trabalhos na área da saúde, tendo seus marcos de iniciação na década de 1950, anteriores, portanto, à própria regulamentação da profissão de psicólogo neste país, datada de 1961, e experimentando a partir da década de 1970 um intenso desenvolvimento nas áreas acadêmicas de formação em graduação e pós-graduação, implementação de práticas, publicações científicas e fomento a encontros científicos de caráter nacional e regional.

Ainda nesse sentido, no Brasil, desde os anos 1980, diversos concursos públicos em instituições municipais, estaduais e federais buscam para seus quadros psicólogos com capacitação específica em psicologia da saúde e suas subáreas para atividades em hospitais, ambulatórios, unidades básicas de saúde, centros de saúde e programas de orientação, prevenção e educação para a saúde. Ainda no Brasil, a formação de sociedades como as de psico-oncologia, medicina psicossomática, cuidados paliativos, psicologia hospitalar, neuropsicologia, psicologia pré e perinatal e psicologia da saúde, dentre outras, foi iniciativa de psicólogos, ou tem em seus quadros profissionais da área da psicologia da saúde assumindo inclusive cargos diretivos naquelas que têm cunho interdisciplinar. Há de se salientar, ainda, que a área de saúde no Brasil é a que mais tem absorvido psicólogos nos últimos 15 anos, inclusive como alternativa ao gradativo esvaziamento dos espaços antes ocupados pelas atividades de consultório, pautadas num já desgastado modelo "clinicalista".

Argentina (principalmente), Peru, Guatemala, Costa Rica, Equador, Bolívia, Uruguai, Nicarágua, República Dominicana e Porto Rico, entre outros países da região, também possuem um número considerável de psicólogos na área da saúde.

Nesse sentido, pode-se deduzir que a psicologia da saúde encontrou pronta resposta na América Latina, apesar das diferentes confrontações entre enquadres teóricos. Para sermos fiéis à história, a psicologia da saúde nasceu na América Latina no final dos anos 1960, à ocupação de posições no âmbito da política central no Ministério da Saúde de Cuba e o desenvolvimento específico de serviços em uma extensa rede institucional de saúde. Em 1974, quando Stone propôs o termo "Health Psychology" para criar um novo currículo na Universidade da Califórnia, já estava criada a Sociedade Cubana de Psicologia da Saúde, a qual reforçou a identidade profissional do psicólogo neste campo. Ao mesmo tempo, no Brasil, por volta de 1957, eram implantados serviços de psicologia no Hospital das Clínicas da Faculdade de Medicina da Universidade de São Paulo, iniciando-se pelo setor de reabilitação e, posteriormente, se estendendo para diversas áreas do hospital. Desde então, os psicólogos latino-americanos têm contribuído em seu desenvolvimento conceitual, organizacional e científico. Isto não é casual e reflete a necessidade de incorporação da psicologia nas tarefas da saúde em toda a região frente à demanda social existente a esse respeito.

Nos últimos 20 anos, vêm sendo criados grupos de trabalho e sociedades nacionais em vários países (Cuba, Venezuela, Colômbia e Brasil). Foram realizados inúmeros eventos de âmbito internacional dedicados a temas de psicologia da saúde ou com uma contribuição temática importante no que se refere à saúde. Naturalmente, os temas são diferentes nos diversos países. Uma revisão realizada sobre os eventos dedicados à psicologia da saúde: O Congresso Internacional do México (1990) e a Conferência Internacional "Psicosalud-92" (Havana) podem ilustrar o espectro temático da psicologia da saúde, onde vemos a imensa gama de trabalhos de diversos países da região (Tabela 2).

Um levantamento da pesquisa latino-americana no campo mostrou-nos que em 262 artigos em espanhol e português, as áreas mais representativas foram: doenças crônicas, desenvolvimento infantil e psicofisiologia, esta última incluindo estudos de Farmacologia Conductual, Neurologia e Retroalimentação Biológica. Brasil, Argentina e México foram os principais geradores de contribuições entre 1967 e 1988, segundo as fontes norte-americanas de informação (Psychologycal Abstracts and Mental Health Abstracts); México, Cuba, Brasil e Argentina ocupam lugares proeminentes em artigos publicados em espanhol e português de 1977 a 1989. Nesse levantamento, observou-se a ausência de um marco teórico comum e pouca generalização das metodologias, junto a um baixo índice de pesquisas de base, e falta de recursos de financiamento adicional às instituições de origem dos pesquisadores. Ressalte-se também uma grave falta de comunicação acadêmica na

Tabela 2 - Revisão dos Congressos Internacionais, por Grau e Martin, 1993*

Temáticas	Quantidade de Trabalhos	Temáticas	Quantidade de Trabalhos
Atenção primária	42	Saúde ocupacional	12
Saúde mental	46	Estresse	17
Saúde reprodutiva	66	Morte e terminalidade	9
Enfermidades crônicas:		Nutrição e obesidade	14
Câncer	16	Psicodiagnóstico	18
Enf. cardiovasculares	9	Atenção a crianças,	
Aids	19	Adolescentes e família	48
Dor	16	Envelhecimento e gerontopsicologia	30
Invalidez	26	Desastres e catástrofes	11
Outras	33	**Total de trabalhos**	**432**

* Nos gráficos subsequentes (de 1 a 4), veremos que essa evolução continua até hoje.

área, tanto no intercâmbio de informações, quanto no desenvolvimento de projetos comuns. Infelizmente, passados dez anos desse levantamento, o quadro geral da psicologia da saúde, nesses aspectos, não se modificou substancialmente.

Em uma recente revisão dos conteúdos de trabalhos expostos em quatro grandes congressos de psicologia da saúde, realizados nos últimos sete anos (Gráfico 1), é ressaltado o crescimento de trabalhos que abordam os aspectos psicossociais das enfermidades crônicas, incluindo Aids e câncer.

> Tenha-se em conta que não apareceram trabalhos dedicados a outras áreas: a relacionada à clarificação dos recursos profissionais para administrar e promover saúde, incluindo a formação de graduação e pós-graduação de médicos, enfermeiros e outros profissionais, e a que tem a relação com a otimização dos serviços de saúde onde estão inclusas as atividades de assessoria institucional, os estudos de qualidade e satisfação com os serviços de saúde, a participação da psicologia em programas de intervenção interdisciplinar e do manejo do stress nos trabalhadores de saúde etc. (Grau, 1997)

Nota revisional: Nos XXVI e XXVII Congressos Interamericano de Psicologia da Sociedade Interamericana de Psicologia realizado em julho de 1997 no Brasil e em julho de 1999 na Venezuela, os temas descritos na citação anterior como ausentes na produção científica em psicologia da saúde surgiram em quantidade significativa, criando inclusive interessantes interfaces entre as psicologia organizacional e a psicologia da saúde (vide anais dos XXVI e XXVII Congressos Interamericanos de Psicologia). Já no Brasil essa realidade é diferente e será discutida nos Gráficos 3 e 4.

A um resultado parecido também se chegou por meio de uma revisão que se fez dos trabalhos apresentados nos Congressos de Montreal (1996) e "Psicosalud 96" (Havana – 1996): as enfermidades crônicas constituíram um dos campos nos quais mais se destacou a atuação dos psicólogos da saúde. Naturalmente, o balanço dos trabalhos apresentados em eventos internacionais constitui apenas um indicador do desenvolvimento da psicologia da saúde, já que os conteúdos temáticos que se apresentam nestes eventos têm a ver com muitos fatores relativamente independentes deste desenvolvimento.

Merece atenção o estado atual dos projetos de pós-graduação de psicologia da saúde nos países latino-americanos. A estrutura curricular tem adquirido, geralmente, a forma de especialização e pós-graduação (*lato* e *stricto sensu*) de temas específicos:

- **Mestrados**, que centram seu objetivo na atualização com fins de pesquisa e desenvolvimento científico.
- **Especializações** dirigidas ao desenvolvimento de habilidades para o trabalho em saúde.
- **Doutorados**, com exigentes requisitos de desenvolvimento científico.

Realmente, na América Latina, existem, desde os anos 1980, várias modalidades de cursos de formação em pós-graduação. Colômbia tem uma especialização em nível de pós-graduação em Psicologia da Saúde na Universidade Nacional de Bogotá desde 1989, que formou até o momento 40 especialistas. Cuba terminou no ano de 1997 seu primeiro curso com 80 psicólogos que participaram de uma especialização com duração de dois anos, com um plano similar ao das residências médicas e que se multiplica por várias províncias do interior do país, usando como método fundamental o estudo-trabalho através de modelos tutoriais. Desde 1994 se cursa Mestrado Internacional em Psicologia da Saúde na Faculdade de Saúde Pública do Instituto Superior de Ciências Médicas de Havana que, em três cursos, graduou cerca de 40 psicólogos. No Hospital Infantil de Caracas "J. M. de los Rios", uma pós-graduação em Psicologia da Saúde vem servindo de referência de formação desde 1987 a muitos psicólogos venezuelanos; além destes, outros programas de pós-graduação com temáticas afins têm lugar em outros centros universitários do país. México acumula uma experiência em seus programas de pós-graduação, especialmente na Unam e na Universidade Vera Cruziana e muitos outros centros de educação superior do país, com a colaboração de especialistas da Secretaria de Saúde e outras instituições de saúde.

A primeira modalidade de pós-graduação seguindo o modelo de residência médica foi estabelecida em 1986. Em 1992, o Instituto Nacional de Saúde Pública do Ministério da Saúde começou um programa de residência em Atenção à Saúde Integral, para treinar psicólogos da saúde, com dois anos de duração e focalizado na atenção primária à saúde. Guadalajara recentemente implementou seu plano de formação com ponte para mestrado e doutorado, em coordenação com subsedes em Sinaloa e outros estados da região. Chile não organizou ainda programas de pós-graduação em Psicologia da Saúde, não obstante ter vários programas afins na Pontifícia Universidade Católica do Chile, na Universidade do Chile e na de Concepción, atualmente, existem projetos para outros núcleos acadêmicos interessados. A Universidade Central do Chile foi a primeira a ter uma cadeira de Psicologia da Saúde na graduação.

A construção do campo da Psicologia Hospitalar/Saúde no Brasil confunde-se e coincide, em muitos aspectos, com a história da estruturação da profissão de psicólogo neste país e da estruturação da psicologia da saúde nas Américas.

Se considerarmos que os primeiros movimentos mais consistentes, no sentido de se oficializar a psicologia como profissão em nosso país, datam do início dos anos 1950, apesar de termos inúmeros profissionais já atuando na área desde a década de 1920, observaremos que nessa mesma época tivemos instalados oficialmente em nosso país os primeiros serviços estruturados de psicologia hospitalar, mais especificamente de 1954 a 1957 no Hospital das Clínicas da Faculdade de Medicina da Universidade de São Paulo.

No início dos anos 1960, a psicologia foi reconhecida oficialmente como profissão no Brasil e observamos igualmente a expansão de várias iniciativas de psicólogos no sentido de desenvolverem seus trabalhos vinculados a hospitais gerais na mesma década. Em Cuba, foi fundada a primeira Sociedade de Psicologia da Saúde do mundo. Tanto no Brasil como em outros países da América Latina, iniciaram-se atividades voltadas à atenção à saúde da população com a participação de psicólogos, já expandindo seu campo de atuação para além das clássicas delimitações do modelo "clinicalista" e da atividade estritamente dedicada à então chamada "Saúde Mental".

A década de 1970 foi marcada pelo grande avanço dos trabalhos na área da psicologia no Brasil e pela enorme proliferação de cursos universitários para formação de psicólogos. Em consonância a essa evolução, verificamos ser ampliada significativamente a presença de psicólogos em hospitais gerais e o surgimento, em vários países das Américas, de núcleos de formação em psicologia da saúde.

Em 1974, foi postulada por Stone a cadeira de *Health Psychology* na Universidade da Califórnia, como anteriormente mencionado, ao mesmo tempo que, movimentos ligados à medicina psicossomática no Brasil, Argentina e Uruguai e a Behavior Medicine, principalmente nos EUA, Canadá e México, começaram a receber a participação intensa de psicólogos, na sua maioria vindos de atividades ligadas a hospitais e outras instituições de saúde não vinculadas tradicionalmente à saúde mental. Eles procuravam referências técnico-científicas para aplicação em seus trabalhos, buscando ampliar seu campo de leitura e aprimorar seus instrumentais para fazer frente às demandas bastante distintas do modelo que sua formação lhes forneceu. Começou-se a notar um crescimento bastante consistente da presença e ações de psicólogos no campo da saúde e algumas peculiaridades regionais impuseram importantes influências sobre a atividade deste profissional.

No Brasil, desde a década de 1940, o modelo de saúde caminhou, tanto no que tange a investimentos quanto a ações de saúde, para um modelo centrado na instituição hospitalar. As atividades e programas de saúde passaram a ser desenvolvidos a partir dos hospitais, defendendo-se um modelo que prioriza as ações de saúde via atenção secundária (modelo clínico/assistencialista); por consequência, tivemos uma cisão das outras ações ligadas à saúde coletiva, que marginalizaram, até os dias de hoje, os investimentos e trabalhos em saúde pública e a valorização do enfoque epidemiológico (modelo sanitarista). Ao mesmo tempo, os cursos de formação profissional em Ciências da Saúde optaram por um enfoque curativo e as mudanças e crises sucessivas nos sistemas governamentais de assistência à saúde e previdência deram ênfase e até mesmo incentivaram os investimentos da iniciativa privada no modelo hospitalar.

Saímos de uma vocação sanitarista, preconizada pelas inúmeras epidemias que assolaram nosso país até a década de 1930, e abarcamos um modelo em grande parte importado dos Estados Unidos da América, onde o hospital passou a ser o símbolo máximo de atendimento em saúde. Muito provavelmente, esses motivos levaram, no Brasil, a ser cunhado o nome **psicologia hospitalar**, sem precedentes em outros países do mundo, quando nos referimos a atividades do psicólogo no campo da saúde *lato sensu*; se a saúde dentro do modelo vigente no Brasil emanava da instituição hospitalar, nada mais óbvio do que o psicólogo da saúde brasileiro iniciar, a partir dela, suas atividades e ações em saúde.

A necessidade de novos referenciais e instrumentais para uma atividade tão diferente e diversa daquela que aprendíamos em nossa graduação começou a exigir a busca de novos paradigmas. Foi pela imposição destas necessidades que as iniciativas, na sua maioria empíricas, de se criarem modelos e metodologias de trabalho foram impostas aos psicólogos da saúde, não só do Brasil mas de toda a América.

Na década de 1980, passamos a vivenciar um momento de extrema produtividade no campo da Psicologia da Saúde. Tanto no Brasil quanto em outros países das Américas, um número cada vez maior de psicólogos recém-formados procurou a área de psicologia da saúde para desenvolver seus trabalhos.

Em 1982, a Sociedade Interamericana de Psicologia criou o *Task Force on Health Psychology and Behavior Medicine*, agregando psicólogos da saúde das três Américas dentro de uma proposta científica de difusão e desenvolvimento do conhecimento e produção científica na área. Em 1985, o grupo passou a adotar apenas o nome de *Task Force on Health Psychology*, e continua ativo até os dias de hoje.

No Brasil, em 1983, aconteceu o I Encontro Nacional de Psicólogos da Área Hospitalar (ENPAH), organizado pelos psicólogos que trabalhavam vinculados ao Instituto Central do Hospital das Clínicas de São Paulo e ao Incor, ambos da Universidade de São Paulo. Nós que participamos desse I Encontro o consideramos, antes de mais nada, como um grande momento catártico para os profissionais que ali estavam. Tínhamos muito mais angústias a dividir do que trabalhos a discutir. Deste Encontro nasceram vários núcleos de intercâmbio, alguns cursos de extensão que eram dados na época se aprimoraram e o CRP-06 criou, vinculado à Comissão de Saúde, uma subcomissão para discutir as questões afetas ao campo da psicologia hospitalar, suas peculiaridades, convergências e divergências em relação a outras práticas já tradicionais em psicologia. Algumas faculdades já apresentavam em sua grade curricular cadeiras optativas de Psicologia Hospitalar e/ou da Saúde, em São Paulo, como as Faculdades Objetivo (atual Unip), a PUC-SP, a USP e a Faculdade de Filosofia, Ciências e Letras de Itatiba. Dos trabalhos da subcomissão de Psicologia Hospitalar do CRP-06 derivaram três propostas de ação:

a) Definir mais claramente o campo de atuação do psicólogo hospitalar, diferenciando-o de outras práticas clínicas tradicionais, da qual resultou a listagem abaixo.

Diferenciais da Psicologia Hospitalar em relação a outras práticas Clínicas em Psicologia:

- Instituição permeando a atuação.
- Psicologia é ainda pouco previsto no hospital geral.
- Obrigatoriamente multiprofissional (interdisciplinar).
- Dinâmica de trabalho com multiplicidade de solicitações.
- Ambiente de ação aberto e variável.
- Tempo impondo limites.
- Sobreposição de sofrimento organopsíquico.
- Imposição × opção do acompanhamento psicológico.
- Iminente focal e emergencial.
- Predominantemente egoica.
- Morte e morrer como parceiros constantes na rotina de trabalho.
- Absoluta necessidade de visão multifatorial do paciente.
- Abrangência maior de conhecimentos específicos.
- Possibilidades múltiplas de intervenção: paciente – família – equipe – instituição.

b) Estimular e difundir os trabalhos de pesquisa e ensino nessa área, de forma a capacitar melhor o psicólogo para o exercício dessa atividade. Num primeiro momento, a preocupação era poder-se criar um canal de sensibilização/informação dedicado aos psicólogos e acadêmicos sobre as perspectivas da área.

c) Iniciar um trabalho permanente de disseminação e divulgação do trabalho e suas perspectivas junto às instituições hospitalares, profissionais de saúde e autoridades competentes.

A década de 1980 foi marcada por grandes investimentos e crescimento da área; o II ENPAH foi marcado para 1985 ainda em São Paulo. A partir deste ano, começou a tornar-se o mais importante momento de encontro entre os psicólogos da área hospitalar, ocorrendo em 1988 em Recife, 1991 em Curitiba, 1993 em Pousada do Rio Quente, 1995 em João Pessoa, 1997 em Brasília, 1999 em Curitiba e em 2001 programado para Vitória.

Vários núcleos de trabalho incrementaram seu desenvolvimento. Temos a evolução destes tanto na dimensão da assistência quanto nos programas cada vez mais sistematizados de ensino e pesquisa. São Paulo, Rio de Janeiro, Minas Gerais, Paraná, Pernambuco, Alagoas, Goiás, Distrito Federal, Paraíba, Rio Grande do Norte e Pará, não só em suas capitais mas em várias outras cidades, iniciaram trabalhos e promoveram cursos, seminários, encontros regionais etc. Em 1987, o Brasil sediou o II Seminário Internacional de Psicologia da Saúde, ocorrido em São Paulo, sob os auspícios da Sociedade Interamericana de Psicologia e do *Task Force on Health Psychology*. Surgiram os primeiros cursos de especialização na área e diversas faculdades passaram a ter a Cadeira de Psicologia Hospitalar e/ou da Saúde inclusas em sua grade curricular permanente. Em 1984, foi publicado no Brasil o primeiro livro dedicado especificamente à área, e a partir dessa época a produção científica local cresceu de forma geométrica, onde livros, artigos científicos, monografias, teses de mestrado e doutorado tiveram o tema da psicologia da saúde cada vez mais sendo contemplado.

Vários países da América Latina começaram a compor seus projetos de saúde com a presença de psicólogos em programas de atenção primária, secundária e terciária à saúde, estando também o psicólogo presente em cursos de graduação, pós-graduação, aprimoramento e treinamento de profissionais de saúde.

Os primeiros concursos públicos destinados a contratar psicólogos especificamente para atuação na rede hospitalar começaram a ocorrer no Brasil, ao passo que diversos projetos estatais de saúde no México, Cuba, Venezuela, Argentina e Colômbia já contavam com a presença de psicólogos. O avanço da Aids criou um novo espaço para a presença do psicólogo em programas de atendimento aos pacientes soropositivos e os vinculou a programas de orientação e prevenção. Respondemos prontamente às diversas demandas que a saúde de nosso subcontinente manifestou, passando a ser, a partir do final dos anos 1980, a especialidade em psicologia que mais cresceu.

Nos anos 1990, dos movimentos originariamente advindos da chamada psicologia hospitalar no Brasil e da psicologia da saúde nas Américas, derivaram outras iniciativas, com presença marcante dos psicólogos, como os trabalhos específicos na psico-oncologia, psicologia aplicada à cardiologia, os cuidados paliativos, os programas ligados a DST-Aids e os projetos governamentais de saúde materno-infantil. O psicólogo da saúde pareceu encontrar gradativamente a vocação interdisciplinar de sua especialidade e passou a ser um agente de fomento a essa postura, ocupando inclusive cargos de liderança em diversas entidades científicas com cunho transdisciplinar, marcando sua presença em entidades e eventos de outras especialidades na área da saúde. Colocou-se igualmente presente nos diversos fóruns que se instalaram derivados de delicadas questões determinadas pelos avanços tecnológicos das ciências da saúde, participando ativamente dos debates acerca dos temas afetos à bioética.

Nestes quase 40 anos de história, e particularmente nos últimos 25 de lutas e investimentos, não resta a menor dúvida de que crescemos e continuamos a crescer, seja como ciência ou profissão. O leitor poderá acompanhar a evolução das produções científicas e do aprofundamento dos campos de trabalho dos psicólogos da saúde latino-americano e brasileiro a partir dos gráficos que apresentamos a seguir, nos quais, baseados nos trabalhos apresentados nos dois últimos Encontros Nacionais dos Psicólogos da Área Hospitalar – Brasil (1997 e 1999) e nos trabalhos de psicologia da saúde apresentados no XXVI Congresso Interamericano de Psicologia (1997) (Gráficos 2, 3 e 4, respectivamente), fornecemos dados complementares aos apresentados por Grau e Martin (Gráfico 1). É interessante enfatizar que no Gráfico 1, o item **Câncer** está incluso em **Enfermidades Crônicas,** sendo que nas demais aparece diferenciado, e que itens como **Prevenção, Estresse** e **Aids** são mais enfatizados no exterior que no Brasil, tendo nosso país preponderância nas questões afetas à **Formação, Técnicas de Intervenção** e **Trabalho com a Equipe de Saúde,** além do **Câncer,** sendo o item **Prevenção** infelizmente incluso abaixo dos dez temas mais frequentes.

Cabe aqui uma interpretação dessas diferenças, relembrando o leitor que, a partir do momento em que nosso país (na década de 1940) adotou uma política de saúde predominantemente assistencialista em detrimento à sanitarista, houve, e ainda há, predominante ênfase nas ações secundárias de atenção à saúde, fato que se refletiu também nas práticas do psicólogo da saúde brasileiro. Não obstante, é igualmente importante salientarmos que a presença do psicólogo da saúde do Brasil em atividades ligadas a Educação em Saúde e Treinamento das Equipes de Saúde destaca positivamente nossa participação na área em relação aos demais colegas da América Latina, sendo que a preocupação com a ausência deles nesse segmento de atividades no plano latino-americano foi especificamente salientada por J. Grau (atual presidente da Alapsa) no presente texto.

No entanto, embora tenhamos dados bastante positivos, seria por demasiado ingênuo pensar que nosso espaço profissional está conquistado e consolidado. Caminhamos lado a lado em nosso fazer e pensar com as mazelas e incongruências da realidade de saúde de nossas sociedades. A expressão de nossa presença e participação nas questões afetas à saúde é diretamente proporcional à miríade de problemas que parcelas cada vez maiores de nossa população sofrem. Nosso tempo e presença junto a estas demandas são ainda historicamente muito pequenos se comparados à envergadura dos problemas que enfrentamos e ao tempo e esforços que coletivamente temos de encetar para podermos considerar que a saúde da população latino-americana está minimamente bem assistida.

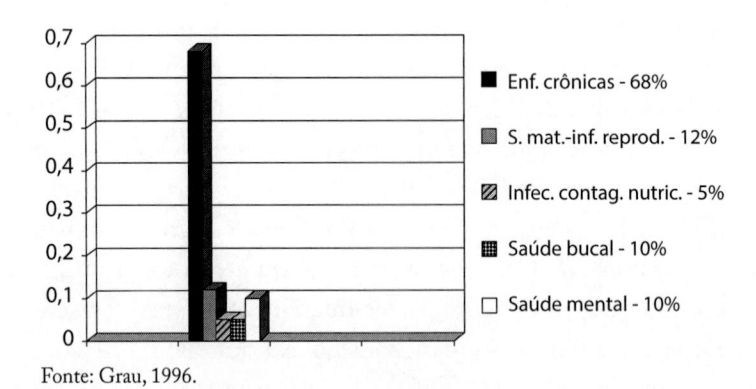

- Enf. crônicas - 68%
- S. mat.-inf. reprod. - 12%
- Infec. contag. nutric. - 5%
- Saúde bucal - 10%
- Saúde mental - 10%

Fonte: Grau, 1996.

Gráfico 1 – Proporção relativa das tendências da psicologia na solução de problemas de saúde pública na América Latina – em %

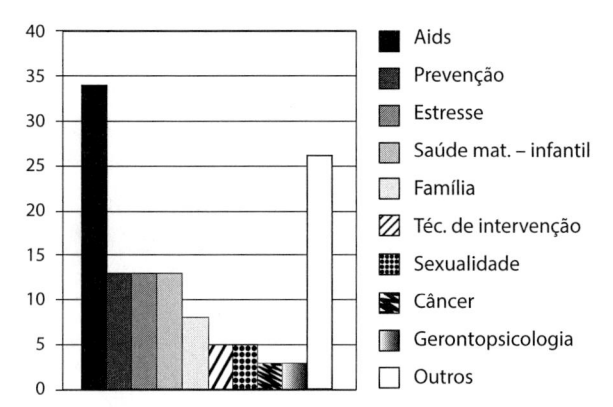

Gráfico 2 – Trabalhos em psicologia da saúde apresentados ao XXVI Congresso
Interamericano de Psicologia – Brasil, 1997
(Nº de trabalhos tabulados – 123)

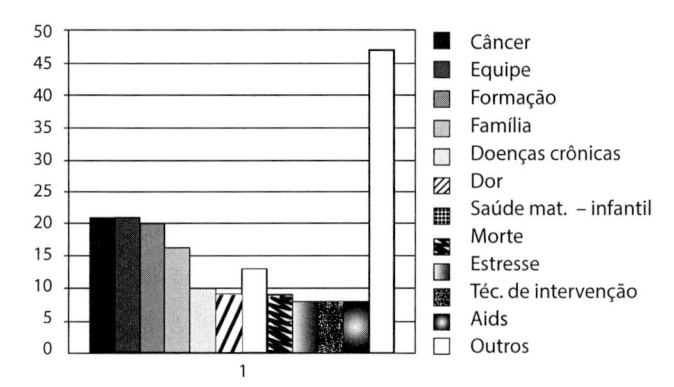

Legenda: Aids, Prevenção, Estresse, Saúde mat. – infantil, Família, Téc. de intervenção, Sexualidade, Câncer, Gerontopsicologia, Outros

Gráfico 3 – Trabalhos apresentados no VII ENPAH – Brasília, 1997
(Nº de trabalhos tabulados – 190)

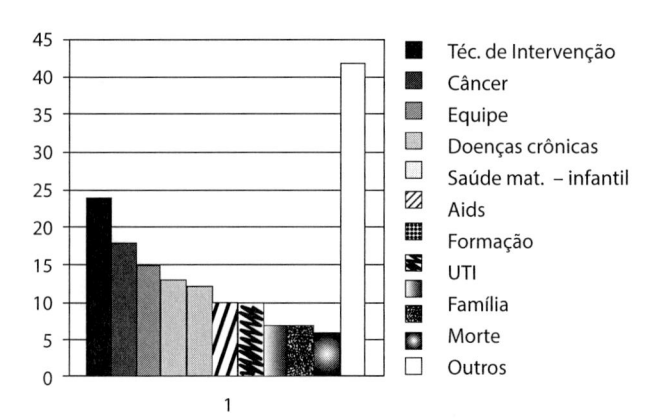

Legenda: Câncer, Equipe, Formação, Família, Doenças crônicas, Dor, Saúde mat. – infantil, Morte, Estresse, Téc. de intervenção, Aids, Outros

Gráfico 4 – Trabalhos apresentados no VIII ENPAH – Curitiba, 1999
(Nº de trabalhos tabulados – 164)

Legenda: Téc. de Intervenção, Câncer, Equipe, Doenças crônicas, Saúde mat. – infantil, Aids, Formação, UTI, Família, Morte, Outros

O aspecto quantitativo é aqui tão-somente um indicador dos problemas de ordem qualitativa que operam nas projeções de pós-graduação da América Latina. A formação, ensino e treinamento do psicólogo da saúde não são alheios à história e ao desenvolvimento deste campo na região latino-americana. À medida que a psicologia da saúde foi encontrando sua própria identidade, seu ensino foi se desprendendo com a mesma lógica que sustenta a profissão. Tradicionalmente, têm sido as ferramentas da psicologia clínica que têm dominado as orientações dos programas de pós-graduação. A diversidade de orientações epistemológicas, teóricas, metodológicas ou de intervenção, que diversificam o campo de ação na prática, caracterizou a escassa formação profissional pós-graduada dos psicólogos latino-americanos da saúde, muitos dos quais foram à Europa e América do Norte buscar um currículo mais conciliatório e complementar, ou menos criticado em função de sua formação teórica de graduação.

A ambiguidade derivada dessa dispersão teórica, metodológica e instrumental nos planos de formação profissional influenciou para que as instituições formadoras de recursos adotem algumas áreas, sem se aprofundar em todas, o que permite, na prática, uma especialização fracionada, parcial e não uma formação integral no campo multiaxial da psicologia da saúde.

Os programas podem apresentar objetivos semelhantes, mas com metodologias diferentes. Todo programa de formação de pós-graduação deveria derivar-se de uma série de necessidades e problemas sociais passíveis de resolução através da prática profissional; entretanto, nem todos eles guardam uma vinculação com as necessidades e demandas sociais que devem ser a razão da sua criação e existência.

A própria formação de graduação em psicologia da saúde é insuficiente; quantidades crescentes de recém-formados saem com uma deficiente formação profissional e escassa ou nula bagagem prática dentro da realidade clínica e sanitária.

O fato de que em muitos países o modelo de atenção à saúde não contempla a inserção de psicólogos contribui para que apenas uma minoria de recém-formados se incorpore a sistemas hospitalares de saúde e só uns poucos aos serviços de atenção primária à saúde e, com embargo, a maioria, desempregada, que aumenta ano a ano, tem duas opções: a prática em consultório particular (cada vez mais difícil até por problemas socioeconômicos) ou a pós-graduação, que tenta ineficazmente suprir os déficits da graduação. Assim, os cursos de pós-graduação ajustam-se e se adaptam às possibilidades acadêmicas de seus frequentadores, desviando-se, então, de seus objetivos reais.

Em resumo, muitos programas de pós-graduação padecem com dificuldades que agudizam ainda mais os problemas no exercício profissional e da delimitação teórica da psicologia da saúde. Infelizmente, esse problema não é específico dessa especialidade da psicologia, mas pode ser expandido a todas as áreas de atuação dessa profissão, e o que talvez seja o mais grave é igualmente aplicável a inúmeras outras profissões, particularmente na área de saúde.

De qualquer forma, mesmo que em muitos lugares existam grandes diferenças enquanto equidade de acesso aos sistemas de saúde, que escapam em grande parte da esfera da psicologia como profissão, e grandes contingentes de psicólogos que constituem uma força potencial ainda não empregada plenamente para melhorar os quadros de saúde de seus países, não há dúvidas de que os psicólogos latino-americanos têm problemas muito parecidos. É visível o esforço para se participar cada vez mais ativa e criativamente na solução de problemas concretos de saúde, oferecendo um aporte próprio em cada campo específico de trabalho, assim também na busca e elaboração de modelos, gerais e particulares, para responder com maior eficiência às demandas de saúde em cada país e dar maior solidez teórica ao cotidiano prático profissional.

Obviamente, o papel que terá a psicologia da saúde nos distintos países está associado às próprias características econômicas, sociais, políticas, de desenvolvimento científico e do modelo de saúde de cada nação em particular. Mas, à margem das deficiências, os psicólogos latino-americanos são protagonistas e intérpretes de um processo universal de construção de uma nova forma de pensamento em saúde.

> Nunca será demasiado insistir em chamar a atenção a respeito da necessidade sobre a reflexão aglutinadora, que não perca de vista a abordagem holística e abrangente que deve ter a Psicologia na solução dos problemas relevantes da saúde pública contemporânea.
>
> Isto supõe intercâmbio, aproveitamento de experiências de outros países que possam ser úteis, adaptação às condições específicas de cada região. Requer integração não só conceitual, metodológica, instrumental, mas também de ações profissionais. (Jorge Grau – Pres. Assoc. Latinoamericana de Psicologia de la Salud, 1997)

Em resumo, a perspectiva latino-americana de desenvolvimento da psicologia da saúde mostra particularidades distintas:

- O crescimento acelerado de recursos humanos ante uma grande diversidade de demandas sociais para a solução de problemas de saúde.

- A limitada e pouco equitativa incorporação de psicólogos nos sistemas de saúde de cada país em seus três níveis de atenção.
- A plena introdução de psicólogos em equipes interdisciplinares de saúde conservando o perfil de formação psicológica.
- A ampliação do trabalho dos psicólogos em áreas como: enfermidades crônicas, acidentes, violência, adições, participação humana em megadesastres etc., desdobrando o clássico esquema das enfermidades mentais.
- A projeção da psicologia da saúde frente à promoção de saúde e à prevenção de doenças, mais do que o diagnóstico e tratamento destas últimas.

Junto a estas qualidades, a insuficiente vinculação das três vertentes – a atenção à saúde, a formação docente de pós-graduação e pesquisa e o desenvolvimento científico – mostra a necessidade de superar imediatamente estas deficiências, elaborando estratégias globais e táticas particulares para incentivar o desenvolvimento interdisciplinar em vários níveis. Dois fatores de êxito marcam o futuro desenvolvimento da psicologia da saúde: a integração compreensiva de modelos teóricos aparentemente distantes e o encetamento de esforços psicológicos na preservação da saúde e prevenção de doenças, modificando crenças e atitudes frente às questões afetas às enfermidades, sofrimento, dor, invalidez e morte. A participação individual e comunitária no cuidado com a saúde e o desenvolvimento da psiconeuroimunologia são pontos paradigmáticos na contribuição que a psicologia pode trazer à solução dos problemas de saúde.

Como profissionais ainda carecemos também de muito amadurecimento, seja no campo técnico-metodológico, seja sob a óptica das questões mais basais ligadas à nossa própria identidade profissional. Temos infelizmente de salientar que ainda somos aspirantes a uma classe profissional com uma identidade clara tanto para nós mesmos quanto para a sociedade.

Carecemos de maturidade e experiência como pares, como colegas, como movimento científico e profissional efetivamente inserido em uma sociedade e em uma cultura. Dentro desta ótica, alguns dos muitos problemas que temos a enfrentar referem-se ao fato de ainda nos debatermos com mazelas que não passam pelo campo saudável do confronto de ideias; desgastamo-nos em divergências teóricas e atritos interprofissionais que nos afastam dos verdadeiros problemas da saúde, atuais e presentes, em cuja solução a psicologia está sendo chamada pela própria sociedade a dar sua contribuição...

Os psicólogos da saúde latino-americanos têm a palavra...

Referências bibliográficas

ALAPSA. Organo Oficial de Difusion – *Boletin Latinoamericano de Psicologia de La Salud.* Depto. de Psicologia, Universidad Nacional de Colombia, v. 1, n. 1, 1997.

ANAIS DO VII ENCONTRO NACIONAL DOS PSICÓLOGOS DA ÁREA HOSPITALAR. *Psicologia hospitalar*: abrangência, desafios e tendências. *Resumos de Comunicações Científicas.* Brasília, 1997.

ANAIS DO VII ENCONTRO NACIONAL DOS PSICÓLOGOS DA ÁREA HOSPITALAR. *Da construção à virada do século. Resumos de Comunicações Científicas.* Curitiba, 1999.

COHN, A.; ELIAS, P. E. *Saúde no Brasil*: políticas e organização de serviços. São Paulo: Cortez, 1996.

FORATINNI, V. *Ecologia, epidemiologia e sociedade.* São Paulo: Artes Médicas, 1992.

SOCIEDADE INTERAMERICANA DE PSICOLOGIA. *Anais do XXVI Congresso Interamericano de Psicologia* – Resumos, Abstracts. São Paulo, Brasil, 1997.

Agradecimentos

Gostaria de registrar dois agradecimentos: em primeiro lugar, à Junta Diretiva da Associación Latinoamericana de Psicologia de la Salud nas pessoas de seu presidente dr. Jorge Grau (Cuba) e de sua secretária, dra. Ligia Sanchez (Venezuela), pela autorização à utilização do texto que embasou partes importantes do presente capítulo e, mais do que isso, pelo incansável trabalho que eles, à frente da Alapsa, vêm prestando à psicologia da saúde na América Latina. Em segundo lugar, agradeço à acadêmica de psicologia Sônia Barbosa de Toledo pelo auxílio prestado no tratamento e tabulação dos dados aqui apresentados e na diagramação do presente trabalho.

R. W. S.

Inverno: Tempo de Florada do Ipê-Roxo

Valdemar Augusto Angerami

Da primeira vez que reparei
ainda era bem menino numa cidadezinha
do interior... e se hoje pouco sei das coisas da vida,
naquele tempo sabia menos ainda...
mas já desconfiava das informações que recebia
dos adultos, dos professores, do padres, enfim de toda
gente grande que circundava minha vida
naquele pedacinho de mundo.

Era inverno...
e no caminho, no meio de outras árvores,
vi aquele ipê-roxo esplendorosamente florido...
suas cores tinham uma beleza e um encanto que
até hoje me emocionam... ainda que tenham passado
tantos e tantos anos e tendo visto centenas de
outros ipês igualmente floridos noutros invernos...

E com aquela ingenuidade que caracteriza a infância
questionei um dos ensinamentos dos professores da escola:
a de que a primavera era a mais linda das estações,
a época das flores... e cuidadosamente passei a
observar que o inverno possuía a florada que mais me encantava:
do ipê-roxo, da suinã, do bico-de-papagaio, da azaleia, do girassol,
da copaíba e das margaridas...

Eu era menino para questionar verbal
e frontalmente os ensinamentos dos professores...
e então apenas guardava comigo tais dúvidas... e me
perguntava: como era possível a primavera ser a estação
das flores se as flores que mais me encantavam estavam
no inverno?! E como era possível ainda, a primavera ser
a mais linda das estações, se eram as manhãs de inverno
que tinham o azul mais celestial que se pode sonhar?!
Ou ainda que era no inverno que as noites eram mais
estreladas e encantadoras... também foi na infância
que aprendi a identificar a Constelação de Escorpião
no céu anunciando o tempo precioso do Inverno e
de toda sua beleza...

A vida é uma magia nos seus mistérios
e nos seus desvelamentos com a Natureza...
no entanto, esquecemos de olhar para as flores,
para a harmonia que existe na Natureza...
não mais sabemos que a florada do Inverno
obedece ao compasso da Sexta Lua do ano...
e que igualmente é a partir do luamento
que toda a vida se transforma na Natureza...

Perdemos nosso referencial com as coisas
da Natureza e com a ilusão de que criamos e
concebemos nosso próprio habitat... destruimos a flora
e a fauna em nome de circunstâncias denominadas de progresso,
tecnologia e desenvolvimento...

A importância das flores na vida humana
é algo que perde totalmente o sentido diante
das razões como a virtualidade trazida pela Internet...
as flores estão cada vez mais distantes da vida contemporânea...
da realidade virtual... do contato impessoal... da realidade
informatizada... globalizada...

Estamos no inverno...
mais um inverno com a florada do bico-de-papagaio,
o esplendor do ipê-roxo, da suinã,
a exuberância das flores da copaíba e o
surgimento da Constelação de Escorpião
no céu estrelado das noites frias e azuladas...

A primavera é igualmente muito bonita...
e também possui flores indiscritivelmente lindas:
as flores do ipê-amarelo, do ipê-branco, do jacarandá-mimoso,
das tipuanas, das sibipirunas e de tantas flores campestres...
mas sua flores não têm o esplendor da florada do inverno...

O inverno traz um quê de magia e fascínio
que não se compara com nada na Natureza...
é o tempo de recolhimento consigo mesmo
no introspeção do próprio sentido de vida...
uma oração pela dádiva da vida... uma ode de luz no caminho...
o charme do inverno é fascinante...
e tem resquícios de uma fragrância que se dilui
no espírito e faz da própria vida
uma dádiva de Natureza...

Serra da Cantareira, numa manhã de inverno.

Capítulo 8

A Vida Como Farsa

Valdemar Augusto Angerami

Se você o tempo todo mostra ao mundo
que tudo, absolutamente tudo, sempre está bem...
que as coisas nunca te abalam ou te preocupam...
Saiba que o corpo irá te desmentir...
As enxaquecas, gastrites, inflamações
na garganta, entre outras manifestações,
são severos sinas da farsa
que você está fazendo da própria vida.

Não adianta tentar colocar um sorriso no
rosto se o coração está sangrando... a alma
não tolera essa farsa... o corpo irá gritar com
os mais variados sintomas... o mioma, o cálculo
renal, a taquicardia, a infecção urinária
sempre são sinais de alerta...
Escute o teu coração e veja sua palpitação.
De nada adianta tentar sorrir se não houver
alegria na alma... tente resgatar o que te magoa,
tente superar os percalços, mas não faça da
vida uma farsa... as consequências sempre são severas...
não veja nas complicações cardiovasculares
e nas diversas formas de bronquite apenas
meros sintomas físicos... elas também
mostram nossa fragilidade
diante dos mais diferentes enfrentamentos...
Não adianta calar se o coração quer gritar...
O grito contido irá doer nas entranhas da alma e irá
machucar as partes do corpo mais sensíveis a tais
agressões... e, também, não grite quando o
coração quer silêncio... o espírito se desestrutura
diante de barulhos indesejáveis...

não engula dissabores em nome de que
apenas grandes questões
devem te preocupar...
Não são apenas os grandes dissabores
que envenenam a alma e dilaceram o corpo e
o coração... também são as pequenas coisinhas que
somam-se e tornam insuportável o fardo da
própria vida...
não faça da tua vida uma farsa...
É fatal negar os desígnios do corpo... a enxaqueca
é sinal de que a tua tensão excedeu os limites...
A gastrite, esofagite e a sinusite mostram que a
tua estrutura emocional sucumbiu diante da razão...
Deixe a emoção se mostrar... diante da depressão
assuma estar deprimido... diante da angústia, viva
intensamente o estar angustiado... tente reverter
esse quadro agindo em sentido contrário...
mas não com falso sorriso e titubeios...
Diante das lágrimas assuma a intensidade do
teu choro... nunca tente negar o que te faz
sucumbir... a paz e a serenidade são dádivas
do espírito tranquilo... nunca
faça da própria vida uma farsa.
Somos humanos e podemos aceitar o fato de
que sucumbimos diante
dos problemas que afetam nossa humanidade.
As tuas disfunções hormonais e de tiroide
são indícios de que você está indo além dos
padecimentos que o corpo e a alma suportam...
A vida não tolera farsas... podemos enganar
todos, mas nunca a nós mesmos... a vida
quando se torna uma farsa se torna um fardo
insuportável... não deixe sua vida se transformar
em uma grande farsa... recolha tua dor e sorria
apenas quando o coração estiver em festa...
Não faça da tua vida uma farsa...

Outras Obras sobre o Tema

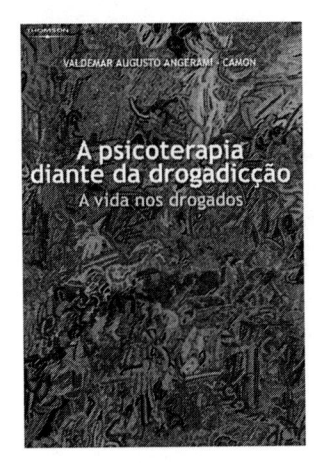

A Psicoterapia diante da Drogadicção

Valdemar Augusto Angerami – Camon

Este livro tece reflexões profundas sobre todo o esteio envolvido na produção, distribuição e consumo de drogas. Além de propor tratamentos específicos para cada uma das drogas apresentadas. O texto destina-se, especialmente, a estudantes, educadores e profissionais da saúde e tem como objetivo ser um instrumento eficaz na humanização do tratamento da drogadicção. Este livro é indispensável a todos que, de alguma maneira, possuem envolvimento com a drogadicção.

As Relações de Amor em Psicoterapia

Valdemar Augusto Angerami – Camon

Esta é uma obra concebida para ser um guia de discussão teórico-filosófica das relações amorosas e suas manifestações no âmbito da psicoterapia, apresentando reflexões do autor sobre o assunto pontuadas por comentários sobre as grandes obras do cinema mundial. Trata-se de um texto cujo enfeixamento teórico-prático contribuirá para todos que se debrucem sobre as publicações contemporâneas buscando uma nova compreensão acerca dos desdobramentos ocorridos na psicoterapia.

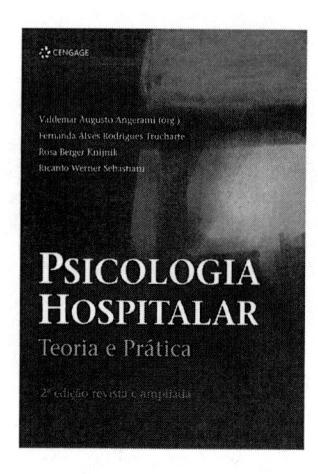

Psicologia Hospitalar: Teoria e Prática
2ª edição revista e ampliada
Valdemar Augusto Angerami

Torna-se cada vez mais evidente o fato de que muitas patologias têm seu quadro clínico agravado por complicações emocionais do paciente. Daí a importância da psicologia hospitalar, que tem como objetivo principal minimizar o sofrimento causado pela hospitalização. Esta segunda edição, revista e ampliada, traz relatos de profissionais experientes nos temas diversos da psicologia hospitalar e inclui um novo capítulo, sobre a trajetória de Mathilde Neder, pioneira na área no Brasil.

Psicossomática e a Psicologia da Dor
2ª edição revista e atualizada
Valdemar Augusto Angerami – Camon (org.)

Dirigida a estudantes, professores e profissionais do setor de saúde, a obra reúne sete textos, de vários autores, que enfocam os diversos aspectos do processo de somatização. O objetivo é auxiliar o leitor a compreender os problemas que podem ser apresentados pelos pacientes que sofrem de dor crônica e suas sequelas emocionais. Os artigos são de José Carlos Riechelmann, Elizabeth Ranier Martins do Valle, Marilda Oliveira Coelho, Erika Nazaré Sasdelli, Eunice Moreira Fernandes Miranda, Gildo Angelotti, Roseli Lopes da Rocha, com organização do professor Camon.

Novos Rumos na Psicologia da Saúde
Valdemar Augusto Angerami – Camon (org.)

A Psicologia da Saúde é o novo caminho de todos os que buscam instrumentalizar sua prática profissional na área de saúde mental. Este livro traz novos rumos no campo da Psicologia da Saúde apresentando o que existe de vanguarda na área. Profissionais de todas as áreas da saúde terão nesta obra um instrumento seguro de consulta para nortearem sua prática nesse campo. Obra indispensável a todos os que, de alguma maneira, se interessam pelos avanços e conquistas efetivados pela nova força da saúde mental: a Psicologia da Saúde.

E a Psicologia Entrou no Hospital
Valdemar Augusto Angerami – Camon (org.)

Este livro mostra o trabalho do psicólogo no hospital, buscando a humanização do paciente e a compreensão dos aspectos emocionais, presentes no processo de adoecer. É uma das mais brilhantes descrições de como a Psicologia se inseriu no contexto hospitalar. Esta obra está na vanguarda das temáticas contemporâneas, apresentando uma das mais notáveis *performances* da Psicologia.